甲骨文小字典

王本兴 编

文物出版社

图书在版编目（CIP）数据

甲骨文小字典 / 王本兴编 . —2 版，—北京：文物出版社，2016. 10（2024. 5 重印）

ISBN 978 – 7 – 5010 – 4806 – 9

Ⅰ. ①甲…　Ⅱ. ①王…　Ⅲ. ①甲骨文 – 字典

Ⅳ. ①K877. 1 – 61

中国版本图书馆 CIP 数据核字（2016）第253334 号

甲骨文小字典

编　　者：王本兴

责任编辑：张朔婷
封面设计：周小玮
责任印制：张　丽

出版发行：文物出版社
社　　址：北京市东城区东直门内北小街2号楼
网　　址：http://www.wenwu.com
经　　销：新华书店
印　　刷：北京雍艺和文印刷有限公司
开　　本：787mm×1092mm　1/32
印　　张：9.75
版　　次：2016年10月第2版
印　　次：2024年5月第3次印刷
书　　号：ISBN 978-7-5010-4806-9
定　　价：28.00元

前言

自一八九九年发现甲骨文一百多年来，出土的甲骨龟板大大小小有近二十万片。它吸引了无数学者去探索与研究，甲骨文学术成果斐然，中外学者所发表的论著达一万多种，使甲骨文成了『显学』。郭沫若主编的八开本十三册《甲骨文合集》与后来出版的八开本七册《甲骨文合集补编》、《英国所藏甲骨》、《小屯南地甲骨考释》等组成了甲骨文拓片的宏篇巨著。正因为这些甲骨拓片合集的宏大、广博、昂贵，令无数甲骨爱好者望之生叹。余所编著的《甲骨文拓片精选》于二〇〇五年八月应时出版面世，备受欢迎与青睐。近年来，甲骨文书法艺术亦迅猛发展，已成为书坛的热点。入门者、研究者、书写者、欣赏者，无论是专业的还是业余的，各个不同层面的文化、艺术群体都游弋、探索在甲骨文字的历史长河里。因而，甲骨文小字典也就成了这门显学的急需工具书。

现有常见的甲骨文字典都比较庞大繁复，如徐中舒主编的《甲骨文字典》、考古研究所主编的《甲骨文编》、于省吾主编的《甲骨文诂林》等。日常使用中会发现某些甲骨文字的释读在这些工具书中不能一致，诸多文字不是存疑就是有待考订，在此字典中是这样释读，在那字典中成了另一种释读，给使用者、尤其是书法爱好者选取甲骨文字时带来诸多难度与不便，致使某些书法作品中的甲骨文字错误百出，很不规范。在这样的情况下，实用、规范、简明、快捷、方便、严谨的甲骨文小字典出版面世，具有重要的价值与实际意义。

众所周知，现代汉字虽然系从甲骨文字逐步演变而来，但两者之间有很大的差异，诸多现代汉字已不是甲骨文字的原有本义。甲骨文字的象形性似乎更为突出与明显。当然，甲骨文字除象形的特点外，还有正反共存性、倒置互换性、平衡对称性、特有定向性等特点。总之，识读甲骨文字应注重『六书』的标准。余编著《甲骨文拓片精选》在注释一千一百四十一件甲骨文拓片的基础上，又倾注了大量的精力，把现有的几部大字典中的甲骨文字进行了疏理与考证，并借助《说文解字》、《辞海》、《康熙字典》、《汉语大字典》以及甲骨文的各种释读本等资料为依据，肯定了共识的文字，弃除了尚未定论的文字，辨析确定了一些存疑待定的文字，归纳了一些通假文字，汇编成这本《甲骨文小字典》。所谓『小』，是指它比其他厚重的大字典简明扼要，字数少、篇幅小而言。

余对小字典的编著非常慎重，凡无定论的字决不贸然选入，凡存疑而无把握辨析确定的字小心进行取舍。我知道小字典一旦面世，如果有什么差错的话，将会造成不可挽回的影响与后果，因而我主观上不能有半点不负责任的态度。有时候为了一个甲骨文字的论证和取舍，我必须要查核大量的资料，花费一两天的时间，常常工作到漏壶更深零点以后。尽管这样，还不能诠释甲骨文字的高深与奥妙，谬误之处在所难免，期望方家赐教，以便在再版时修正。

在小字典的编制中，尽力从方便、易查、易读、易记出发，共计一千二百九十二个甲骨文字，采取了按汉语拼音字母与汉字笔画查找这两种方式。只要从文字拼音的第一个字母、从文字的简体、繁体或异体的笔画多少，立即就能查到所需的甲骨文字，非常快速简便。每个甲骨文字都有多种写法，可以任意选择。在原有的甲骨文字里，两个不同的文字却有相同的书写结体，在小字典中作了调整与规范，还作了适当的取舍，避免了这些容易混淆的情况。例如甲骨文字『中』通『仲』，但在甲骨文字里有单独的『仲』，凡此类似的甲骨文字都单独分立、规范化。再如甲骨文『女』字，小字典中把两手交叉放在身前的定为『女』字，而把两手交叉放在身后（手被绑着）的定为『奴』字，有不少甲骨文字典把二者都笼统地列为『女』字，于此得到了更正。有一些为数不多的简化字与古繁体字、异体字相同、冲突，例如『圣』、『丰』在古文字中并不代表简化字而独立存在，小字典作了简要的注音、注释，以示区别。在小字典汉字的下方，注有『通』的汉字，即该字可以假借作某一个汉字，但某一个汉字不能反过来当作通假原本的汉字用。如『女』字通『母』字，即女字可当作母字用，但母字不能当作女字用；再如『巳』通『祀』，巳可当作祀用，但不能反向把祀当作巳用；同理，『矢』通『寅』、『寅』通『黄』，矢可用作寅，寅可用作黄，但黄不能用作寅，寅不能用作矢，不能逆推，这是甲骨文字形体衍化的不可逆性。在某些甲骨文大字典中，有一些甲骨文字，两个字以上的合文当作一个字书写，实际上在当今的书写与应用中，已没有什么实际意义，相当一些合文都不易辨识，因而在小字典中没有收入，以免误读。但有一些特殊的数字合文，如五十、六十、七十、八十、九十等，收录了二十二个，读者可以从中体味到甲骨文合文的奥妙与魅力。《甲骨文小字典》一千二百九十二个文字，均能在《辞海》、《汉语大字典》中查找到出处，都能得到正确的读音和字义。而那些已经辨析、书写出来，但在《汉语大字典》、《辞海》等相关工具书中，找不到的甲骨文文字，如：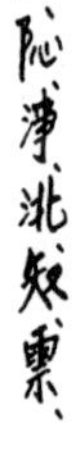

卯、娸、宋、啄、甬、夆、去、哞、敀、司、敕、奚、等，这些甲骨文字大约有八百八十四个左右，小字典也未作收录。前面已经提及，小字典共有甲骨文字一千二百九十二个，而借用文字则有三百六十五个，通假文字有二百五十九个。若通假文字、异体字、繁体字、借用文字都包括在内，那么小字典就共有一千九百一十六个汉字。以前在相关的报道与文章中，涉及到识读的甲骨文字具体数量时，都笼统地称有一千多个，很难说出一个准确的数字来，经过甲骨文小字典的疏理与归纳，终于有了一个较为正确的数字。需要说明的是，小字典中的甲骨文字系余用毛笔按原文临写而成，凡书法爱好者，千万不要当字帖一样去临摹书写。小字典的作用只是规范了甲骨文字的结体，由现代汉字去查找、识读甲骨文字而已。小字典中的通假文字、借用文字，也皆有出处，没有依据或依据不足的不予选取，保证了通假文字的严肃性与正确性。

但愿《甲骨文小字典》能成为你的良师益友。

王本兴

乙酉年大雪后五日识于

南京凤凰西街五九号两类轩

目录

一、前言……………………一
二、编著说明……………………一
三、汉语拼音字母索引……………………一
四、汉字笔画索引……………………一八
五、字典正文……………………一~二四一
六、甲骨文借用字表……………………二四二

编著说明

一、本字典收录甲骨文字一千二百九十二个，其中包括二十二个数目合文字。这些甲骨文字在辞海、辞源、汉语大字典等相关工具书中，都能检索查找到。有一些无法检索查找到的甲骨文字则未作收录。

二、有一些争议过大，尚未达成共识，而诸家论说还不够到位的甲骨文字，亦未作收录。

三、释文以简化体为准，繁体字、异体字附标在括号内。

四、甲骨文字一字多释者，不再另外分列，在其下方注明与某字通。

五、甲骨文字一字多形者，取其最有代表意义的结体。易与其他文字混淆或者近似于他字结体的甲骨文字一般不予收录，以利规范用字。

六、拼音索引的字音，依据普通话的语音系统。所需查找的文字按拼音的字头，即汉语拼音的第一个字母检索查找。

七、笔画索引，无论是简化字还是繁体字、异体字，只要按其书写的笔画数量，即能迅速检索查找到。

八、本字典中的借用字皆有出处与依据，但在使用中，尤其是在书法、篆刻作品中，必须谨慎选用。

九、本字典中的甲骨文字均按照原文结体摹写，未曾多写一笔，也未曾少写一笔。其文字的有关解释，即文字的字音、字义可查阅其他的相关汉语字典或许慎的《说文解字》获得。

十、甲骨文字凡一字有二个注音的，一般以字义的所指为准。而具体应用时则另当别论。

汉语拼音字母索引

1. 汉语拼音字母索引按汉语拼音的字头编排
2. 汉字后面的数字指本字典的页码
3. 编排在最后面并加括号者为借用文字

般	144	栢	98	冰	181	**A**	
婢	190	柄	99	兵	42		
掤	188	保	133	百	63	安	122
博	56	妣	137	皂	87	卬	149
跋	225	悖	141	呗	193	（昂）	242
雹	179	剥	77	伯	132		
鄙	94	拜	227	步	22	**B**	
捧	227	勃	141	败	20	八	13
嫔	106	卯	149	界	42	卜	58
逼	136	报	168	卑	53	匕	137
搏	56	驰	160	狈	107	贝	106
避	25	苟	59	帛	132	巴	148
豹	83	佖	89	邦	109	包	150
编	201	毫	92	驳	159	不	184
擘	193	畐	94	泊	177	比	137
鼻	224	禀	95	枧	237	北	138
豝	235	焙	154	毕	72	丙	215
豩	157	焗	154	秉	51	白	132
霸	229	笔	54	并	138	必	50
瀿	177	癸	48	竝	138	孛	141
鳖	205	傧	106	宝	108	并	138
蔬	83	敞	132	宾	106	並	138

称	73	床	116	仓	90	（庀）	242
曹	81	畲	225	次	147	（傍）	242
乘	96	柴	5	长	156	（屏）	242
楚	101	祡	5	刍	10	（版）	242
垂	104	草	9	参	35	（班）	242
刺	105	迟	25	戈	196	（斑）	242
怱	108	祠	27	虫	202	（拨）	242
恖	108	齿	33	赤	155	（补）	242
畅	88	舂	73	辵	23	（悲）	242
晨	44	初	76	束	105	（掰）	242
春	121	臭	165	出	102	（壁）	242
畴	180	妒	190	吹	17	（蔽）	242
蔡	10	畜	207	丞	42	（弊）	242
蹉	25	豉	236	呈	48	（摈）	242
彻	56	屌	223	采	99	（搬）	242
雏	66	插	225	权	236	（壁）	242
摧	68	辞	226	尘	164	（甓）	242
盛	84	逴	230	冲	172		
鄙	88	粗	163	蛊	203	**C**	
稠	119	焯	154	处	209		
椿	121	曾	13	沉	175	屮	9
餐	228	赐	159	匓	164	才	101
（词）	243	蝉	204	宠	126	寸	81
（村）	243	纯	8	成	215	叉	225
（骋）	243	春	12	此	23	川	178
（错）	243	偶	73	炽	41	从	137
（苍）	243	踔	230	臣	53	丑	151
（昌）	242	虘	51	辰	218	车	210
（层）	243	趁	30	承	188	艸	9
						册	36

(柢)	244	掸	187	冬	179	(沧)	243
(扺)	244	俾	228	东	49	(怆)	243
(灯)	244	岛	231	对	41	(材)	243
(独)	244	盾	130	多	115	(财)	243
(钉)	244	奠	79	兑	145	(猝)	242
(第)	244	敦	93	达	31	(唱)	243
(镫)	244	祷	25	吊	52	(娼)	243
(搗)	244	登	22	豆	82	(倡)	243
E		魛	237	定	122	(猖)	243
二	206	道	31	宕	124	(菖)	243
尔	60	得	32	但	136	(逞)	243
耳	186	蠹	141	自	102	(程)	243
而	157	盗	145	耑	121	(残)	243
峨	153	聃	186	帝	2	(诚)	243
洱	176	弹	199	单	20	(裁)	243
娥	191	督	226	杜	96	(菜)	243
婀	191	端	121	杕	98	(彩)	243
(垩)	244	德	31	沌	176	(採)	244
(恶)	244	剢	232	妒	156	(崔)	244
F		翟	231	狄	165	**D**	
飞	148	襌	226	冻	177	刀	76
夫	168	稻	118	柁	109	丁	215
凡	206	鼎	117	㝷	32	大	166
分	14	簠	36	弟	96	队	227
父	47	堕	212	典	78	斗	47
反	52	(氐)	244	眹	62	丹	82
丰	53	(佃)	244	禘	2	旦	111
		(低)	244	淡	175	电	26
		(邸)	244	役	225		

癸	216	广	124	服	52	方	112
剐	232	戈	194	尃	56	风	71
庚	216	公	14	凫	68	凤	71
鬼	150	古	37	封	104	伏	224
官	125	厷	47	刜	77	妨	237
宫	125	弓	198	粪	72	吠	238
杲	100	丐	197	蝠	224	汸	177
贯	115	毌	115	腹	75	由	185
刚	76	甘	80	敷	56	弗	194
骨	75	亘	107	扮	14	妦	223
蛊	204	宄	123	箙	59	缶	90
祰	15	告	15	𢊁	224	甫	59
𦳝	24	各	20	豶	158	孚	45
犅	29	归	22	黻	133	仿	33
龏	43	共	42	（否）	245	茀	28
毁	55	改	57	（芾）	244	非	148
高	92	光	151	（纷）	245	伐	136
格	20	谷	178	（放）	244	斧	187
盖	149	攻	230	（诽）	245	扶	188
馆	125	苟	151	（拂）	245	发	48
贵	107	龟	205	（绋）	244	妃	189
国	104	果	28	（阀）	245	妇	189
槁	100	供	42	（佛）	244	阜	209
郭	92	鬲	44	（法）	244	复	31
膏	75	肱	47	（蜚）	244	俘	45
鼓	16	更	57			焚	155
遘	24	羔	69	**G**		第	28
雇	66	观	67	干	36	福	3
藿	67	拱	42	工	80	逢	30

喙	29	或	104	（隔）	245	殸	57
悔	9	狐	165	（膈）	245	簋	55
诲	9	洹	171	（簾）	245	盥	85
晦	9	沆	144	（灌）	245	聝	187
彗	53	环	129	（媾）	245	觵	40
获	66	函	116	（寡）	245	虢	83
霍	69	幸	227			鬶	238
黑	50	虎	83	**H**		（贡）	246
蒿	12	侯	91	火	152	（功）	246
璜	27	皇	230	禾	117	（诰）	245
熯	50	厚	93	化	137	（恭）	245
暵	50	捍	195	户	184	（柑）	245
厲	66	洄	176	后	31	（估）	246
豢	158	虹	203	乎	16	（耕）	246
淮	170	恒	201	合	48	（购）	246
潢	172	吽	234	回	107	（沟）	245
涵	175	鹘	231	会	90	（哥）	246
锾	209	唬	231	弘	198	（顾）	246
翰	64	隓	212	何	28	（洸）	246
雗	64	宦	122	和	35	（故）	246
鸿	67	寒	126	画	54	（钩）	246
濩	231	袆	141	还	24	（构）	245
镬	208	萑	11	河	169	（琯）	245
圂	106	祸	26	亥	222	（管）	245
龢	35	黄	27	华	227	（歌）	246
鶾	64		79	苋	230	（惯）	245
縠	78	呼	16	好	191	（溉）	245
（亨）	246	评	16	壶	167	（感）	245
（红）	247	荷	28	昏	110	（觏）	245

鉴	139	劲	134	吉	19	（绘）	247
儌	151	勍	134	句	37	（寉）	246
骄	161	罝	131	旧	68	（恍）	246
姬	189	亟	206	尽	85	（惑）	247
绝	200	姜	189	季	217	（滉）	247
将	187	浸	173	纠	228	（横）	246
涧	178	䘨	143	沮	170	（琥）	246
继	199	咎	136	洎	175	（鹤）	246
降	211	酒	221	冏	114	（憾）	247
祭	4	荐	161	囧	114	（浩）	246
妿	17		225	京	93	（惠）	246
君	17	炬	228	角	78	（宏）	246
嘉	17	胶	233	苴	11	（划）	246
跽	34	隶	236	竞	40	（花）	246
阉	47	烬	236	竟	40	**J**	
教	58	筥	228	戒	42		
耤	77	昼	229	具	43	九	213
稷	117	觧	77	皆	63	巾	131
霁	179	箕	78	集	70	今	90
寖	173	既	87	鸡	65	井	86
麇	163	桷	98	堇	50	斤	209
兢	223	晶	113	珏	8	见	147
截	232	罩	132	进	23	旡	147
湔	170	畺	207	阱	86	己	216
鑒	199	晙	207	即	87	介	14
爵	89	基	206	晋	110	及	51
羁	130	洚	171	家	121	交	166
艱	50	敬	151	疾	127	甲	213
暨	61	监	139	倞	134	夹	136

洛	169	穅	118	(较)	248	藉	77
泺	171	夔	97	(佼)	248	瓎	235
泷	175	(贶)	249	(绞)	248	虪	235
粦	156	(刬)	249			疆	207
泪	176	(坑)	249	**K**		(金)	249
龙	183	(眶)	249	口	15	(江)	248
陇	184	(悭)	249	亢	167	(芥)	248
闾	185	(犒)	249	可	82	(仅)	249
咙	187	(糠)	249	圣	107	(均)	249
陆	211			夸	147	(钧)	249
岁	234	**L**		叩	150	(拘)	249
列	234	力	208	匡	234	(俊)	248
戾	165	六	212	昆	203	(峻)	248
丽	163	立	136	扣	188	(隽)	248
苙	136	仑	39	尻	142	(极)	248
来	94	历	21	考	141	(剪)	249
林	101	乐	99	克	117	(跻)	248
刺	104	龙	183	困	106	(骏)	248
栗	116	吕	125	狂	155	(嫉)	248
稆	120	令	17	客	129	(蒺)	248
秝	120	卢	85	疴	128	(稼)	248
牢	15	礼	53	看	62	(缄)	248
录	26	吝	19	况	172	(减)	249
灵	27	吏	1	哭	224	(谨)	249
伦	39	寽	74	蚰	203	(溅)	249
论	39	老	141	康	118	(蒟)	249
离	44	夌	142	垦	107	(记)	248
厘	51	李	217	媿	192	(汲)	249
良	94	耒	236	寇	129	(岌)	249

兒	145	（鸝）	247	狼	165	靣	94
面	148	（儷）	247	陵	211	炉	85
龙	164	（朗）	247	鹿	162	卤	80
汇	177	（凜）	247	翠	161	利	76
没	174	（懍）	248	骊	161	捋	74
茫	177	（落）	248	燎	154	罗	67
冒	130	（络）	248	量	139	离	66
妹	190	（琳）	247	蔍	129	律	32
威	179			廩	94	鲁	62
秘	226	**M**		麓	101	禄	26
免	128			麟	162	雷	27
每	9	木	97	瀢	173	柳	96
萌	11	门	185	壘	234	旅	112
埋	11	马	160	櫑	234	寮	125
莫	13	米	120	（壟）	247	冽	234
暮	13	卯	219	（垆）	247	品	233
牡	14	民	193	（芦）	247	烈	233
苗	28	名	17	（刘）	248	绿	201
冥	218	目	60	（谅）	247	婪	192
枚	98	皿	84	（栌）	247	聋	187
麦	95	宋	98	（怜）	248	联	187
沫	85	糸	103	（洌）	247	阑	185
鸣	72	芈	69	（潞）	247	雷	180
咩	69	母	28	（邻）	248	流	179
眉	63	命	17	（庐）	247	霖	181
牧	57	黾	204	（胪）	247	潾	177
牧	57	明	114	（铲）	247	瀧	176
敏	56	买	107	（鸬）	247	潦	173
曼	49	宓	122	（颅）	247	砳	173

片	116	念	109	（谟）	250	美	35
爿	116	囡	223	（陌）	250	莽	12
牝	15	泞	174	（嵋）	250	蔑	68
彷	33	娘	193	（漫）	250	滅	179
品	34	逆	24	（缦）	250	媚	191
朋	71	妞	193	（慢）	250	娩	218
淜	143	宜	122	（墁）	250	湄	173
甹	174	疟	127	（铭）	250	蒙	130
庞	125	尿	139			冕	128
倗	135	虐	231	**N**		梦	126
旁	2	怒	108	乃	80	盟	115
傍	33	辇	210	牛	14	穆	116
排	148	孽	40	廿	38	懋	108
砯	156	猱	95	内	90	帽	130
辟	150	迺	81	尼	137	幎	131
派	174	蘖	229	宁	86	冪	131
彭	16	溺	139	鸟	70	髟	151
圃	105	夒	95	女	28	魅	151
盘	227	櫱	229	艿	12	麋	162
配	221	麑	163	柰	5	靡	163
陴	211	（倪）	250	农	44	密	122
辔	202	（凝）	250	年	118	蘼	11
澎	176	（擬）	250	奴	223	霾	181
璞	8			男	207	（孟）	250
（丕）	251	**P**		南	103	（漠）	249
（庀）	251	攴	56	讷	36	（幕）	249
（聘）	250	仆	41	㕯	36	（瘼）	249
（俜）	250	匹	23	弄	42	（寞）	250
（朴）	250	疋	23	臬	100	（膜）	250

（球）	251	倪	135	其	78	（烹）	251
（钱）	251	企	134	杞	96	（纰）	251
（勤）	251	牵	130	岂	108	（毗）	250
（锲）	251	戕	127	沁	108	（劈）	250
（旗）	251	寝	123	棋	99	（僻）	250
（期）	251	娶	189	祈	6	（阐）	250
R		夋	180	旂	6	（擗）	250
		潜	229	前	21	**Q**	
人	133	骑	161	求	140		
入	90		228	迁	226	七	213
儿	145	磬	156	奇	228	千	38
刃	77	裘	140	祁	230	乞	8
仁	133	遣	23	庆	233	欠	147
冗	124	起	34	胠	232	犬	164
日	109	齲	34	秋	119	区	197
壬	137	毃	55	秦	119	丘	138
戎	195	雀	65	侵	227	齐	116
汝	170	禽	72	契	232	囚	226
冉	61	魋	150	汘	173	气	8
如	192	擒	72	泅	173	去	86
若	10	卿	89	强	207	讫	8
肉	75	墙	95	泉	179	迄	8
任	135	灈	229	歼	195	启	18
妊	189	（权）	251	曲	198	且	5
柔	230	（浅）	251	弱	199	羌	29
姆	191	（穹）	251	戚	223	妾	40
扔	188	（桥）	251	栖	226	取	52
肜	143	（荞）	251	妻	189	臤	54
蓐	12	（脐）	251	驱	161	弃	70

塞	126	兕	159	司	27	儒	134
深	129	戍	195	书	54	濡	134
身	140	绍	200	时	81	瀼	151
率	146	杉	229	芟	43	乳	152
使	1	骖	235	杓	27	蕤	155
事	1	驶	161	石	153	(锐)	251
祀	5	狩	165	氾	174	(融)	251
	219	兽	165	圣	186	(瑞)	251
社	7	湿	175	四	212	**S**	
牲	15	涉	178	扫	206		
丧	21	娠	190	氏	195	十	37
岁	22	娀	192	豕	158	三	7
神	26	崇	10	色	149	上	2
涩	29	窆	47	夙	152	山	152
善	39	蜀	203	绥	192	尸	141
识	41	裔	95	伤	91	巳	219
悚	45	树	99	生	102	水	169
叟	47	森	101	术	118	卅	38
叔	52	桑	102	宋	124	士	27
束	60	师	102	守	124	勺	27
省	61	柤	102	屎	139	少	13
昳	62	耜	102	首	148	升	50
死	73	丝	103	视	146	矢	79
受	74	索	103	孙	199	申	26
食	88	粟	115	声	186	杀	10
饣	89	秫	118	寿	180	示	3
饲	89	黍	120	洒	176	史	1
射	91	室	121	庶	153	殳	55
商	37	宿	123	祐	5	舌	36

·11·

汉语拼音字母索引

W		通	24	（删）	252	赏	37
		途	25	（思）	252	膳	39
亡	197	逯	30	（私）	252	搜	47
万	214	徒	49	（逝）	252	肆	54
兀	145	梌	98	（沙）	251	爽	61
卫	33	豚	158	（碎）	252	奭	61
王	7	听	186	（属）	252	瞚	62
为	46	拖	188			散	76
无	97	潭	177	T		鼠	222
	197	苊	9			酸	221
文	149	童	232	土	7	麝	163
未	220	特	236	天	1	瞬	62
午	219	犆	236	厅	124	翣	64
戊	215	臀	142	屯	8	氊	69
五	212	橐	49	田	207	羴	69
吴	166	鼍	205	它	202	嗣	35
问	17	（汰）	253	畋	57	穑	95
毋	28	（投）	253	贪	237	（手）	252
吾	39	（他）	252	忒	237	（溲）	251
巫	80	（佗）	252	条	225	（似）	251
韦	97	（驼）	253	妥	192	（跚）	252
网	128	（迯）	253	沓	178	（搔）	252
位	136	（泰）	252	兔	164	（墅）	252
危	157	（塘）	252	涂	168	（势）	252
勿	157	（悌）	252	同	128	（逊）	252
违	233	（图）	253	汰	134	（穗）	252
委	192	（铁）	253	突	126	（谁）	252
武	196	（拓）	253	庭	124	（伸）	252
我	196	（堂）	252	涛	176	（硕）	252
				唐	20		

燮	48	犀	232	(囲)	253	絘	200
徙	49	次	147	(芜)	253	蜗	204
效	56	旬	150	(惆)	253	闻	185
学	58	炘	155	(魍)	253	泊	170
飨	89	幸	166	(抚)	253	物	15
叙	57	恔	171			唯	18
相	60	姓	188	**X**		惟	18
羞	69	协	208	下	2	往	31
恤	88	辛	216	小	13	温	88
卹	88	戌	222	习	63	卧	123
薪	11	徇	134	兮	82	侮	135
衋	85	宣	121	乡	89	望	139
饗	89	星	113	夕	114	尾	141
旋	112	昕	111		115	畏	151
香	119	昔	111	兄	146	雾	130
陷	120	晛	110	先	146	霁	130
寻	132	休	100	凶	152	鲔	183
徇	134	析	100	西	185	舞	97
殉	134	享	93	囟	185	微	31
需	134	亯	93	杏	229	(外)	253
侠	136	新	11	向	122	(胃)	253
挟	136	喜	16	心	108	(庑)	253
袨	142	咸	18	行	33	(维)	253
襄	143	祥	26	卌	38	(唔)	253
须	145	循	31	兴	44	(悟)	253
奚	146	席	36	血	86	(捂)	253
涎	147	讯	39	朽	237	(梧)	253
熹	154	薛	40	校	233	(忘)	253
烆	156	献	45	诉	232		

永 174
亦 166
扜 188
页 148
亿 48
冘 28
宇 128
有 114
肞 111
因 105
员 105
杳 100
聿 54
攸 57
羽 64
幼 72
爰 74
卣 81
盂 84
艺 46
异 43
音 40
言 39
岩 35
刖 34
迂 31
亚 213
由 213
尤 214
（惜） 255
（夏） 254

Y

一 1
乙 214
乂 194
弋 99
又 19
于 16
爻 60
右 19
元 1
夭 166
云 181
刈 194
义 197
引 198
允 145
央 92
月 114
玉 7
余 14
叶 28
羊 26
尹 49
曰 80
用 59
友 53
（恟） 254
（现） 254
（详） 254
（细） 255
（斜） 253
（笑） 254
（稀） 254
（贤） 254
（刑） 254
（邢） 255
（序） 255
（犀） 255
（选） 255
（羲） 255
（戏） 255
（牺） 255
（洵） 255
（琁） 255
（璇） 255
（憘） 255
（憙） 255
（瑄） 255
（鬒） 254
（獬） 254
（澥） 254
（懈） 254
（廨） 254
（邂） 254
（蟹） 254
锡 159
象 160
骝 160
骍 161
羡 147
雪 180
颙 185
媟 193
嬉 193
弦 199
系 200
係 200
续 200
劦 208
浔 229
熊 231
欣 232
巡 233
婞 236
巽 236
鮏 238
斅 58
（匈） 254
（希） 254
（迅） 254
（玄） 254
（訩） 254
（汹） 254
（哅） 254

鼋	205	霸	180	泳	174	目	219
野	206	雩	181	湡	177	以	219
舆	210	娅	193	雨	179	酉	220
陕	212	医	198	鱼	182	臾	224
舍	221	念	109	渔	182	恙	230
瑗	225	晕	111	扬	157	杙	194
庸	227	疫	127	衣	140	尧	149
粤	228	徉	32	晏	216	印	149
郁	229	匽	216	甬	216	雍	67
幽	73	要	199	孕	140	援	74
偃	216	腰	199	夷	158	剡	77
龠	35	瘖	127	育	142	寅	79
畬	233	邕	129	袁	142	益	84
媥	234	伊	134	远	142	御	6
麀	235	依	135	俞	144	逸	25
墉	92	疑	136	腧	144	嚚	35
焱	155	游	112	饮	148	延	32
歙	148	榆	98	抑	149	喁	50
裛	143	钺	196	岳	153	役	55
毓	142	燕	183	炎	155	智	59
曤	183	驭	237	易	157	圆	105
翳	198	翊	65	旸	157	圊	105
彝	201	翌	64	阳	157	邑	109
歞	148	雁	67	易	159	昱	110
廊	92	鸢	68	犴	165	囿	168
鹬	231	养	57	犹	165	浴	170
肄	54	祐	4	演	172	洋	171
嚚	28	侑	4	渊	172	衍	172
麟	84	缘	202	欲	178	浥	173

· 15 ·

汉语拼音字母索引

禦	6	灾	30	宗	123	（馀）	256
趄	48	災	30	妆	128	（愿）	256
甗	44	栽	30	至	184		
（匀）	255	逐	25	州	178	**Z**	
（奕）	256	迍	30	咒	152	之	48
（纭）	256	叀	73	豸	158	子	217
（芸）	256	再	72	卒	140	仄	226
（也）	256	自	62	舟	143	兆	228
（姻）	256	者	219	众	138	矢	166
（原）	255	咏	41	仲	9	乇	104
（泱）	256	诔	41		134	帀	102
（药）	255	肘	81	乍	135	匝	102
（娱）	256	贮	87	卓	137	在	101
（龠）	256	责	107	仔	133	主	96
（蝇）	256	昃	110	甾	198	爪	45
（越）	256	宰	122	纣	201	左	52
（域）	256	疛	126	孖	218	专	55
（郵）	256	帚	131	走	224	占	59
（虞）	256	作	135	直	197	只	66
（韵）	256	纵	137	祉	3	贞	58
（晏）	255	重	139	争	8	中	9
（英）	256	朕	144	兹	10	召	18
（猷）	255	执	167	折	12	止	21
（仰）	255	奏	168	旨	16	正	23
（焰）	255	沚	174	隹	18	佐	52
（悠）	256	洲	178	周	19	竹	78
（冶）	256	终	179	足	23	朱	98
（痒）	256	始	190	业	23	吒	104
（悦）	256	姪	190	追	25	宅	121

（知）	257	矰	91	頙	224	肈	194
（增）	257	滋	173	椓	226	盉	237
（赒）	257	淄	171	婤	234	蛛	204
（週）	257	廌	161	牂	235	钟	209
（郑）	257	彘	159	簪	223	斫	209
（赠）	257	傳	135	铸	208	坠	212
（值）	257	黹	133	葬	13	阻	212
（踪）	257	颭	238	展	20	祖	5
（斋）	257	鼄	204	征	23	幽	73
（杂）	257	鸷	235	趦	34	祝	6
（脏）	257	甑	13	掫	77	孨	223
（赃）	257	鱻	69	踬	34	胄	225
（致）	257	臧	54	震	34	椎	230
（缀）	257	藏	54	振	34	俎	122
（蠋）	257	拯	42	帜	41	朝	112
（指）	258	骤	77	职	41	族	113
（志）	258	灂	172	织	41	最	124
（哲）	258	挚	168	疐	74	栉	101
（综）	258	（蚤）	256	蕆	76	栅	99
（珠）	258	（注）	257	雉	65	智	93
（铢）	258	（诖）	257	政	56	涿	175
（缁）	258	（炷）	257	转	55	载	198
（锱）	258	（栽）	257	揸	51		238
		（哉）	257	凿	41	絷	201
		（崪）	257	烝	82	陟	211
		（诤）	257	蒸	82	尊	221

汉字笔画索引

1. 文字后的数字指本字典的页码
2. 笔画按先左后右、先上后下的习惯,笔形按横(一)、竖(丨)、撇(丿)、点(丶)、折(𠃍)的次序排列
3. 编排在最后面并加括号者为借用文字

义	197	习	63	丁	215	**一画**	
亡	197	刃	77	(厶)	252	一	1
弓	198	工	80	**三画**		乙	214
万	214	乡	89	上	2	**二画**	
己	216	亿	48	下	2	八	13
子	217	寸	81	土	7	又	19
巳	219	弋	99	三	7	十	37
叉	225	才	101	乞	8	卜	58
(也)	256	毛	104	屮	9	刀	76
四画		夕	114	小	13	乃	80
元	1		115	口	15	入	90
天	1	广	124	于	16	人	133
王	7	巾	131	勺	27	匕	137
气	8	尸	141	士	27	儿	145
屯	8	兀	145	女	28	乂	194
中	9	飞	148	卫	33	二	206
少	13	山	152	干	36	力	208
分	14	马	160	千	38	七	213
介	14	大	166	之	48	九	213
公	14	川	178				
		门	185				

不	184	见	147	爻	60	牛	14
车	210	欠	147	风	71	止	21
五	212	旡	147	凤	71	历	21
六	212	巴	148	曰	80	匹	23
尤	214	文	149	兮	82	冘	28
以	219	卬	149	丹	82	毋	28
午	219	丑	151	井	86	廿	38
仄	226	凶	152	今	90	卅	38
队	227	火	152	仓	90	仑	39
(手)	252	长	156	内	90	冄	61
(仅)	249	勿	157	韦	97	仆	41
(匀)	255	犬	164	木	97	爪	45
五画		夨	166	币	102	为	46
		夭	166	贝	106	艺	46
史	1	亢	167	心	108	斗	47
示	3	夫	168	日	109	厷	47
且	5	水	169	方	112	父	47
讫	8	仌	181	月	114	尹	49
刍	10	云	181	毌	115	升	50
艿	12	户	184	爿	116	及	51
乎	16	刈	194	片	116	反	52
令	17	戈	194	冗	124	弔	52
召	18	氏	195	厅	124	友	53
右	19	无	97	仁	133	丰	53
归	22		197	化	137	书	54
正	23	丐	197	从	137	殳	55
疋	23	区	197	比	137	专	55
申	26	引	198	壬	137	支	56
电	26	斤	209	允	145		
立	136						

纠	228	叩	150	央	92	司	27
驭	237	包	150	冉	61	母	28
（玄）	254	石	153	主	96	叶	28
（记）	248	永	174	乐	99	册	36
（丕）	251	冬	179	出	102	句	37
（功）	246	龙	183	生	102	古	37
（他）	252	圣	186	匜	102	卌	38
（庀）	251	扔	188	丝	103	讯	39
（氏）	244	民	193	圣（kū）		对	41
（外）	253	弗	194		107	发	48
		戈	196	匆	108	东	49
六画		戉	196	旦	111	必	50
吏	1	勾	197	禾	117	左	52
迄	8	匀	197	术	118	礼	53
艸	9	弘	198	宄	123	占	59
杀	10	它	202	穴	124	用	59
牝	15	田	207	白	132	尔	60
旨	16	处	209	仔	133	目	60
问	17	四	212	乍	135	只	66
名	17	甲	213	立	136	旧	68
吉	19	由	213	尼	137	鸟	70
各	20	丙	215	丘	138	幼	72
岁	22	戊	215	北	138	矢	79
此	23	卯	219	孕	140	甘	80
羊	26	目	219	尻	142	可	82
达	31	未	220	兄	146	皿	84
迁	31	成	222	印	149	卢	85
		奴	223			去	86
		囚	226			宁	86

夙	152	妆	128	尽	85	后	31
兇	152	同	128	血	86		142
危	157	网	128	阱	86	行	33
阳	157	宇	128	会	90	仿	33
扬	157	寻	132	缶	90	刖	34
而	157	企	134	伤	91	舌	36
尘	164	伊	134	朱	98	讷	36
亦	166	汏	134	休	100	论	39
交	166	仲	9	在	101	伦	39
执	167		134	自	102	共	42
汝	170	任	135	师	102	丞	42
冲	172	倪	135	糸	103	异	43
汙	173	伐	136	吒	104	兴	44
汜	174	夹	136	束	105	农	44
汇	177	并	138	因	105	合	48
州	178	众	138	买	107	吊	52
冰	181	衣	140	回	107	臣	53
至	184	老	141	亘	107	聿	54
西	185	考	141	互	107	贞	58
由	185	夷	158	邦	109	自	62
凶	185	舟	143	仉	111	百	63
耳	186	先	146	有	114	羽	64
扦	188	次	147	多	115	观	67
扣	188	夸	147	齐	116	凫	68
妇	189	页	148	年	118	再	72
妃	189	尧	149	米	120	毕	72
好	191	色	149	宅	121	死	73
如	192	旬	150	安	122	肉	75
戎	195	光	151	守	124	刚	76
				吕	125	竹	78

· 21 ·

汉字笔画索引

呈	48	评	16	（匉）	254	扞	195
佐	52	吹	17	（讻）	254	戍	195
役	55	君	17	（迅）	254	曲	198
彻	56	启	18	（灯）	244	弰	199
攸	57	咨	19	（杂）	257	孙	199
更	57	步	22	（刑）	254	纠	201
改	57	足	23	（邢）	255	虫	202
孛	58	迕	23	（红）	247	扫	206
甫	59	进	23	（江）	248	劦	208
束	60	还	24	（杈）	251	协	208
鸡	65	迟	25	（戏）	255	亚	213
芈	69	衼	27	（刘）	248	成	215
弃	70	灵	27	（仰）	255	孖	218
寽	74	何	28	（朴）	250	亥	222
利	76	羌	29	（划）	246	因	223
初	76	灾	30	（邦）	243	伏	224
刜	77	災	30			迁	226
角	78	迡	30	**七画**		华	227
巫	80	彷	33	祀	5	兆	228
卤	80	肖	36		219	祁	230
卣	81	言	39	社	7	诉	232
时	81	吾	39	纯	8	庆	233
甬	216	识	41	折	12	巡	233
旹	81	咏	41	余	14	岁	234
肘	81	弄	42	每	9	列	234
豆	82	兵	42	牡	14	匡	234
皂	87	戒	42	牢	15	耒	236
即	87	芟	43	告	15	朽	237
良	94	孚	45			（汲）	249
						（岌）	249
						（似）	251

男	207	冲	172	尿	139	来	94
車	210	况	172	身	140	麦	95
陆	211	晏	216	孛	141	弟	96
坠	212	汕	174	尾	141	杜	96
阻	212	粤	174	远	142	杞	96
辛	216	没	174	肜	143	杕	98
李	217	沈	175	兑	145	宋	98
辰	218	沉	175	兕	145	国	104
酉	220	沌	176	见	147	员	105
妦	223	沩	177	次	147	困	106
走	224	谷	178	饮	148	贝	106
条	225	寿	180	夘	149	狈	107
求	140	陇	184	抑	149	囮	107
杏	229	听	186	赤	155	岜	108
杉	229	声	186	狂	155	沁	108
苋	230	扶	188	妒	156	邑	109
攻	230	妊	189	旸	157	囷	114
岛	231	姆	191	豕	158	囵	114
违	233	妥	192	豸	158	床	116
吽	234	妞	193	呪	159	克	117
权	236	呗	193	驳	159	宋	124
贡	237	杙	194	驱	161	妆	128
忒	237	歼	195	丽	163	免	128
妨	237	我	196	兔	164	伯	132
吷	238	医	198	龙	164	劲	134
(苍)	243	系	200	犴	165	作	135
(沧)	243	呞	202	狄	165	但	136
(怆)	243	龟	205	犹	165	位	136
(汹)	255			吴	166	妣	137
(恼)	255			报	168	纵	137
						芚	9

供	42	若	10	（投）	254	（沟）	245
畀	42	苴	11	（纰）	251	（佃）	244
具	43	物	15	（庇）	242	（伸）	252
肱	47	呼	16	（低）	244	（拟）	250
東	49	妿	17	（邸）	244	（庐）	247
昇	50	命	17	（汰）	253	（冶）	256
艰	50	佳	18	（纷）	245	（芜）	253
秉	51	周	19	（均）	249	（庑）	253
服	52	败	20	（讻）	254	（芾）	244
叔	52	单	20	（词）	243	（删）	252
取	52	丧	21	（坑）	249	（邻）	248
卑	53	征	23	（补）	242	（私）	252
画	54	录	26	（抚）	253	（志）	258
殴	54	苗	28	（沙）	251	（估）	246
转	55	苐	28	（宏）	246	（纭）	256
牧	57	犅	29	（村）	243	（芸）	258
学	58	往	31	（花）	246	（围）	253
罗	67	延	32	（贡）	246	（希）	254
鸢	68	齿	33	（诖）	257	（钉）	244
朋	71	岩	35			（否）	245
鸣	72	和	35	**八画**		（极）	248
叀	73	侖	39			（忘）	253
受	74	妾	40	使	1	（亨）	246
其	78	帜	41	事	1	（芥）	248
典	78	织	41	祉	3	（财）	243
旹	81	咏	41	侑	4	（材）	243
廼	81	导	32	祈	6	（序）	255
虎	83			爭	8	（佗）	252
盂	84					（层）	243
炉	85						
沫	85						

況	172	並	138	函	116	贮	87
泗	173	卒	140	牀	116	卹	88
泳	174	夌	142	定	122	饲	89
泞	174	育	142	者	219	飶	89
泷	175	斻	144	宓	122	京	93
泪	176	兒	145	宜	122	享	93
泺	177	视	146	宗	123	亩	94
泊	177	非	148	卧	123	來	94
沓	178	苟	151	宕	124	枚	98
终	179	呪	152	官	125	采	99
雨	179	咒	152	庞	125	杲	100
門	185	乳	152	宠	126	杳	100
咙	187	岳	153	疛	126	析	100
斧	187	炘	155	疟	127	林	101
承	188	炎	155	戕	127	垂	104
拖	188	長	156	冞	129	刺	105
拕	188	妬	156	罙	129	国	104
妻	189	易	159	环	129	或	104
始	190	駜	160	冒	130	责	107
妹	190	驶	161	帚	131	宝	108
姌	191	兔	164	帛	132	岔	108
妸	191	戾	165	侚	134	念	109
委	192	狐	165	依	135	晛	110
武	196	吴	166	侠	136	昃	110
戔	196	幸	166	咎	136	昏	110
直	197	河	169	卓	137	昔	111
甾	198	沮	170	併	138	昕	111
弦	199	泺	171			明	114
绍	200						
昆	203						

拯	42	（英）	256	（详）	254	黾	204
拱	42	（佼）	248	（绋）	244	亟	206
羑	35			（垄）	247	協	208
俘	45	**九画**		（贤）	254	阜	209
為	46	帝	2	（注）	257	参	35
奓	47	祐	4	（穹）	251	降	211
叟	47	祖	5	（诚）	243	陕	212
癹	48	祏	5	（势）	252	亞	213
陞	50	柰	6	（佛）	244	庚	216
厘	51	祝	8	（细）	255	季	217
政	56	珏	9	（怜）	248	臾	224
敃	57	草	9	（图）	253	役	225
叙	57	海	10	（郑）	257	奇	228
貞	58	兹	12	（驼）	253	炬	228
相	60	春	15	（昌）	242	纠	228
省	61	牲	18	（知）	257	郁	229
养	57	咸	21	（抵）	244	胏	232
看	62	前	24	（浅）	251	欣	232
眉	63	逆	25	（净）	258	癿	234
皆	63	追	26	（拂）	245	枳	237
咩	69	神	27	（放）	244	（版）	242
風	71	祠	28	（拘）	250	（悦）	246
禹	73	果	31	（昂）	242	（现）	254
幽	73	复	31	（金）	249	（拨）	242
爰	74	後	32	（购）	246	（陌）	250
骨	75	律	32	（拓）	253	（孟）	250
穿	86	徉	34	（洌）	247	（垆）	247
既	87	品	40	（法）	244	（芦）	247
畅	88	音	40	（决）	256	（构）	245
		炽	41				

拜	227	馬	160	庭	124	恤	88
娀	192	羿	161	宫	125	食	88
娅	193	骄	161	突	126	侯	91
係	200	荐	161	疫	127	亯	93
绝	200		225	客	129	厚	93
栎	200	皀	164	牵	130	韋	96
紃	201	狩	165	冒	130	柳	96
恒	201	奏	168	盾	130	柏	98
殟	201	洛	169	徇	134	栅	99
虹	203	洧	170	倪	135	树	99
钟	209	洹	171	侮	135	柄	99
斫	209	恔	171	挟	136	栭	101
陟	211	洚	171	屎	139	柤	102
癸	216	洋	171	重	139	南	103
弆	223	衍	172	祎	141	封	104
胄	225	派	174	勃	141	刺	104
舀	225	洎	175	屍	141	囿	105
拪	226	洒	176	洀	143	垦	107
祕	226	洱	176	俞	144	贵	107
侵	227	茫	177	须	145	怱	108
昼	229	洲	178	涎	147	柁	109
浔	229	泉	179	頁	148	昱	110
柔	230	间	185	飛	148	星	113
皇	230	闻	185	面	148	贯	115
虐	231	将	187	首	148	秋	119
鹏	231	姜	189	鬼	150	烁	119
岛	231	姙	189	娄	184	香	119
契	232	姪	190	匩	216	峕	121
剄	232	姡	190	畏	151	室	121
		要	199	砅	156	宣	121
					173	宦	122
				昜	157	姐	122

· 27 · 汉字笔画索引

書	54	莽	12	（绘）	247	扅	233
殼	55	莫	13	（钩）	249	洌	234
專	56	粉	14	（钩）	246	（思）	252
效	56	唐	20	（洵）	255	（阀）	245
敉	57	展	20	（毘）	250	（恍）	246
殺	57	格	20	（毗）	250	（贶）	249
匐	59	衾	21	（指）	258	（哟）	254
智	59	通	24	（俜）	250	（洶）	254
脒	62	冓	24	（绞）	248	（恂）	254
肽	62	逐	25	（药）	255	（刿）	249
获	66	途	25	（柢）	244	（柑）	245
离	66	祥	26	（洸）	246	（俪）	247
奉	227	荷	28	（胃）	253	（俊）	248
流	179	涩	29	（选）	255	（栌）	247
绥	192	栽	30	（蚤）	256	（胪）	247
隻	66	逢	30	（故）	246	（轳）	247
哔	69	起	34	（哥）	246	（独）	244
羔	69	振	34	（络）	248	（哄）	254
羞	69	席	36	（怪）	249	（荠）	251
畢	72	訊	39			（炷）	257
称	73	倫	39	**十画**		（垩）	244
捋	74	竞	40	旁	2	（奕）	256
剛	76	离	44	純	8	（紅）	247
剥	77	饻	45	悔	9	（屏）	242
烝	82	阉	47	柴	5	（残）	243
豹	83	門	47	旂	6	（哉）	257
益	84	徒	49	豸	10	（浩）	245
鬯	88	笔	54	祟	10	（逊）	252
飤	89			殺	10	（姻）	256
				埋	11		

蚩	203	驿	161	秕	120	卿	89
畜	207	骊	161	秣	120	仓	90
陆	211	猎	165	家	121	射	91
陵	211	臭	165	宰	122	高	92
陴	211	狼	165	疾	127	亳	92
娩	218	壶	167	疴	128	郭	92
冥	218	涂	168	邕	129	乘	96
挽	218	挚	168	罟	131	栢	98
酒	221	浴	170	殉	134	臬	100
配	221	浸	173	倞	134	桑	102
哭	224	洇	173	勍	134	师	102
倏	225	涛	176	倗	135	索	103
秘	226	涉	178	莅	136	员	105
華	227	涧	178	冣	124	圆	105
倖	228	威	179	立	138	圃	105
恙	230	姬	189	监	139	圂	106
莬	230	娠	190	悖	141	宾	106
絜	232	婀	191	袁	142	狷	107
剟	232	娥	191	袨	142	唊	108
剮	232	娘	193	朕	144	晋	110
犀	232	唄	193	般	144	晉	110
校	233	捍	195	奚	146	晕	111
胶	233	钺	196	峨	153	旅	112
烈	233	载	198	炮	156	函	116
牂	235		238			栗	116
特	236	孫	199			秌	118
衺	236	继	199			秦	119
烬	236	紊	200			陷	120

· 29 ·

汉字笔画索引

晨	44	**十一画**		（斋）	257	貪	237
禹	44			（恭）	245	釦	237
執	46	祭	4	（釘）	244	（徐）	256
菽	46	紫	5	（恶）	244	（谅）	247
徙	49	晦	9	（邮）	256	（尅）	249
曼	49	參	35	（栽）	257	（悦）	256
萱	50	祸	26	（悌）	252	（倪）	250
虘	51	崔	11	（财）	243	（峻）	248
掫	77	祜	15	（逞）	243	（骏）	248
彗	53	萌	11	（娱）	256	（隽）	248
殻	55	問	17	（悟）	253	（值）	257
專	55	唯	18	（泰）	252	（谁）	252
勇	56	惟	18	（倡）	243	（脏）	257
敏	56	啓	18	（紙）	251	（赃）	257
敍	57	敗	20	（钱）	251	（致）	257
教	58	進	23	（逖）	253	（笑）	254
爽	61	祷	25	（牺）	255	（捣）	244
習	63	逸	25	（紛）	245	（班）	242
翌	64	黃	27	（唔）	253	（朗）	247
翊	65		79	（記）	248	（鸼）	247
雀	65	第	28	（貢）	246	（桥）	251
鸿	67	達	31	（哲）	258	（夏）	254
鳥	70	得	32	（逝）	252	（铁）	253
偶	73	朗	34	（耕）	246	（浩）	246
寅	79	商	37	（骋）	243	（原）	255
鹵	80	竟	40	（珠）	258	（顾）	246
曹	81	职	41	（较）	248	（紜）	256
		龚	43	（晏）	255	（诽）	245
		異	43			（脐）	251

汉字笔画索引

隊	227	涷	177	從	137	盛	84
盘	227	欲	178	望	139	鄉	89
庸	227	雪	180	苌	143	高	92
凔	228	雩	181	䘯	143	啚	94
晝	229	魚	182	盗	145	嗇	95
逴	230	聋	187	率	146	麥	95
唬	231	將	187	視	146	梌	98
訢	232	掸	187	排	148	桶	98
婎	234	掤	188	盖	149	耜	102
婤	234	娶	189	庶	153	國	104
婁	184	婦	189	陽	157	責	107
豝	235	偃	216	豚	158	悤	108
骆	235	婢	190	象	160	悆	109
婞	236	婪	192	骑	161	舵	109
豉	236	區	197		228	晛	110
馭	237	紘	199	鹿	162	旋	112
椇	237	弹	199	粗	163	族	113
盇	237	续	200	𤚏	163	康	118
(垩)	244	紹	200	兽	165	春	121
(烹)	251	绿	201	執	167	密	122
(悠)	257	蛊	204	圉	168	宿	123
(域)	256	基	206	淮	170	寂	124
(第)	244	掃	206	淄	171	馆	125
(週)	257	埜	206	渊	172	梦	126
(減)	249	野	206	涿	175	冕	128
(牾)	253	處	209	涵	175	深	129
(梧)	253	堕	212	淡	175	寇	129
(维)	253	畲	221	洒	176	牽	130
(琁)	255	戚	223	淚	176	敝	132
						偪	136

森	101	黑	50	（紼）	244	（唱）	243
絲	103	喎	50	（痒）	258	（娼）	243
侯	106	揸	51	（堂）	252	（猖）	243
買	107	畫	54	（缁）	258	（菖）	243
貴	107	筆	54	**十二画**		（球）	251
怒	108	殼	55			（淺）	251
朝	112	博	56	御	6	（邊）	253
强	207	雇	66	葬	13	（惜）	255
游	112	雁	67	曾	13	（細）	255
晶	113	集	70	喜	16	（綜）	258
粟	115	棄	70	彭	16	（銖）	258
鼎	117	禽	72	單	20	（惠）	256
黍	120	粪	72	喪	21	（剪）	249
寑	123	援	74	登	22	（銘）	250
最	124	戠	76	廊	21	（猝）	242
寒	126	散	76	祿	26	（崒）	257
粧	128	剌	77	禍	26	（眭）	249
帽	130	奠	79	犅	29	（斜）	253
尋	132	寧	86	喙	29	（崔）	246
畢	132	盗	86	葉	28	（頏）	247
肅	133	甯	86	趁	30	（碩）	252
逼	136	貯	87	道	31	（現）	254
衆	138	温	88	復	31	（菜）	243
量	139	飡	89	循	31	（彩）	243
毳	141	敦	93	喦	35	（採）	244
盗	145	智	93	賞	37	（崔）	244
須	145	猱	95	善	39	（惘）	254
飲	148	棋	99	凿	41		
堯	149			爲	46		
				搜	47		
				發	48		

(傍)	242	巽	236	無	97	敬	151
(溉)	245	(锐)	251		197	彪	151
(鈞)	249	(嵋)	250	絶	200	寮	154
(溅)	249	(掰)	242	编	201	焯	154
(焰)	255	(期)	251	絷	201	焙	154
(搔)	252	(斑)	242	蛐	203	焚	155
圍	253	(谟)	250	黽	204	焱	155
(溲)	251	(琥)	246	蛛	204	舜	156
(鉤)	246	(琳)	247	黿	205	羡	147
(落)	248	(補)	242	搂	184	揚	157
(络)	248	(惠)	246	畯	207	尧	159
(悲)	242	(詞)	243	铸	208	赐	159
(絞)	248	(稀)	254	犇	210	猶	165
(属)	252	(隔)	245	陸	212	報	168
(贶)	249	(註)	257	萬	214	湔	170
		(極)	248	尊	221	淵	172
十三画		(琯)	245	屌	223	湄	173
福	3	(惯)	245	跋	225	滋	173
摔	227	(犀)	255	插	225	湿	175
褅	2	(越)	256	椓	226	渴	177
新	11	(殘)	243	粤	228	畴	180
蒿	12	(惑)	247	湌	228	雲	181
蓐	12	(鹏)	247	椎	230	阑	185
鼓	16	(裁)	243	童	232	聃	186
歲	22	(程)	243	臦	233	联	187
嵗	22	(赒)	257	畬	233	媚	191
遗	23	(缄)	248	違	233	媿	192
遘	24	(減)	249	鹭	235	婭	193
電	26	(跚)	252	犆	236	媟	193

· 33 ·

汉字笔画索引

瑗	225	煏	154	鄙	94	遝	30
督	226	暘	157	禀	95	微	31
辞	226	豢	158	嗇	95	徬	33
筮	228	锡	159	榆	98	整	34
麃	235	駁	159	楚	101	嗣	35
魰	237	麃	161	圓	105	觥	40
鲑	238	麁	163	溷	106	農	44
（蒼）	243	臬	164	嬪	106	獻	45
（滄）	243	塗	168	暈	111	藝	46
（愴）	243	寔	173	盟	115	赿	48
（惡）	244	涵	175	楾	116	戜	51
（擯）	242	淫	175	稠	119	夌	51
（謅）	255	滅	179	寢	123	豊	53
（溝）	245	雷	180	塞	126	肆	54
（媾）	245	雹	179	夢	126	肆	54
（雋）	249	腰	199	綏	192	搏	56
（嫉）	248	聖	186	雾	130	雉	65
（蒺）	248	嫡	190	霁	130	雛	66
（错）	243	鈇	196	蒙	130	雍	67
（路）	247	義	197	幌	131	鼍	68
（碎）	252	載	198	傳	135	腹	75
（瑞）	251		238	鉴	139	解	77
（詳）	254	綣	202	溺	139	蒸	82
（缫）	257	蜀	203	裘	140	窨	86
（搗）	244	蜗	204	遠	142	寧	86
（搬）	242	蠆	207	艅	144	毖	89
（寞）	250	鼠	222	誇	147	會	90
（漠）	249			辟	150	傷	91
（幕）	249					廓	92

汉字笔画索引

聞	185	賓	106	踌	34	(跻)	248
聝	187	賓	106	僕	41	(筅)	245
肈	194	齊	116	蓻	46	(瑄)	255
鋻	199	端	121	閗	47	(誠)	243
繏	202	摶	121	摣	51	(虞)	256
蟬	204	寢	123	臧	54	(感)	245
蝸	204	廣	124	養	57	(塘)	252
锾	209	瘖	127	箙	59	(势)	252
舆	210	瘖	127	爾	60	(勤)	251
墮	212	網	128	暨	61	(谨)	249
墜	212	箒	131	翜	64	(遜)	252
酸	221	需	134	催	66	(僅)	249
兢	223	疑	136	蔑	68	(韵)	256
鼻	224	監	139	摧	68	(滉)	247
厭	224	褘	141	鳶	68	(静)	257
榮	227	毓	142	鳳	71	(猷)	255
僤	228	貌	145	鳴	72	(歌)	246
翟	231	儆	151	竃	74	(較)	248
豈	231	魅	151	膏	75	(锚)	258
熊	231	豕	157	蒶	77	(聘)	250
截	232	犕	160	箕	78		
(硕)	252	塵	164	瀹	80	**十四画**	
(構)	245	壺	167	盡	85		
(觐)	245	演	172	盨	85	誨	9
(閥)	245	潢	172	寧	86	蔡	10
(維)	253	漉	176	摉	184	暮	13
(膜)	250	霁	179	墉	92	嘉	17
(腐)	245	霂	180	墙	95	踌	25
(管)	245	壽	180	舞	97	踉	34
(寡)	245	渔	182	槁	100		
(铙)	253	鮪	183	槀	100		
		閒	185				

（舅）	250	澅	176	論	39	（铢）	258
（誰）	252	澎	176	幟	41	（蜚）	244
（蕪）	253	潾	177	蕽	44	（综）	258
（廡）	253	潭	177	餗	45	（飱）	256
（瘼）	249	澗	178	熯	50	（蝇）	256
（蕓）	256	慾	178	暵	50	（蔽）	242
（誹）	245	撣	187	敷	56	（弊）	242
（横）	246	嬉	193	彻	56	（诰）	245
（賢）	254	彈	199	亿	48	（郑）	257
（澟）	247	緑	201	奭	61	（墅）	252
（撫）	253	編	201	魯	62	（廑）	249
（鄰）	248	踔	230	鳸	66	（漫）	250
（踪）	257	輂	210	鴈	67	（缦）	250
（稼）	248	蝠	224	擒	72	（慢）	250
（賙）	257	遷	226	疐	74	（墁）	250
（憘）	255	辤	226	號	83	（犒）	249
（緘）	248	盤	227	乐	99	（锲）	251
（駝）	253	潜	229	稷	117	（铭）	250
（璇）	255	潯	229	稻	118	（缁）	258
（層）	243	鵩	231	寮	125	（划）	246
（增）	257	膠	233	羃	131	（旗）	251
（翦）	249	慶	233	歆	148		
（選）	255	媔	234	褻	155		
（劉）	248	颒	238	駜	160		
		（慣）	245	駃	161		
		（鹤）	246	潦	173		
		（餘）	258				
		（諒）	248				
		（憐）	248				
		（鋭）	251				
		（撥）	242				
		（僻）	251				

十五画

迟	25
璜	27
德	31
卫	33
齿	33
震	34
赏	37

十六画

璞	8
薪	11

（镏）	259	獴	235	垦	107	甑	13
十七画		（簧）	245	穇	118	历	21
		（凝）	250	丽	129	还	24
御	6	（独）	244	儒	134	避	25
薤	11	（獗）	254	襞	143	澶	30
霤	27	（獬）	254	醜	151	衞	33
澀	29	（懈）	254	燎	154	膳	39
齠	34	（廨）	254	燀	154	薛	40
龠	35	（错）	243	熹	154	炽	41
燮	48	（朴）	250	熺	154	兴	44
艱	50	（毯）	255	彊	207	橐	49
簪	53	（邂）	254	餐	228	学	58
礼	53	（灯）	244	鮚	238	瞚	62
藏	54	（阙）	250	磬	156	翰	64
簋	55	（擗）	250	獫	158	获	66
瞬	62	（壁）	242	駎	161	霍	69
鸿	67	（缀）	257	麇	163	殻	76
藿	67	（桥）	251	嫠	180	剭	77
旧	68	（髹）	254	霖	181	甝	83
膻	69	（融）	251	燕	183	虤	84
糞	72	（懞）	248	嬖	193	卢	85
骤	77	（憾）	247	鼀	205	盩	85
藉	77	（悥）	255	蹄	209	廪	94
觳	78	（赠）	257	頯	224	穑	95
爵	89	（钱）	251	荐	225	树	99
嚮	89	（羲）	255	襌	226	侯	106
馎	91			濩	231	穆	116
墙	95						
柿	101						
嬪	106						

（脐）	251	艟	40	锸	225	懋	108
（蹤）	257	职	41	鹩	231	环	129
（蝇）	256	织	41	（摈）	242	罨	130
（璿）	255	艺	46	（骏）	248	瞰	133
（溅）	249	鳌	51	（拟）	250	濡	134
（药）	255	丰	53	（糠）	249	纵	137
		转	55	（镫）	244	臀	142
十九画		鞯	64	（擘）	242	襄	143
孼	40	雞	65	（觐）	245	嶽	153
识	41	雏	66	（穗）	252	骅	161
罗	67	离	66	（魍）	253	麋	162
膻	69	雠	67	（戏）	255	磷	156
夔	95	羼	69	（骋）	244	魍	150
麓	101	雾	130	（购）	246	瀍	173
宝	108	爇	155	（擣）	244	泞	174
麗	125	骑	161	（谟）	250	湿	175
庞	125		228	（裆）	257	涛	176
宠	126	麖	162	（斋）	257	濞	177
歠	148	沵	171	（荞）	251	鲔	183
獍	158	陇	184	（缦）	250	龙	183
麜	163	医	198	（戏）	255	阑	185
丽	163	彝	201	（锞）	251	声	186
兽	165	蝉	204			馘	187
泷	175	龟	205	**十八画**		联	187
颛	185	镂	208	归	22	翳	198
咙	187	簪	223	嚚	28	繋	201
栎	200	骖	235	鳌	34	缤	202
繋	200	烬	236	簟	36	锾	209
疆	207	鹩	238			舆	210
辞	226	（壁）	242			（鑪）	247
		（杂）	259				

二十画

二十一画

二十二画

二十三画

二十四画

二十五画

三十三画	郁 229	爨 70	（颍） 247
麷 163	三十画	二十九画	二十七画
	（鹏） 247	骊 161	（鸩） 247
			二十八画
			凿 41

一	
元	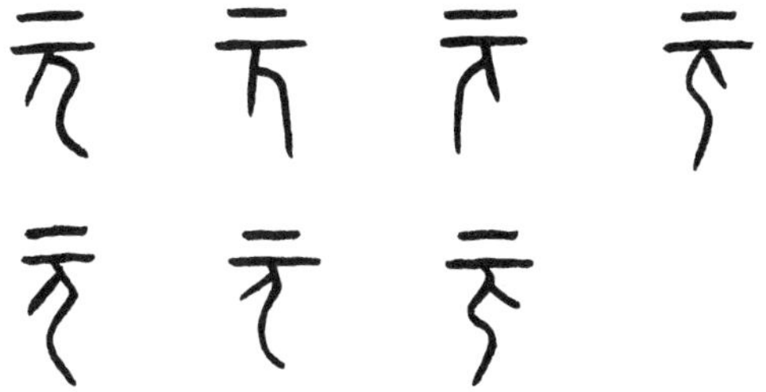
天	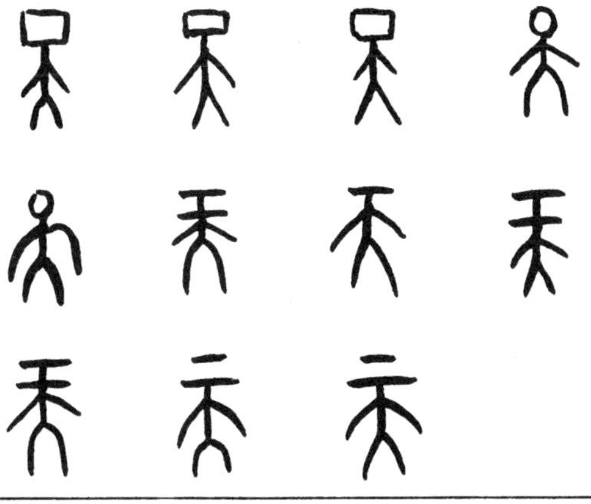
吏 通:使 事	
史 通: 事	

上	
帝 通：禘	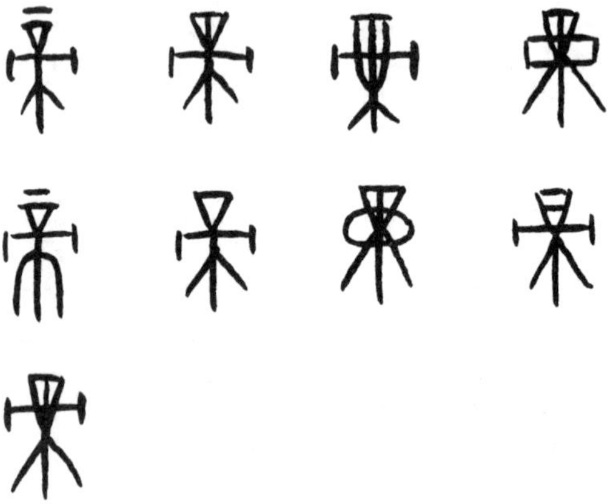
旁	
下	

示	示	丅	示	示
	示	示		
祉	米	半	米	米
福	𥛅	䇆	䣱	福
	𥛅	𥛅	祖	福
	𥛅	𥛅	福	福
	福	福	福	福
	福	福	福	福

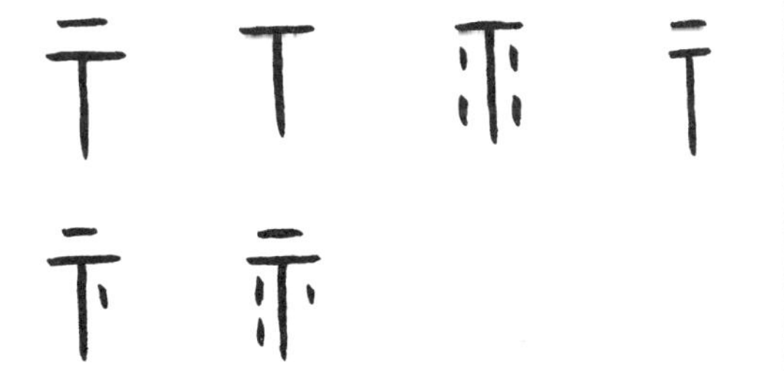

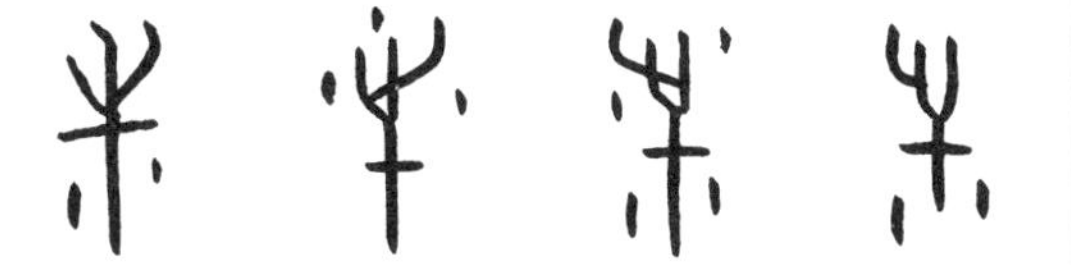

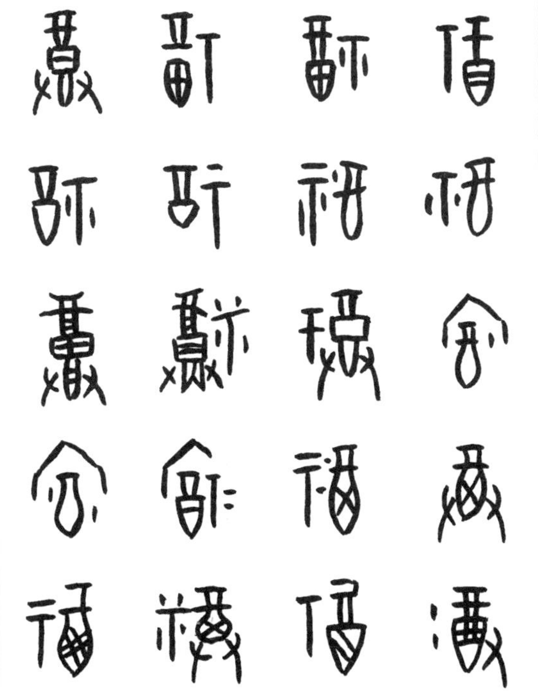

祐 通：侑	
祭	

祀	祀 祀 祀 祀
柴 通:紫柰	（篆文字形）
祖 通:且	（篆文字形）
祐	（篆文字形）

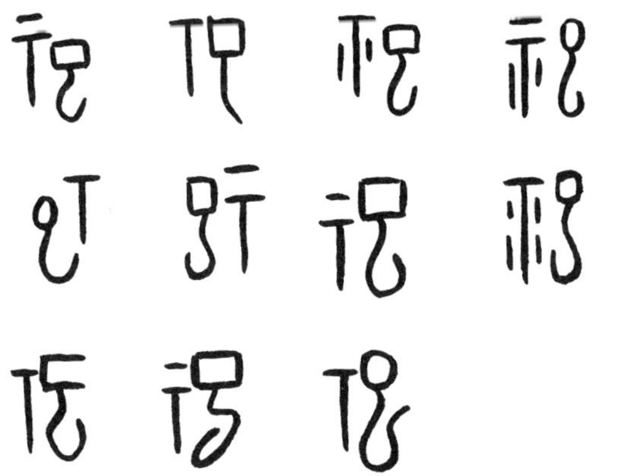

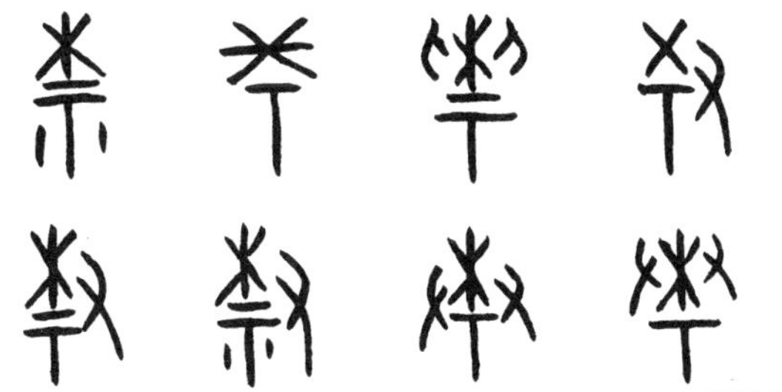

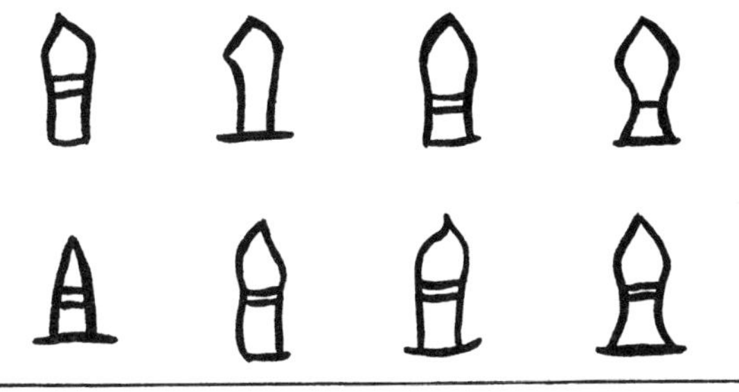

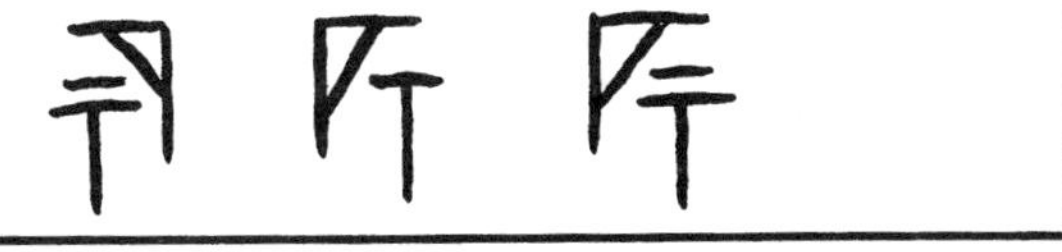

祝	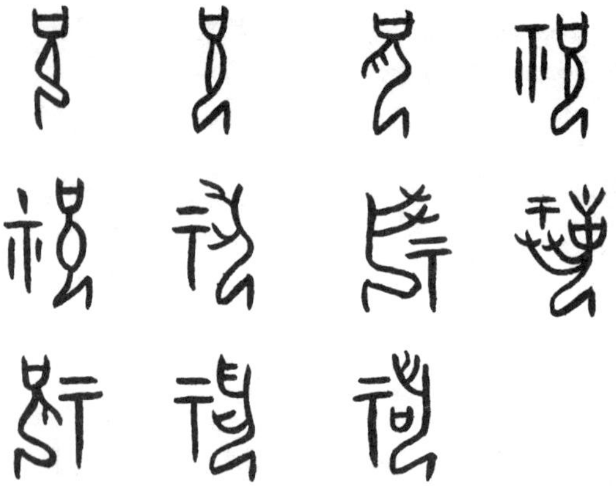
祈 通：旂	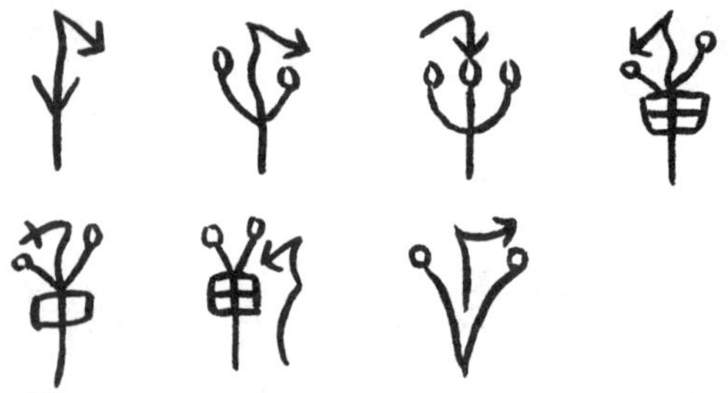
御 （禦）	

土 通：社	⌂ ⌂ ⌂ ⌂ △ △
三	三 三
王	大 王 大 大 共 ↑ 土 共 王 王
玉	丰 丰 丰 丰 丰 丰

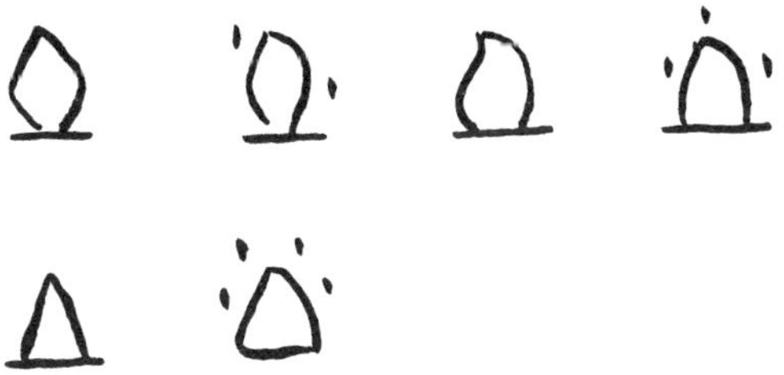

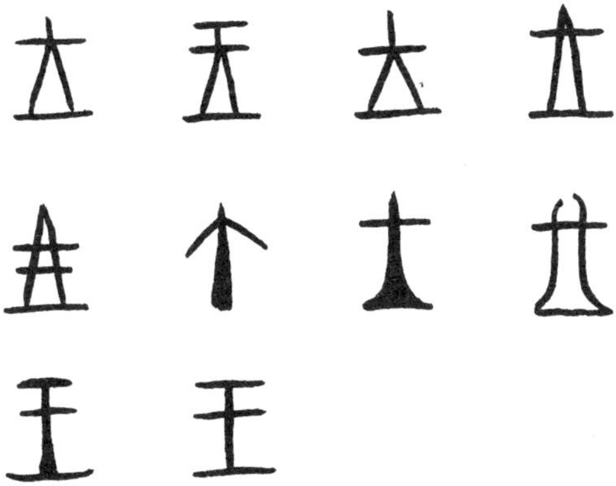

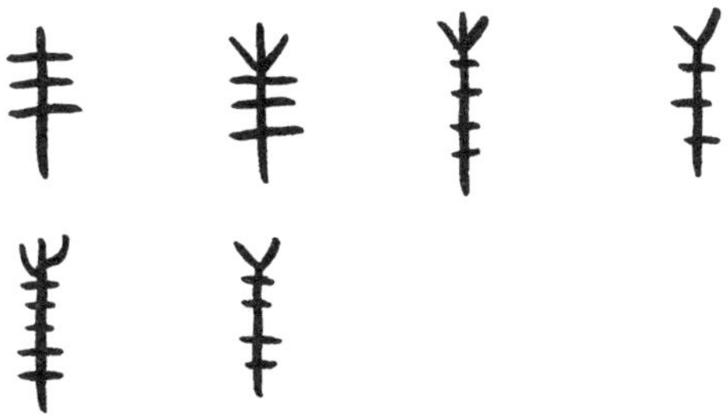

珏	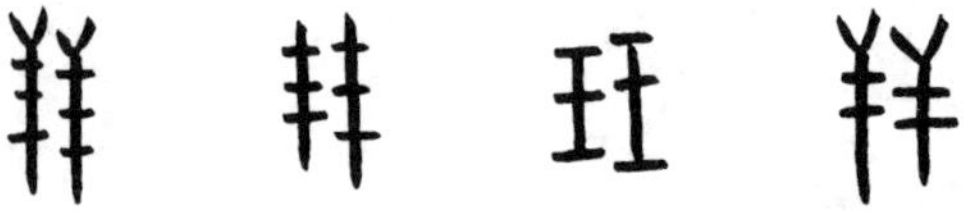
争	
璞	
气 通：乞 迄讫	
屯 通：纯 純	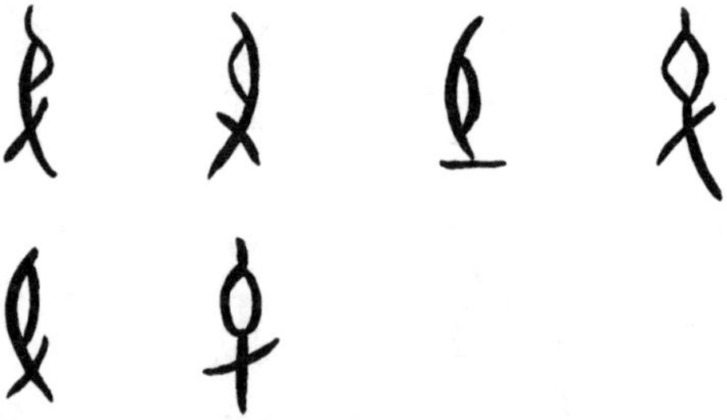

中 通：仲	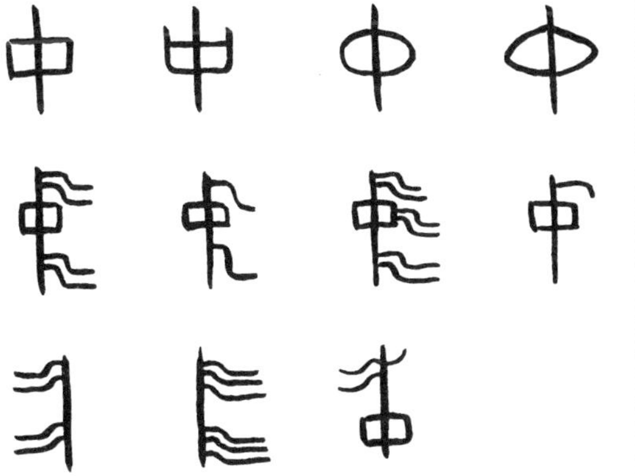
艸 通：屮草	
芼	
每 通：晦悔诲（誨）	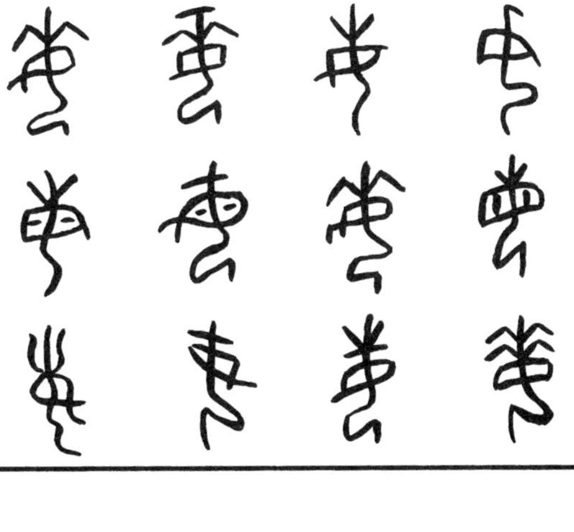

茲	
若	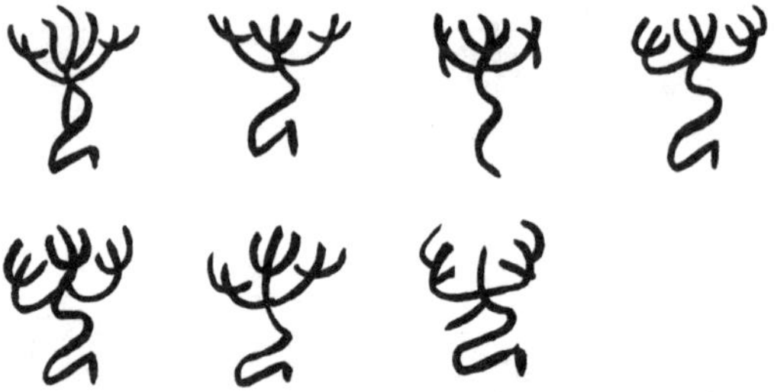
蔡 通：祟 杀（殺）	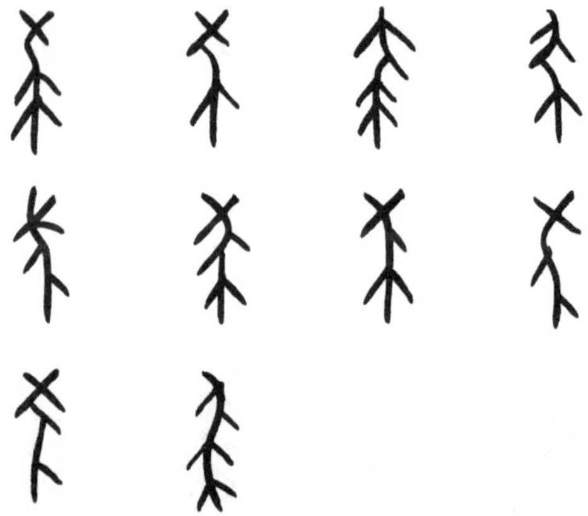
刍 （芻）	

雈	
萌	
新 通：薪	
苴	
薶 通：埋	

折	
芳	
蒿	
春	
蓐	
莽	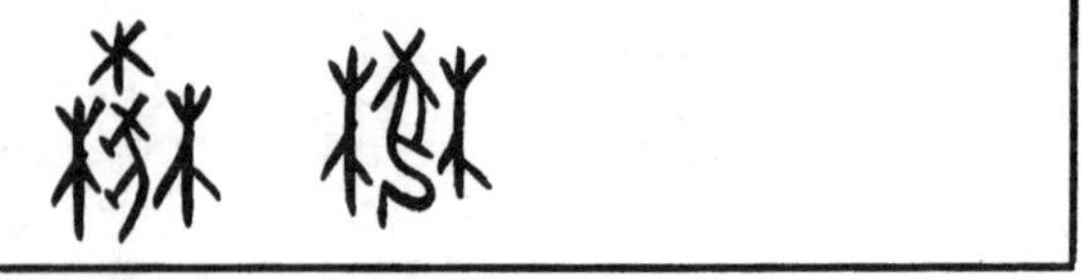

莫 通：暮	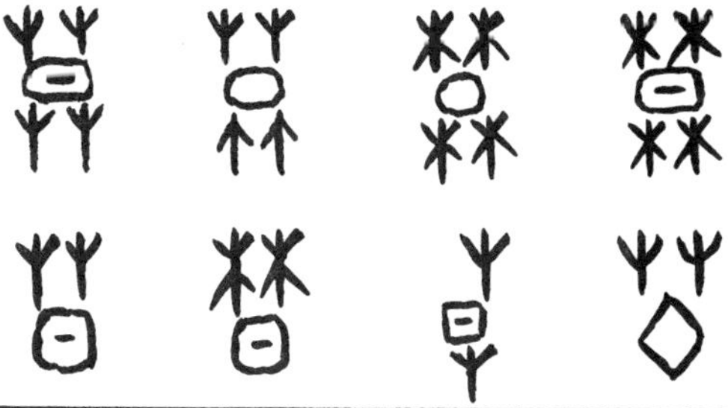
葬	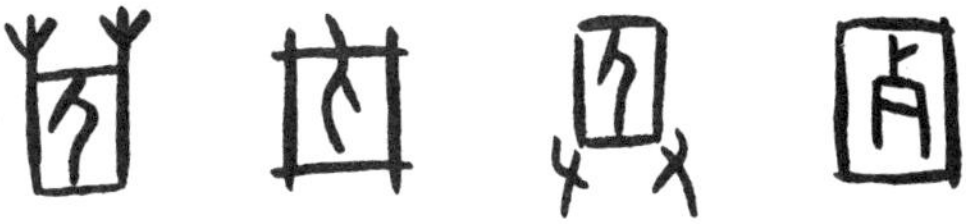
小	
少	
八	
曾 通：甑	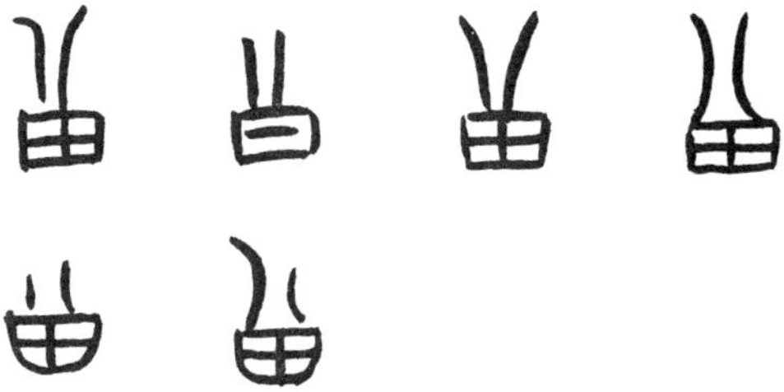

分	
介	
公	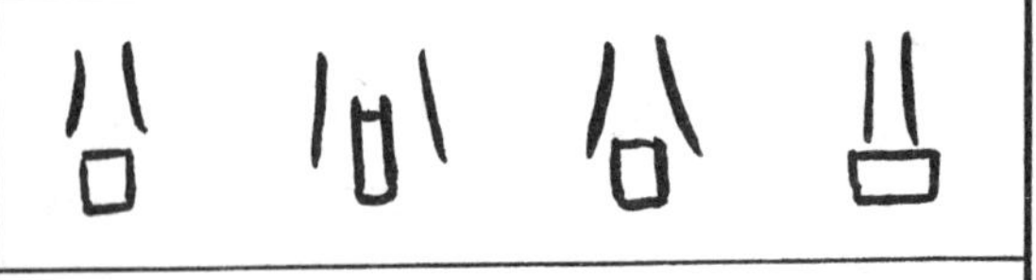
余	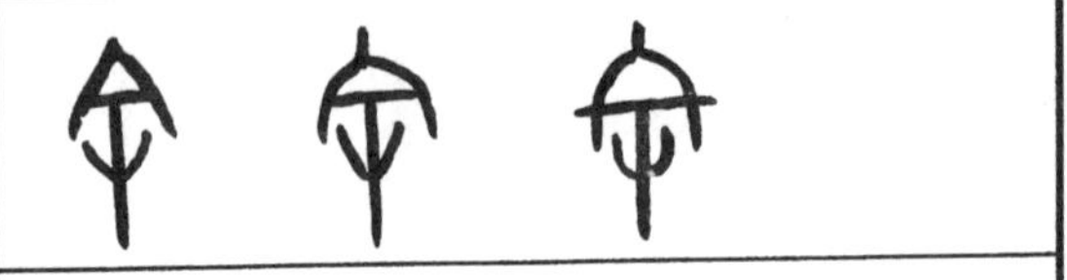
牛	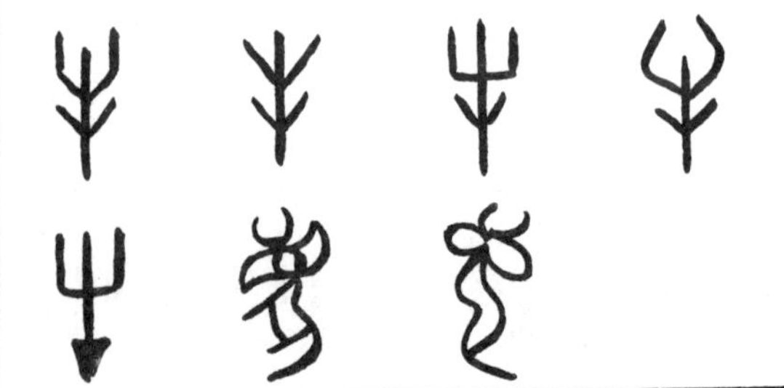
牡	
羒	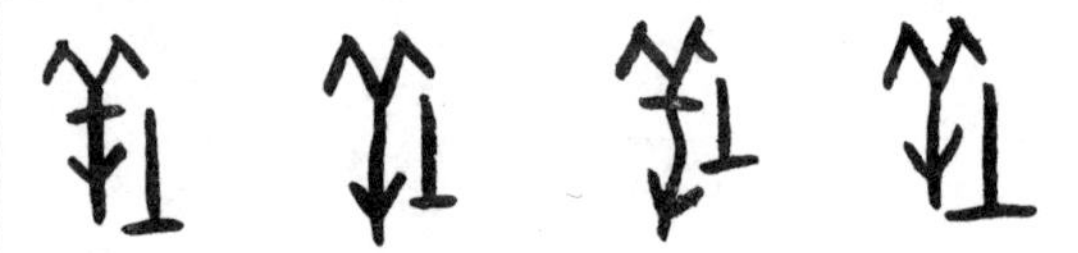

牝	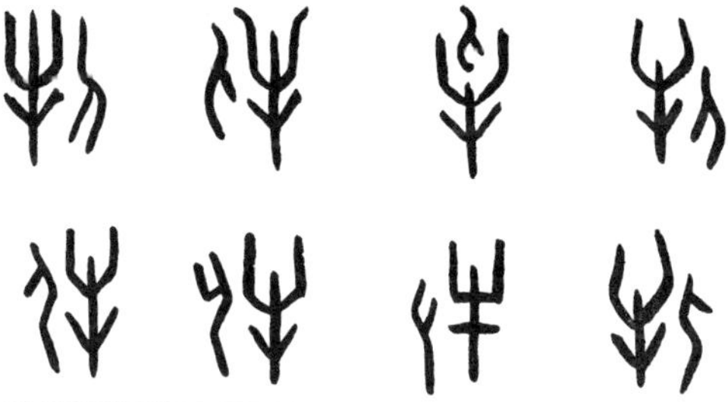
牲	
牢	
物	
告 通：祰	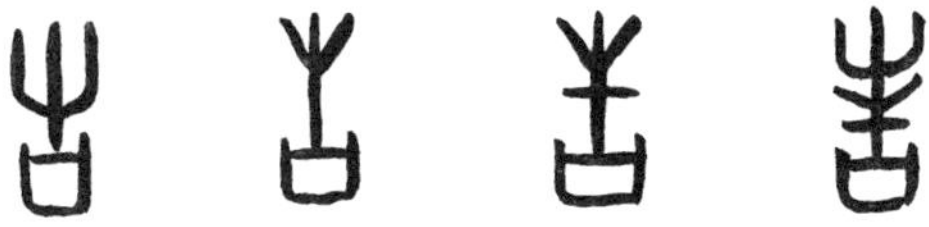
口	

呼 通：乎评	
于	
旨	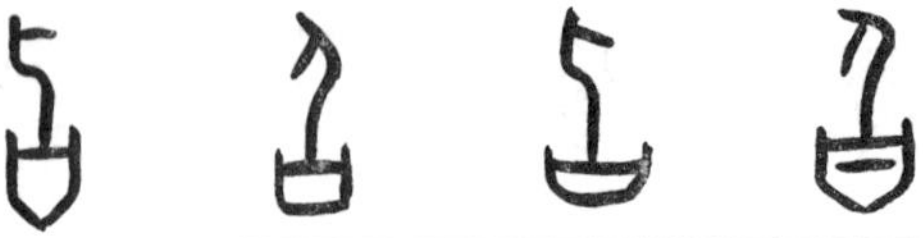
喜	
鼓	
彭	

嘉 通：妿	
吹 （歈）	
君	
名	
命 通：令	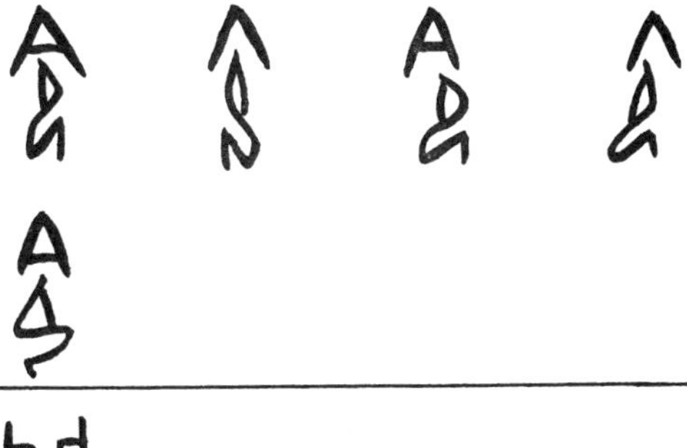
问 （問）	

召	
启 （啟）	
咸	
唯 通：惟	
佳	

右 通：又	
吉	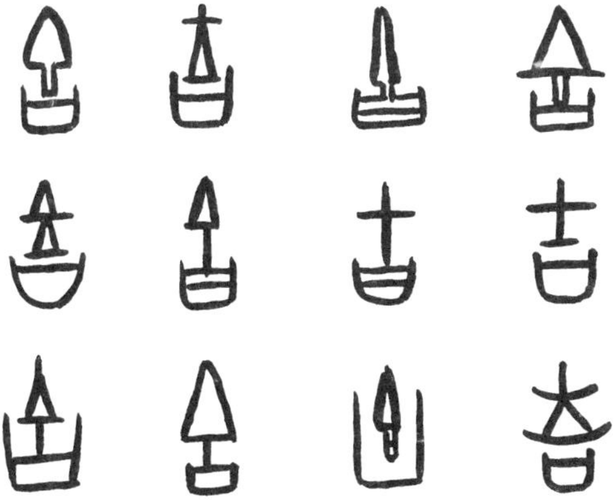
周	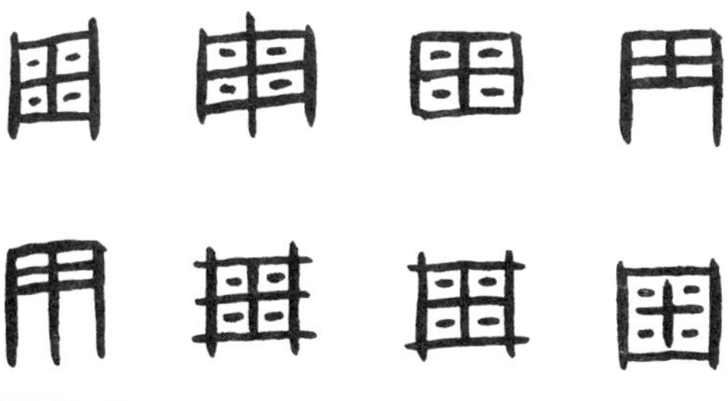
吝	

唐	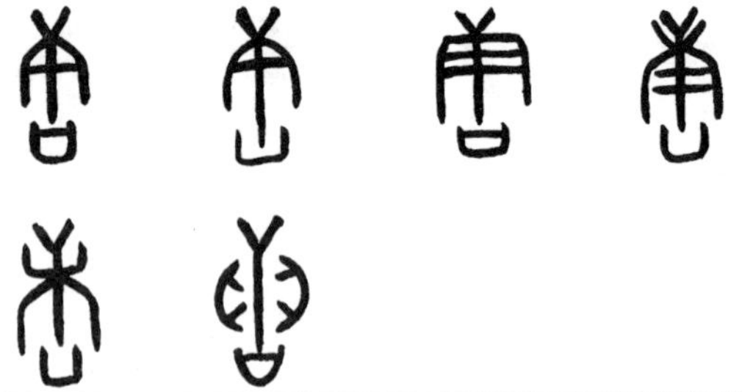
各 通：格	
败 （敗）	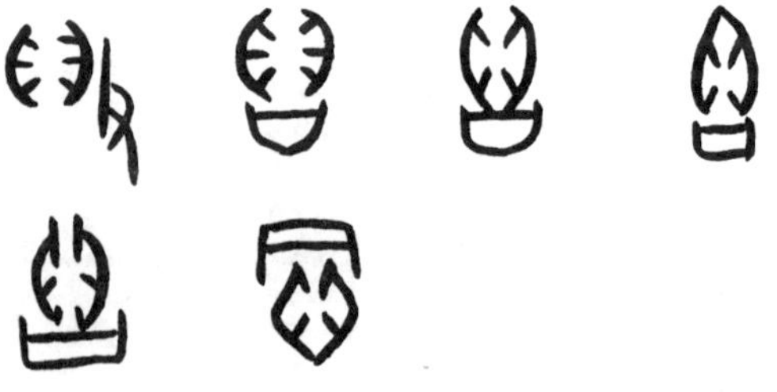
展	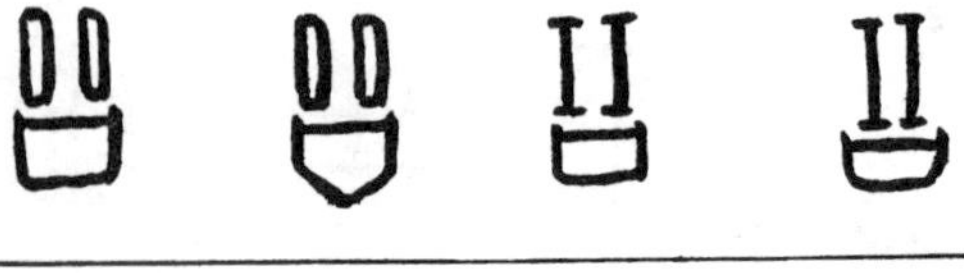
单 （單）	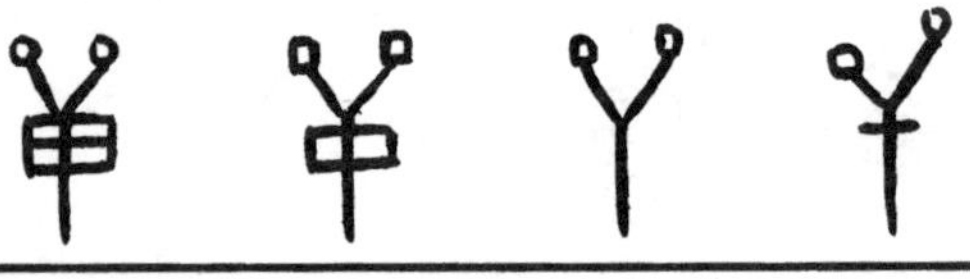

丧（喪𠷔）	
止	
前	
历（歷厤）	

归（歸）	古文字字形
登	
步	
岁（歲嵗）	

归登步岁

三

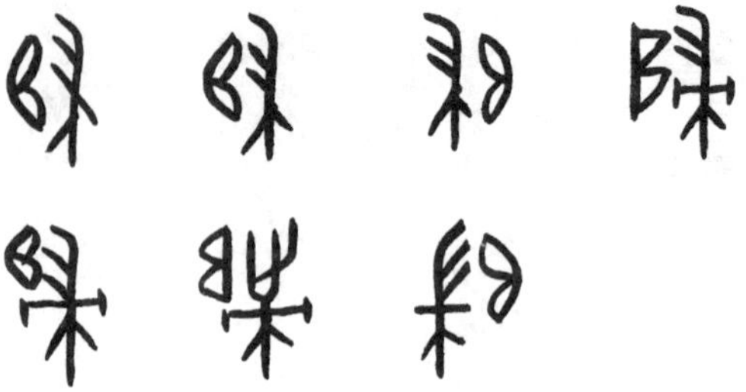

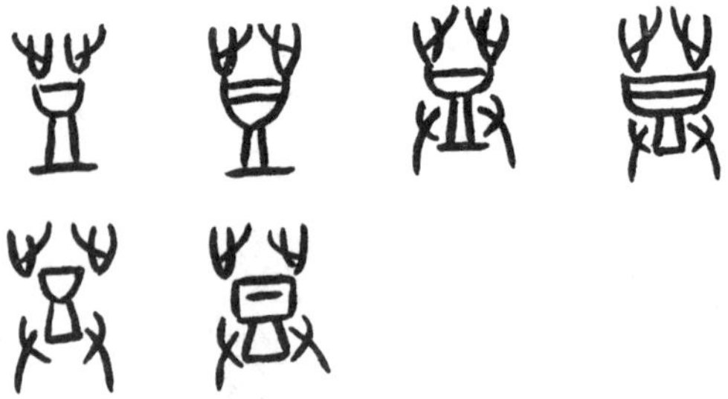

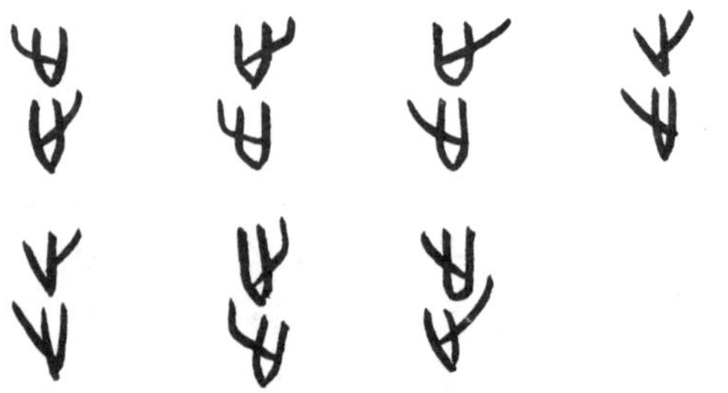

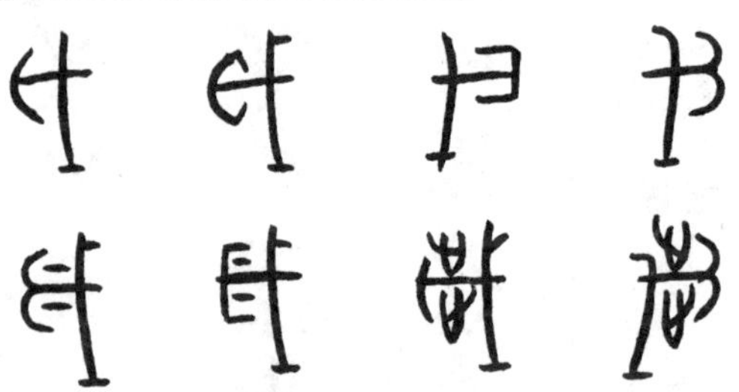

此	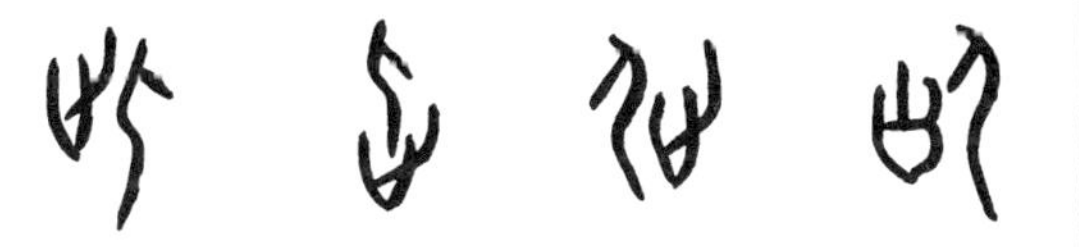
正	
辵 通：辻	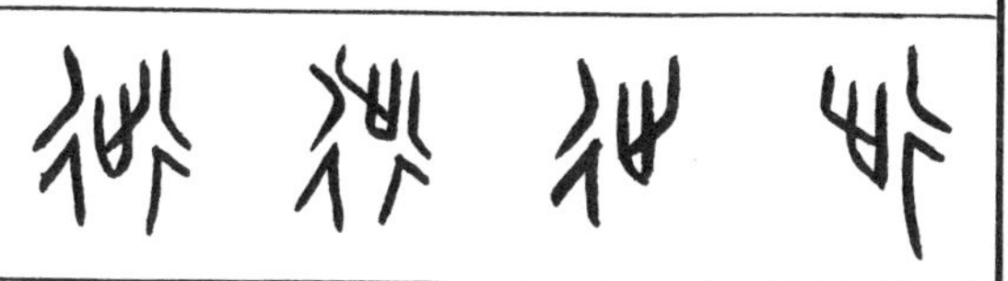
征	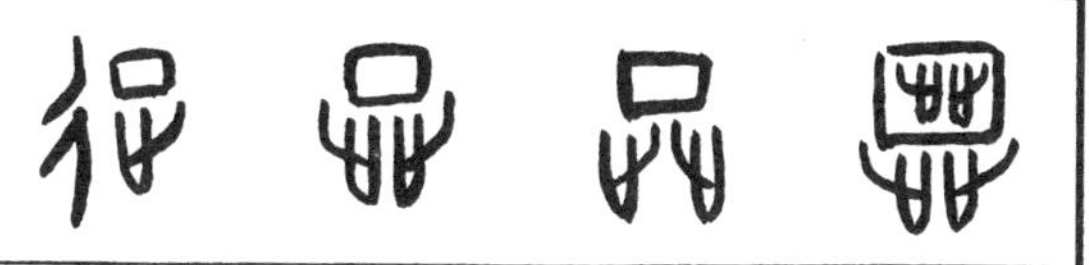
进 （進）	
遣	
足 通：疋匹	

遘逆通还

遘 通:冓	(古文字形)
逆	(古文字形)
通	(古文字形)
还（遷）	(古文字形)

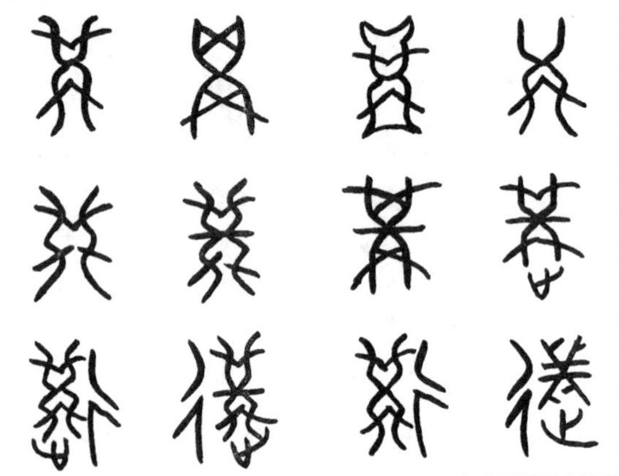

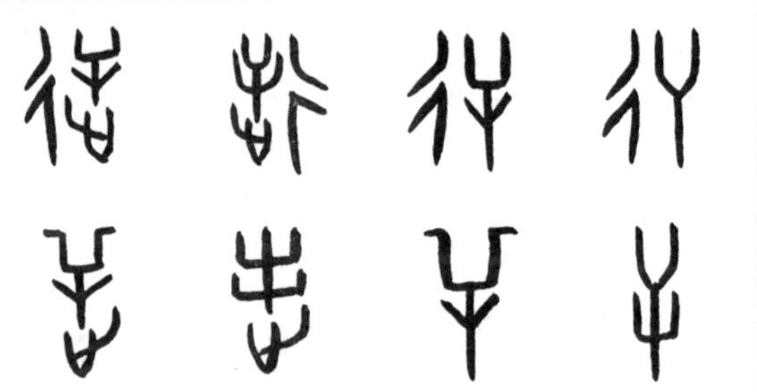

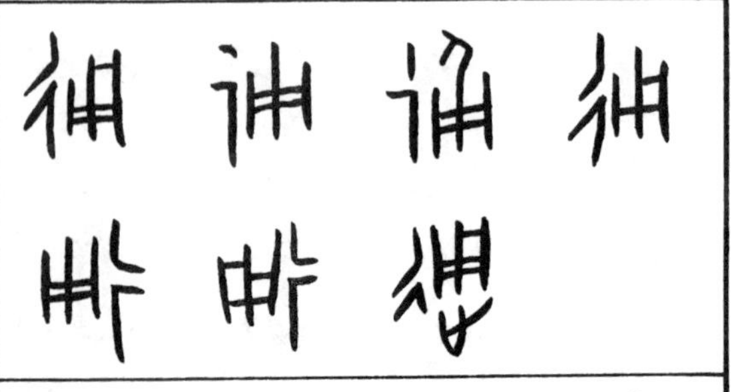

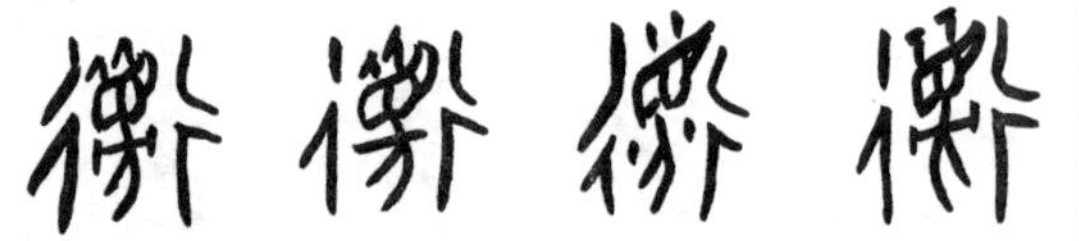

迟（遲）	
避	
追	
逐	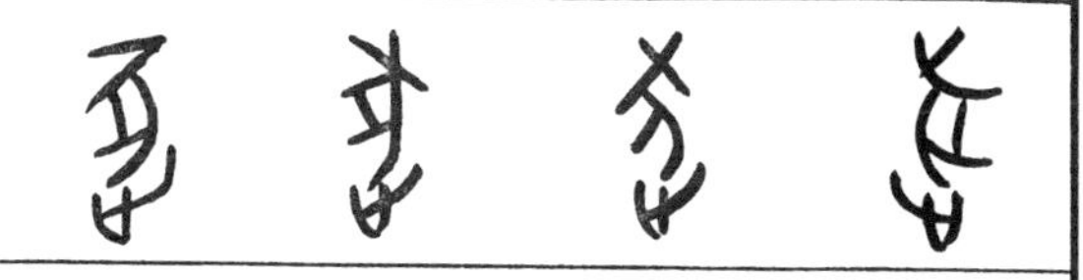
逸	
途	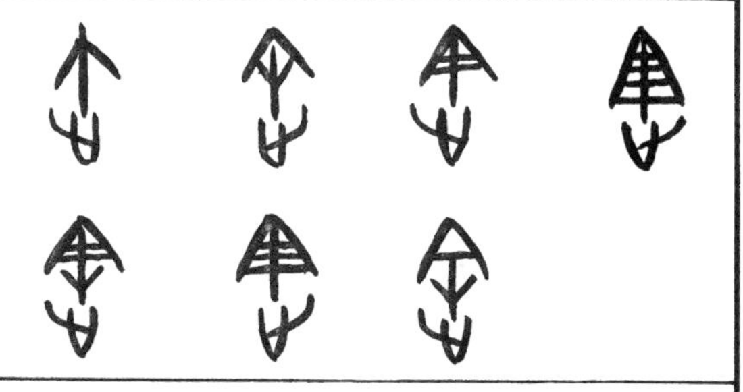
祷 通：踌躊	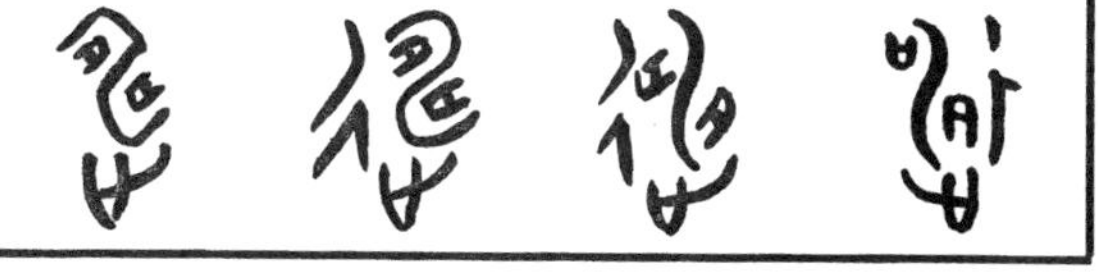

祸（禍）	
录 通：禄	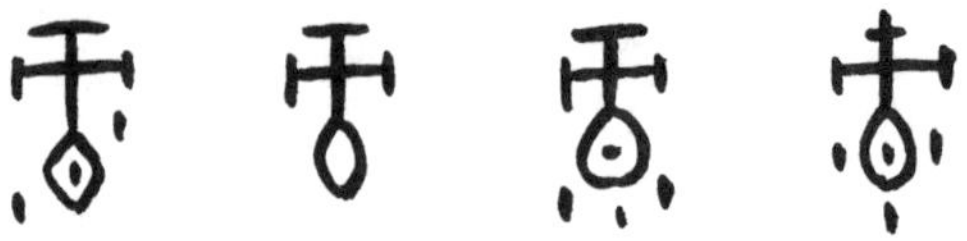
羊 通：祥	
申 通：神 电（電）	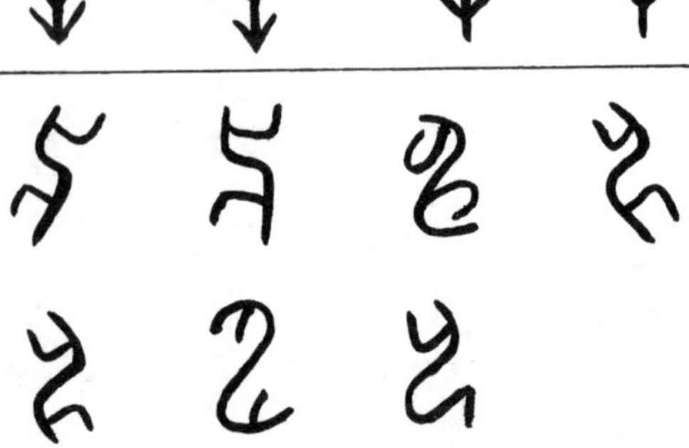

司 通：祠	
勺 通：礿	
黄 通：璜	
霝 通：灵 靈	
士	

母 通：毋	
女 通：母	
何 通：冘 荷	
果 通：叶 葉	
苗	
苐 通：第	
嚣	

𬌗（犅）	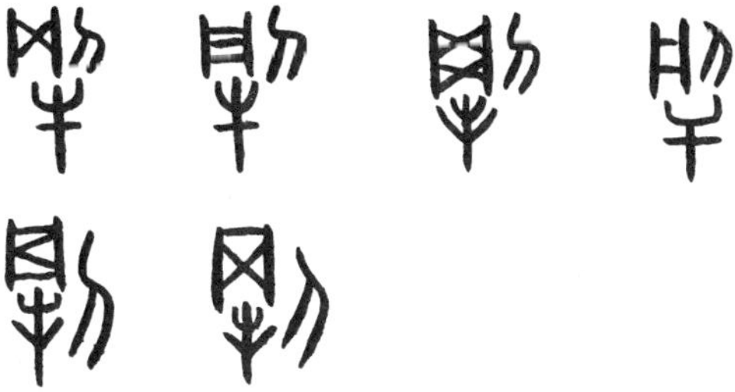
喙	
澀（澁 濇）	
羌	

災 注:水災	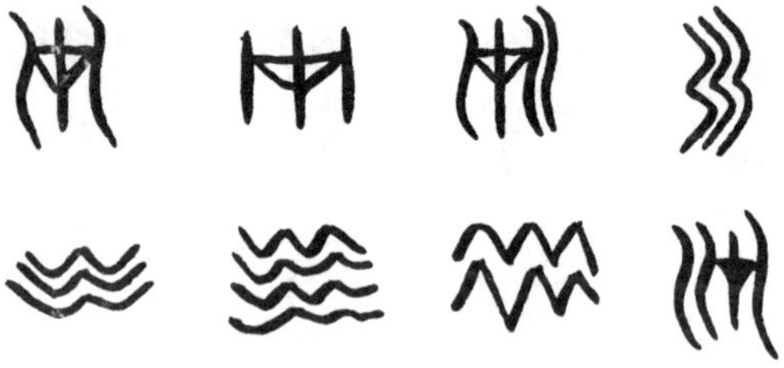
烖 注:兵災	
灾 注:火災	
迍 通:趁	
遝	
逢	

达（達）	
迁	
道	
德 通：循	
复（復）	
往	
微	
后（後）	

律	𣆶
得 通:寻	(古文字形)
延	(古文字形)
徉	(古文字形)

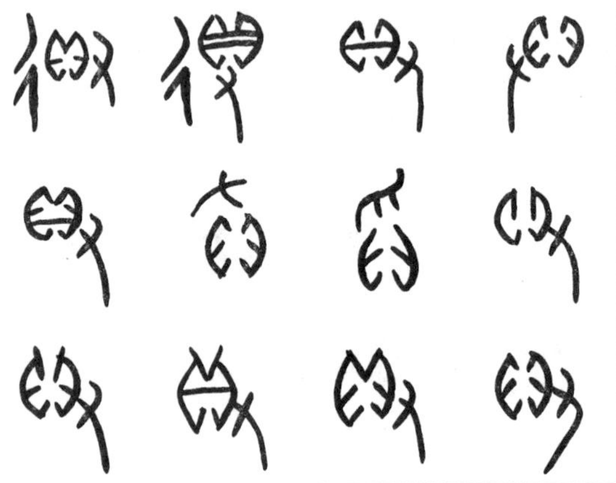

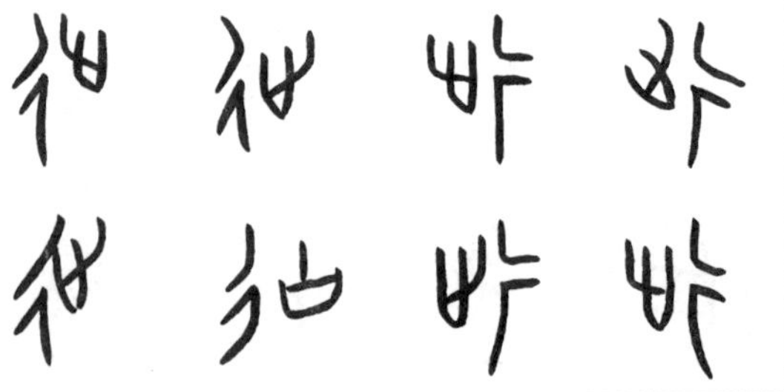

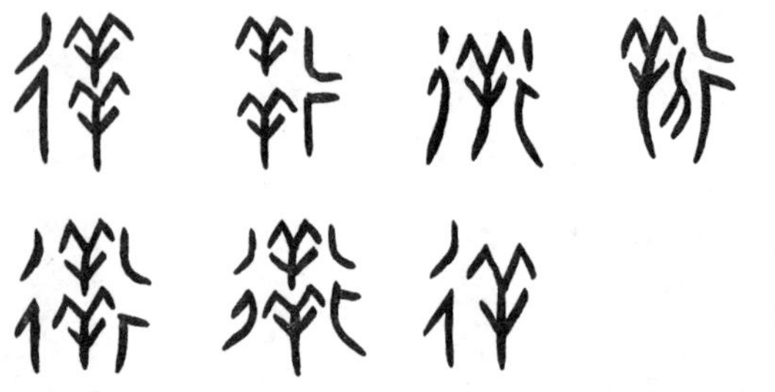

行	
彷 通：徬 仿	
卫 （衛 衞）	
齿 （齒）	

齲	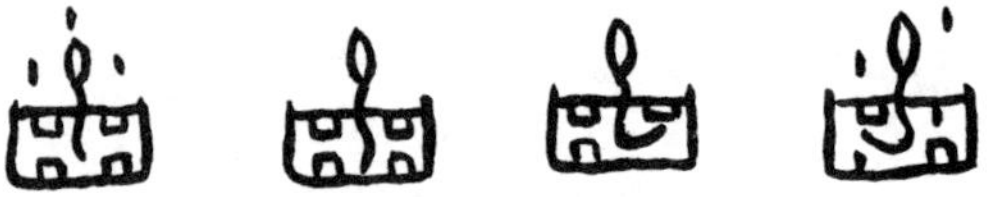
跽 通：起	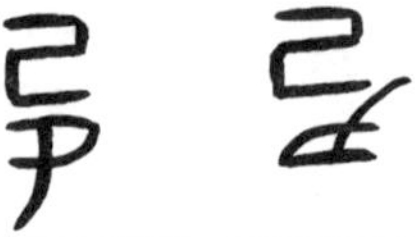
⿱執足 （⿱執辵）	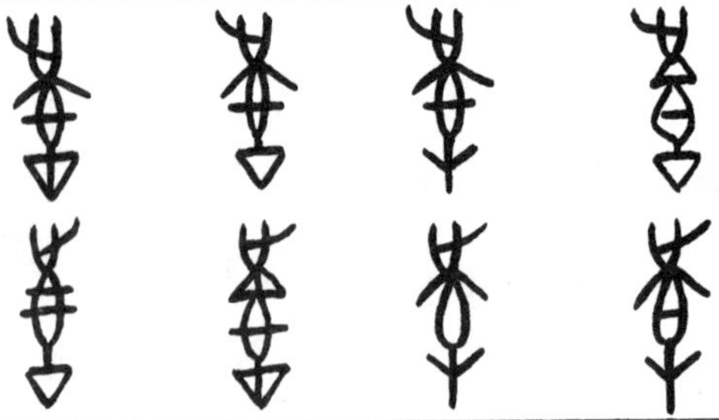
踬 通：震	
振	
刖 （跀）	
品	

美	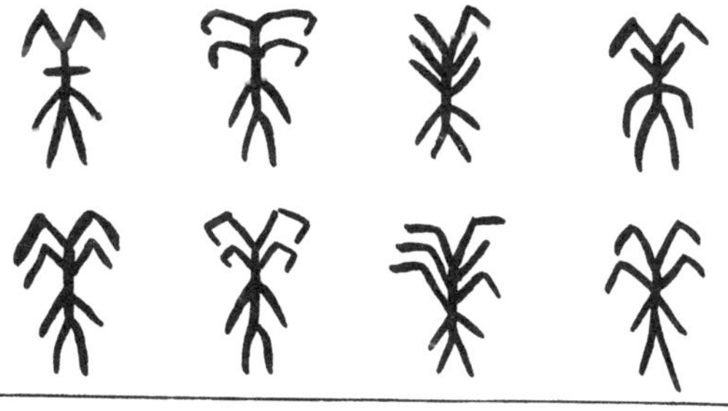
嵒 通：岩巖	
参 （曑）	
龠	
和 （龢）	
嗣	

册 （冊）	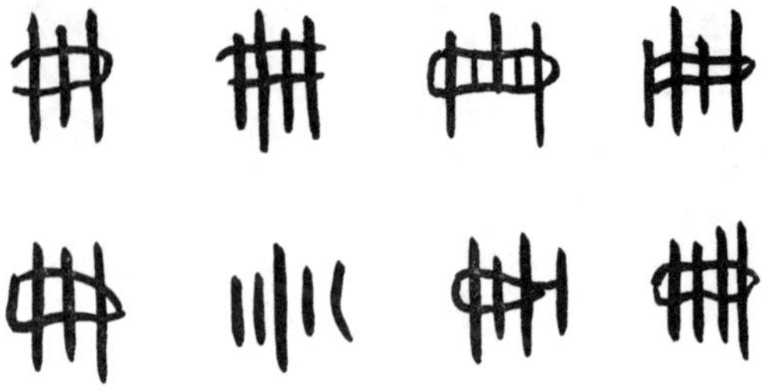
舌	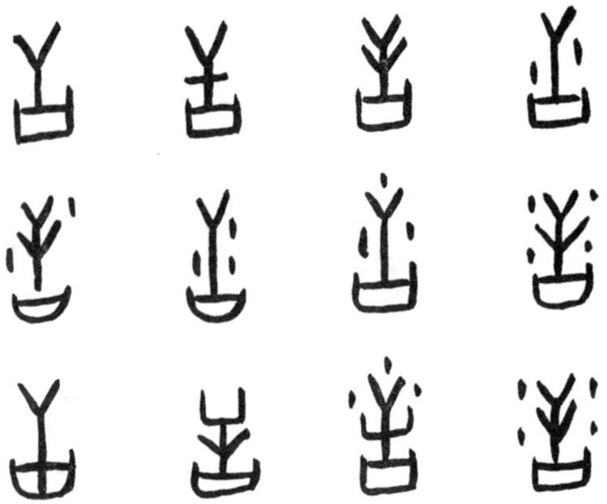
干	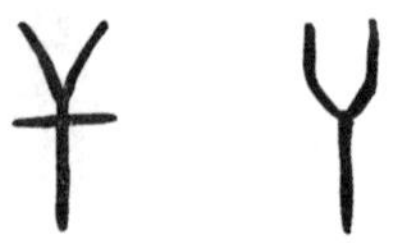
簟 通：席	
冏 通：讷	

商	丙 丙 丙 禹 / 丙 丙 丙 禹 / 픔 픔 픔 픔
赏（賞）	禹
句	勹 囘 勹
古	古 古 古 古 / 古 古 古
十	∣ ∣ ∣ ∣

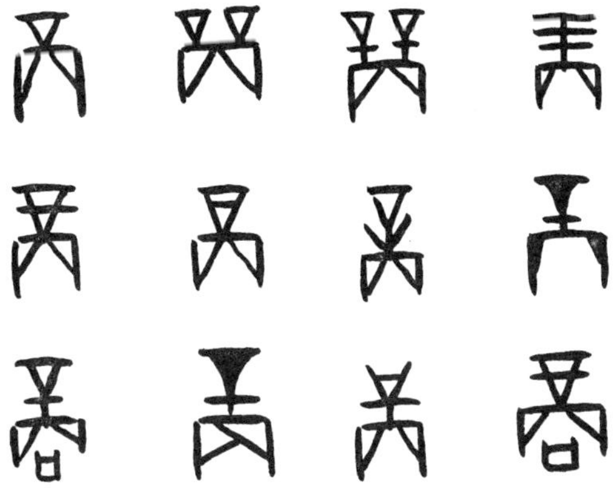

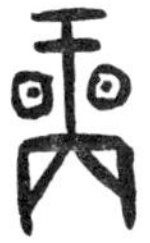

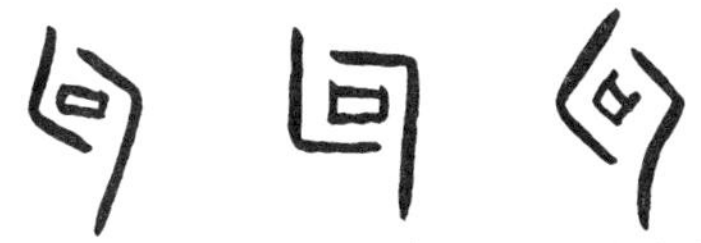

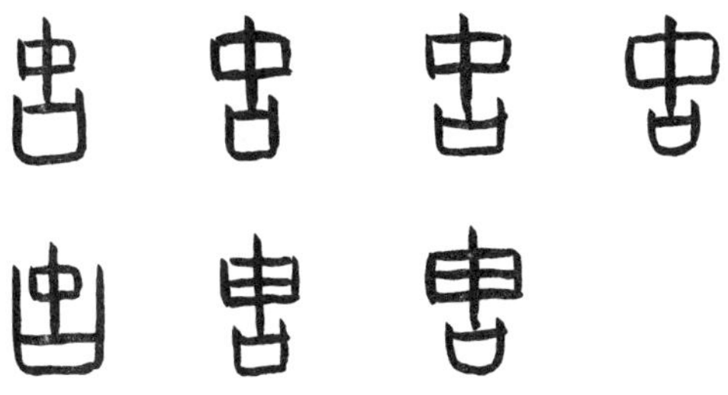

千	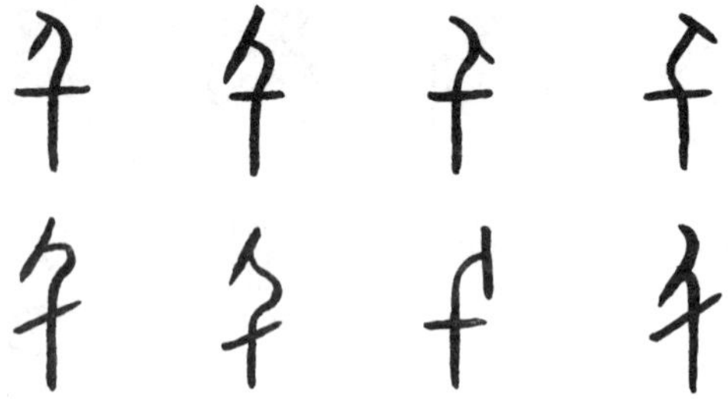
廿	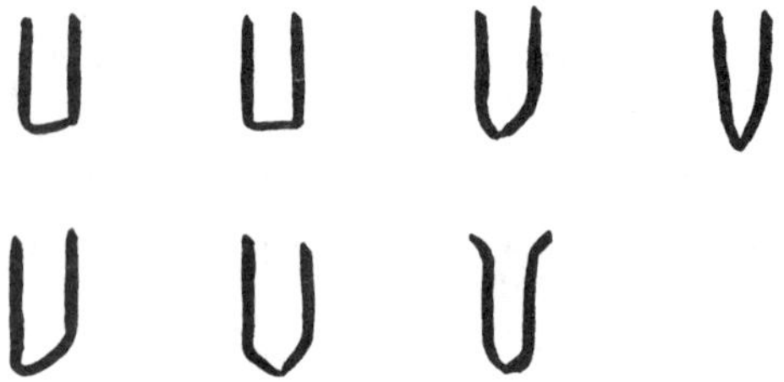
卅	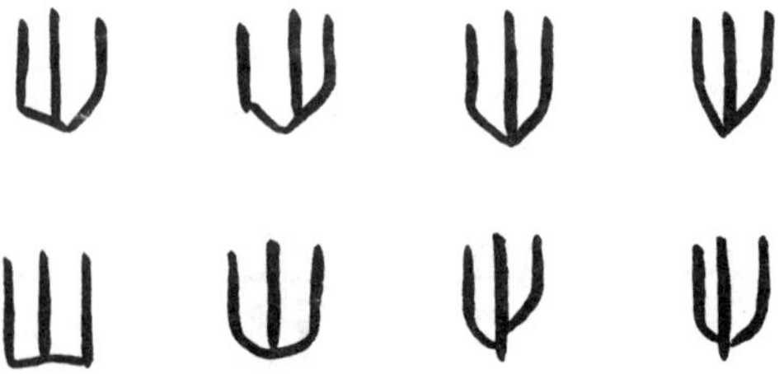
卌	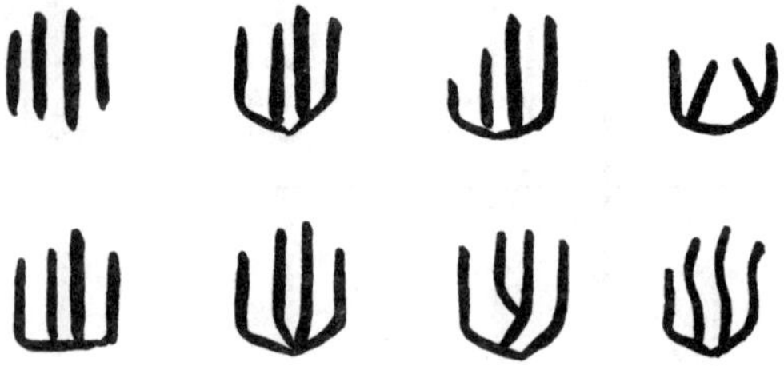

言	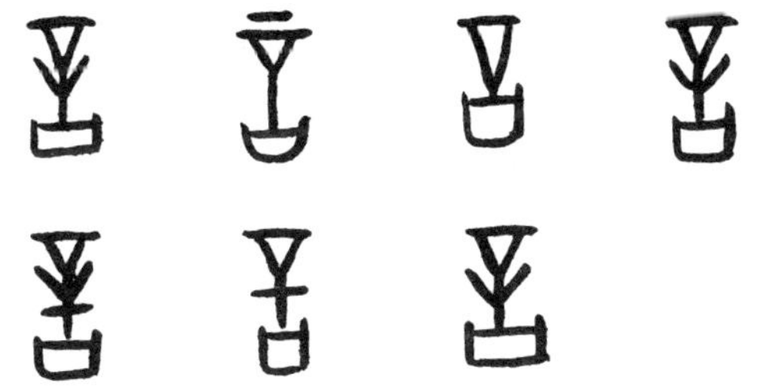
讯（訊）	
吾	
膳 通：善	
仑（侖） 通：论 論 伦 倫	

竞（競）	
音	
竟	
妾	
觵（觥）	
薛	

对 （對）	
识 （識） 通：帜 幟 职（職） 织（織） 炽（熾）	
凿 （鑿）	
咏 （詠、詠）	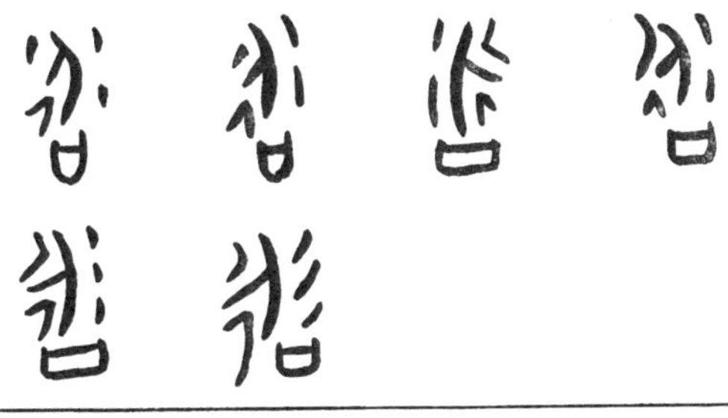
仆 （僕）	

供 通：拱	
共	
丞 （拯）	
畀	
弄	
戒	
兵	

具	(glyphs)
龔（龔）	(glyphs)
芖	(glyph)
异（異）	(glyphs)

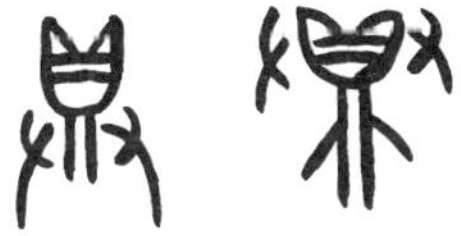

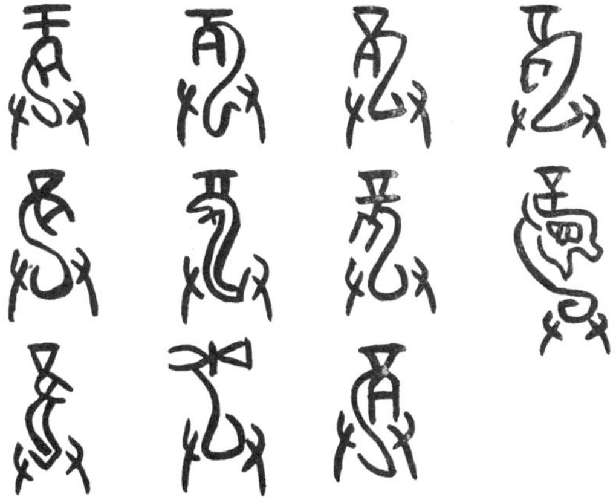

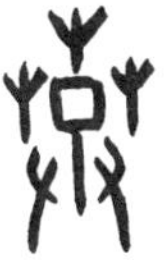

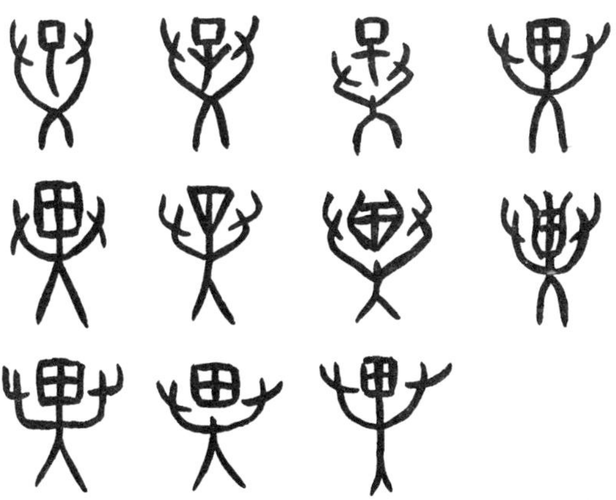

兴（興）	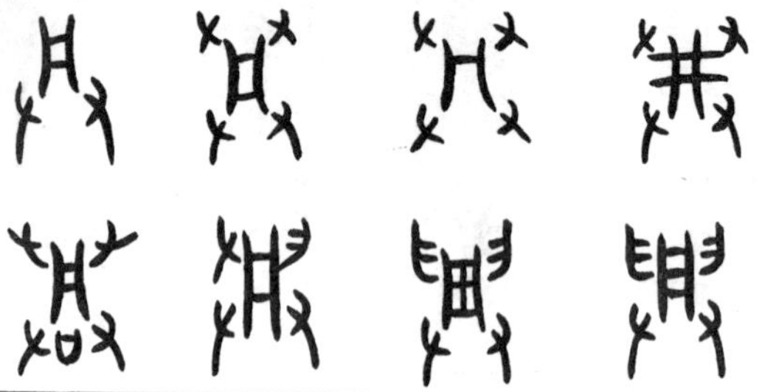
农（𦦙 農）	
鬲（鬲）	
甗	
晨	

献 （獻）	
𫗧 （餗）	
爪	
孚	
俘	

为 (為爲)	(甲骨文字形)	为 艺
艺 (藝蓺 萟萟埶)	(甲骨文字形)	

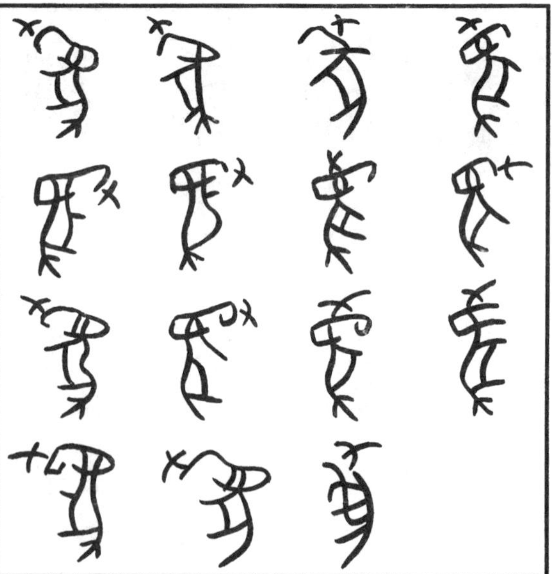

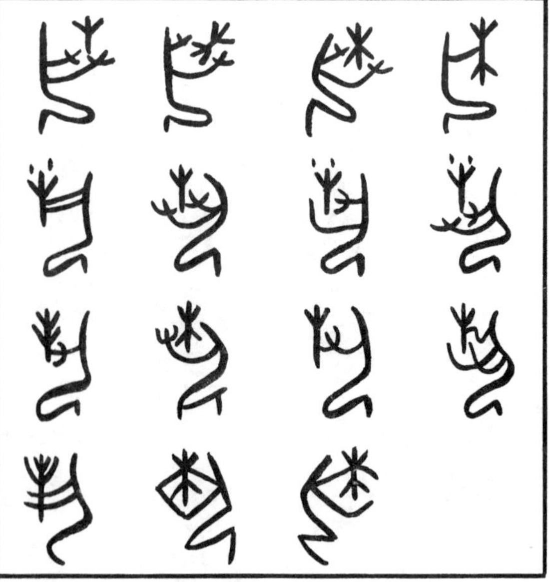

斗（鬥閗鬬）	
阄（鬮）	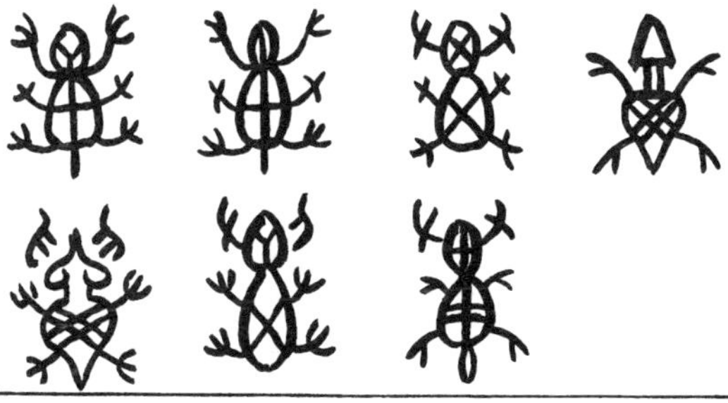
厷 通：肱	
父	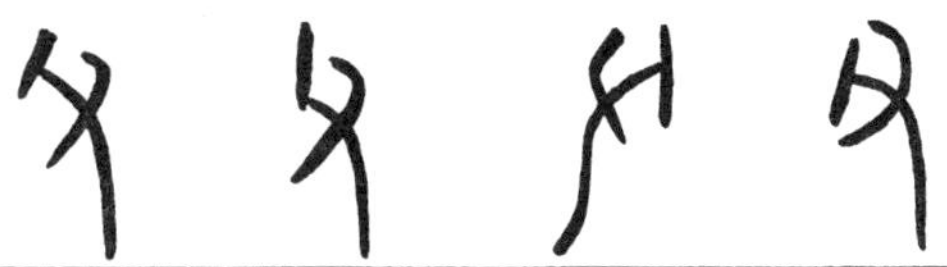
斗 注：星名 量器	
叜 通：叟搜	

癹 通:发 發	
趄	
之	
亿 (億)	
呈	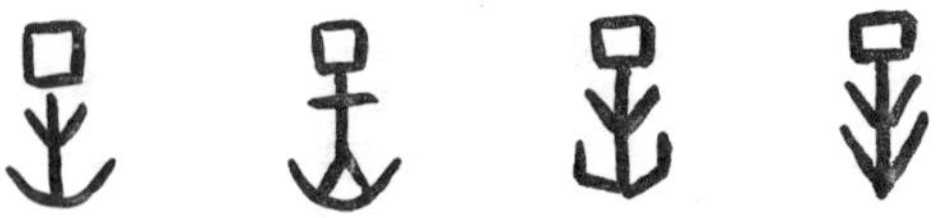
合	
燮	

徒	
徙	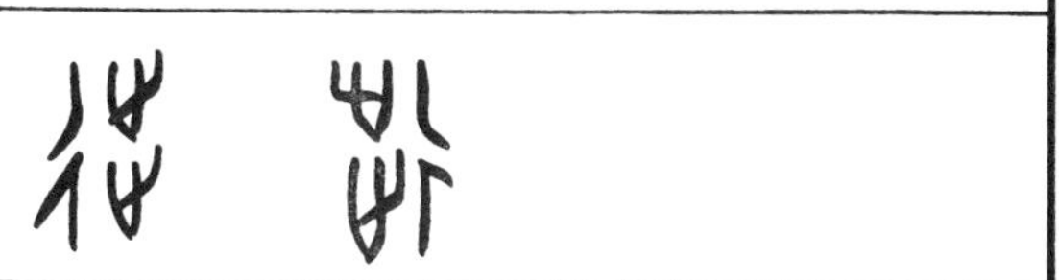
曼	
尹	
东（東）	
橐	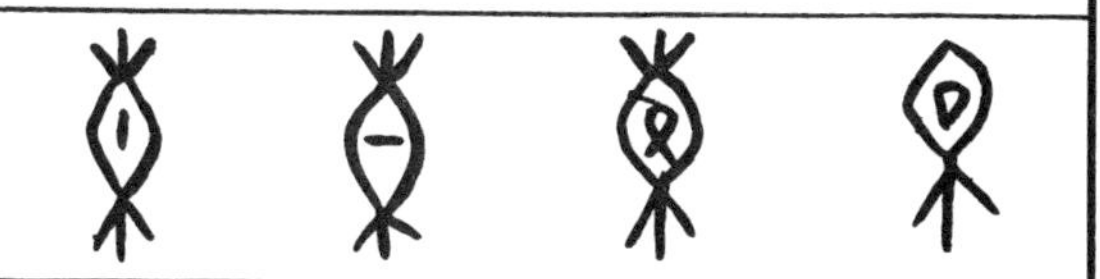

升 （昇陞） 通：必	
黑	
熯 通：暵	
堇	
艰 （艱）	
喁	

虘	
揸（摣叡）	
厘（釐𠩺）	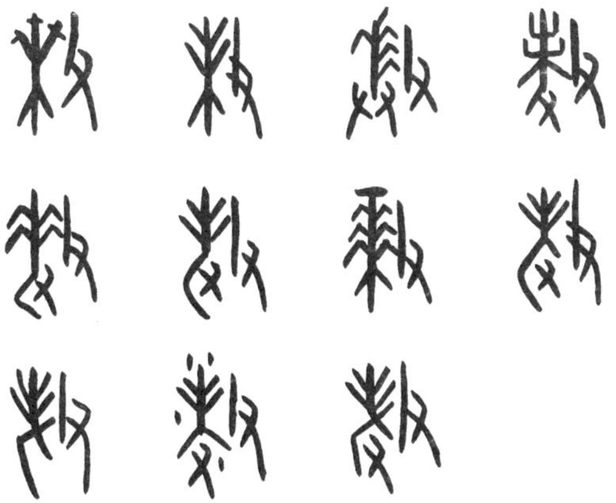
及	
秉	

反	
服	
吊 （弔） 通：叔	
取	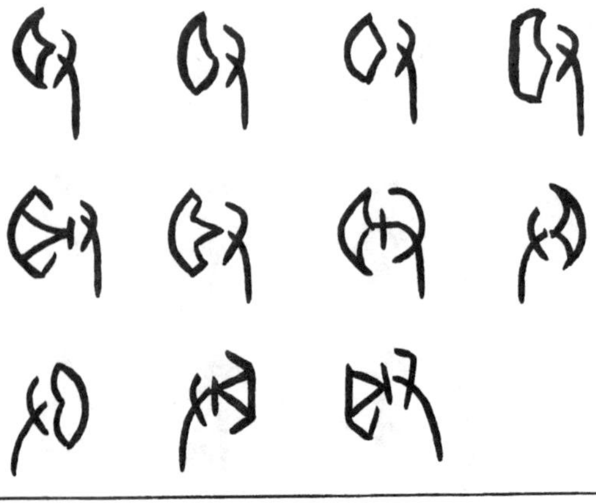
左 通：佐	

友	
彗（篲）	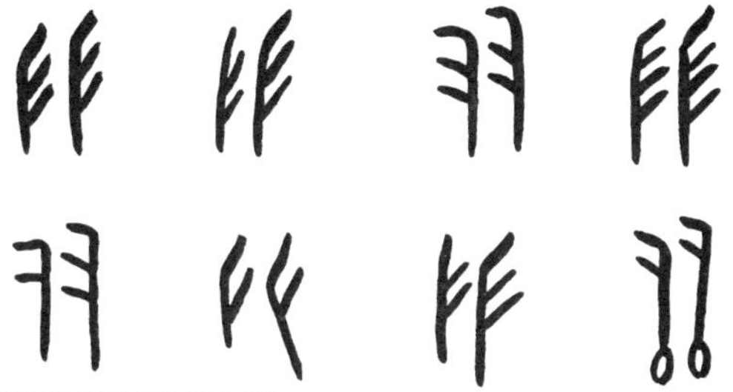
卑	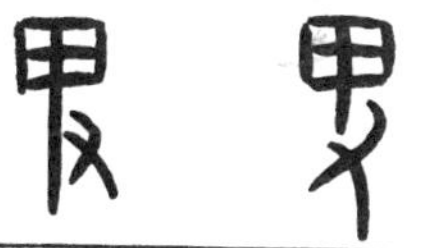
丰（豊豐）通:礼 禮	
臣	

肆 通：肆	
聿 通：书 書 笔 筆	
画 （畫）	
臤	
臧 通：藏	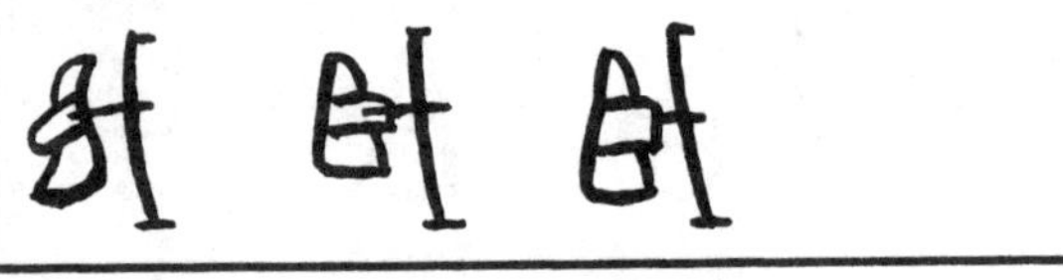

殳	
殸（殼）	
𣪘 通：簋	
役	
专（專）通：转（轉）	

尃 （尃） 通：敷 博、搏	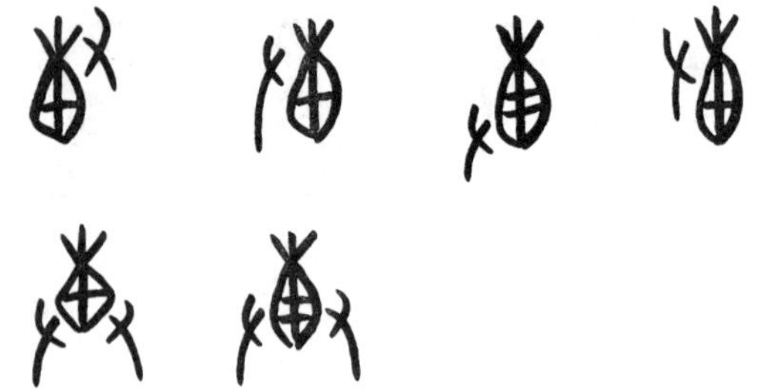
攴	
彻 （徹）	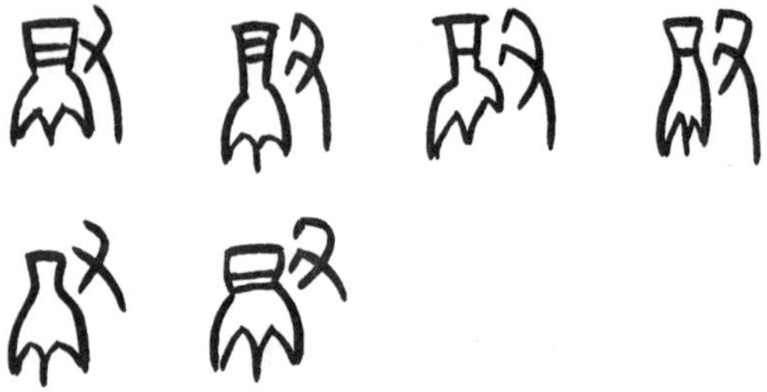
敏	
效	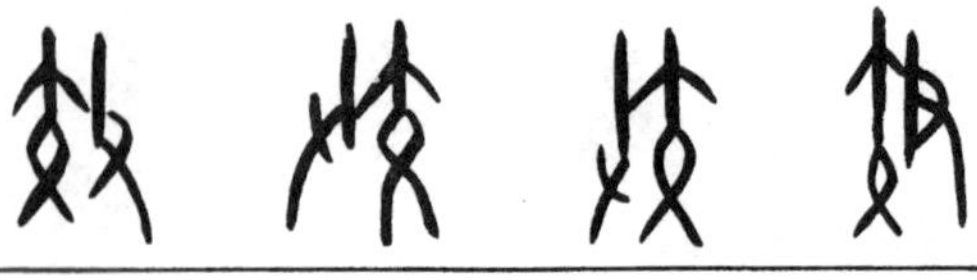
政	

攸	
更	
敉	
畋	
改	
牧 通：羖 养 養	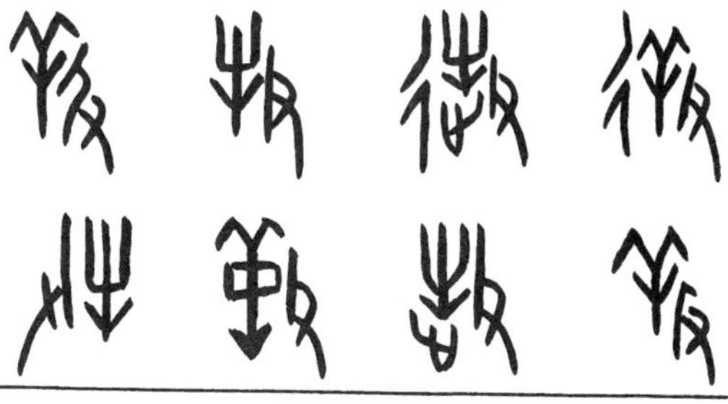
敘 （敍敍）	

教	𢼱	𢼱	𢽤	㸚
学 (斈學) 通:斅	𡕪	𦥑	𦥯	斆
	𦥑	𦥑	𡕪	斆
	𦥯	𦥯		
卜	㇏	㇏	卜	卜
贞 (貞)	鼎	鼎	鼎	鼎
	鼎	鼎	鼎	鼎
	鼎	鼎	鼎	鼎

教学卜贞

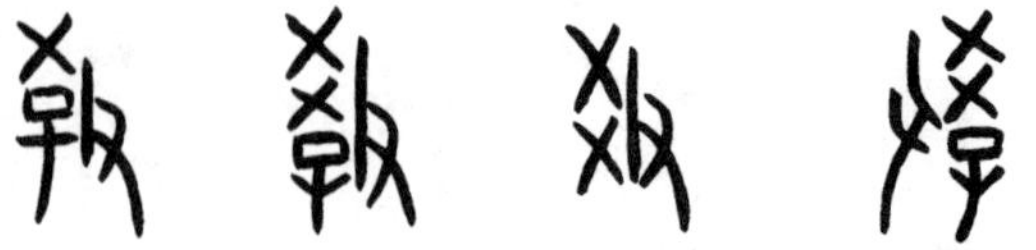

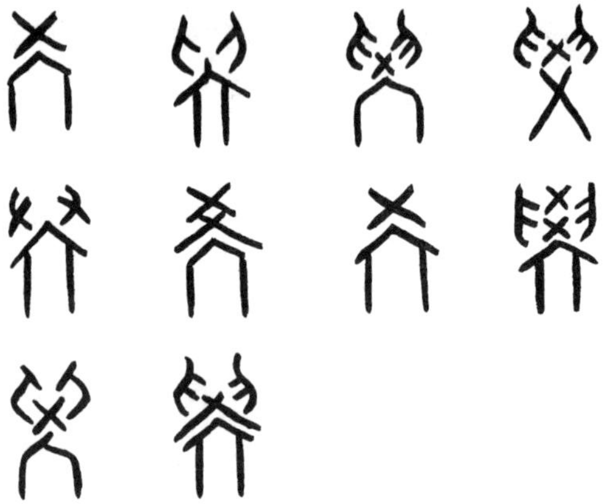

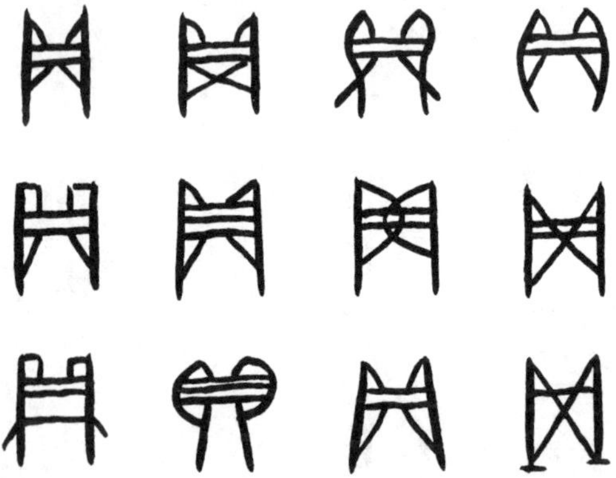

占	
用	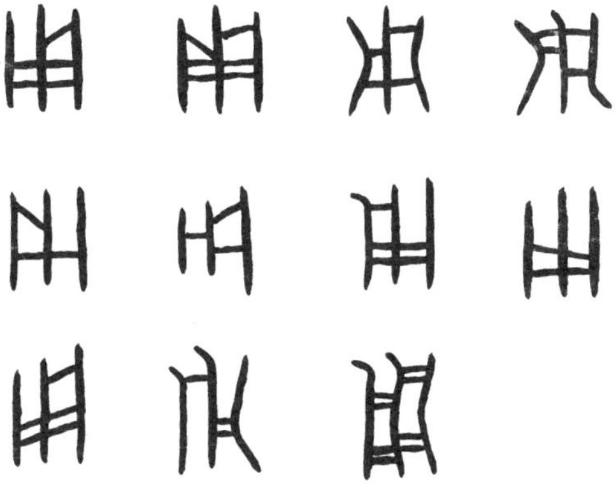
甫	
智	
葡 通：箙	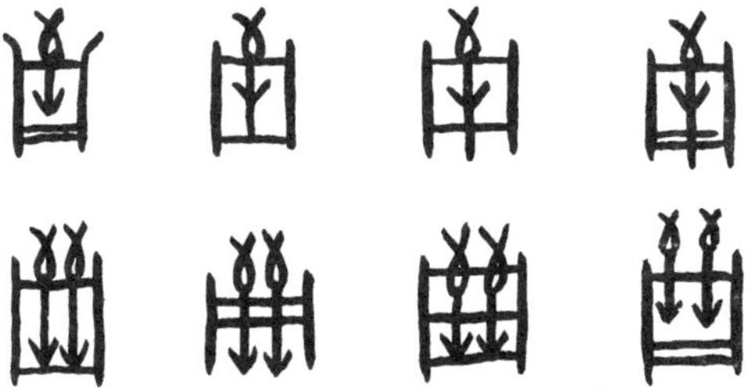

尔(爾)	爾 爾 爾 爾 爾 爾
爻	爻 爻 爻
束	束 束 束 束 束 束
目	目 目 目 目 目 目
相	相 相 相

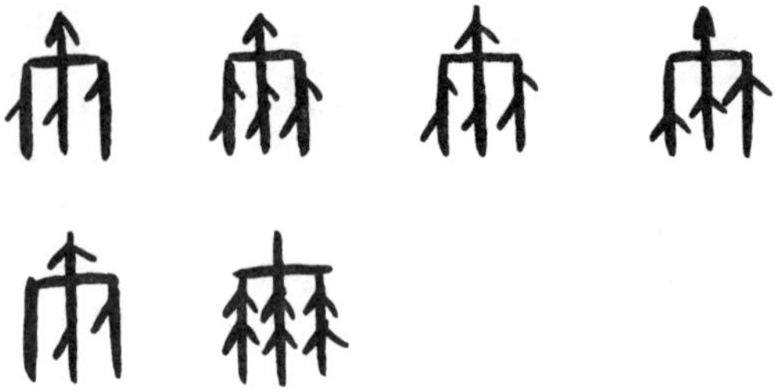

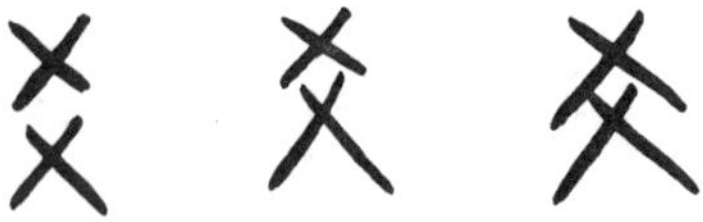

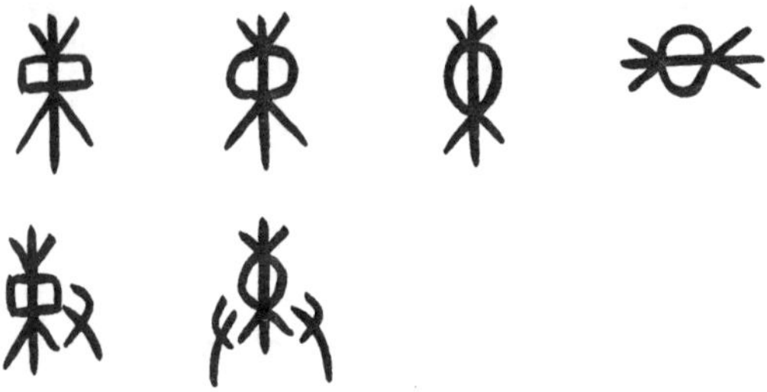

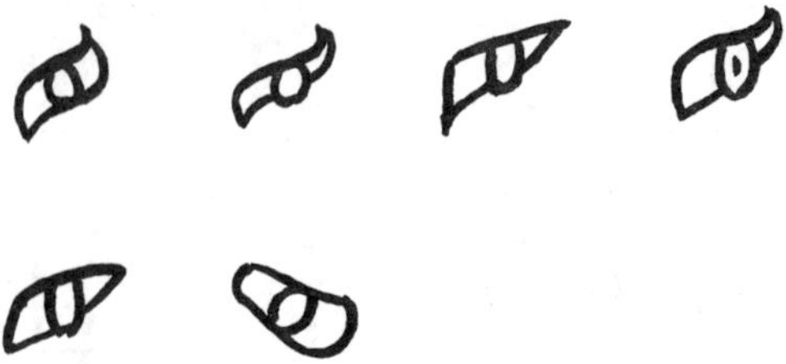

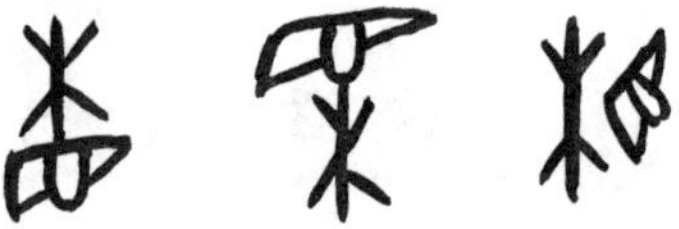

暨	
爽 通：奭	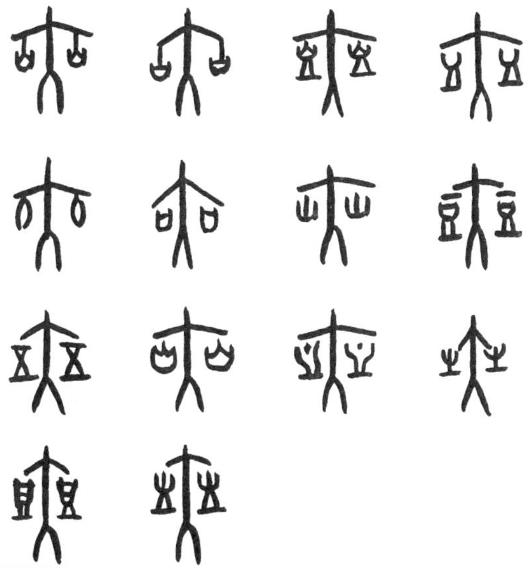
省	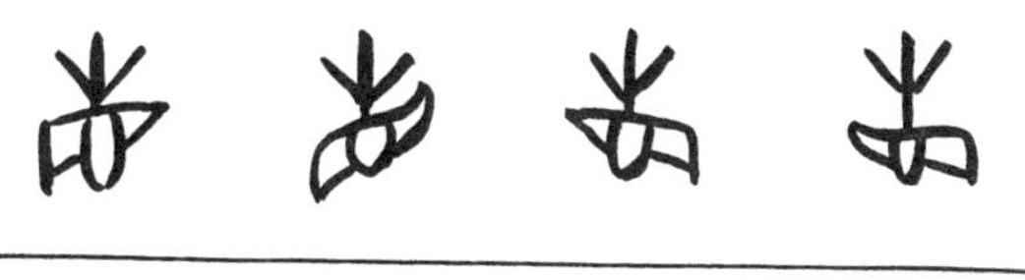
冉 （冄）	

眣 （眣）	
瞚 通：瞬	
看	
自	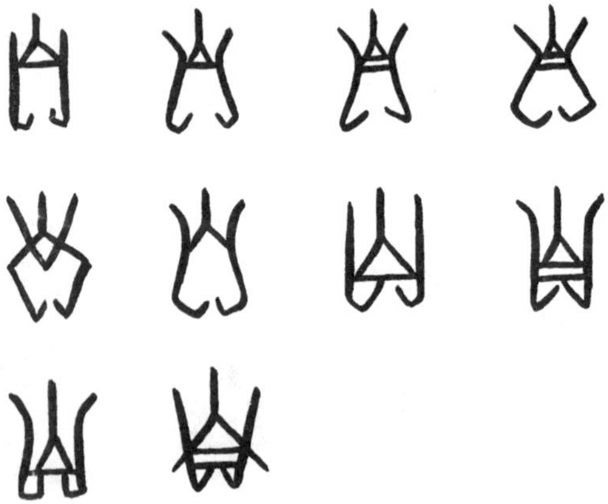
鲁	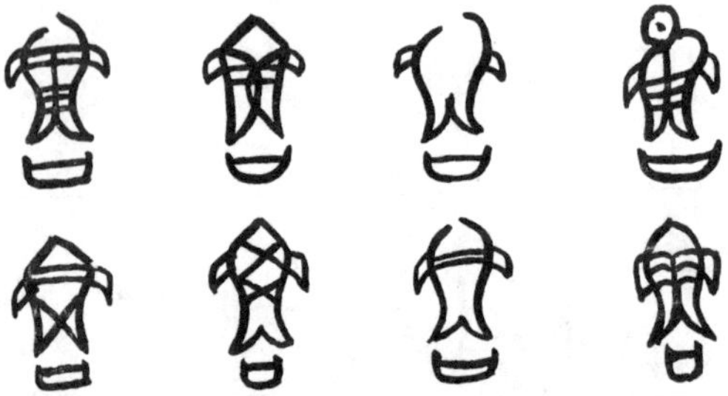

眉	
皆	
百	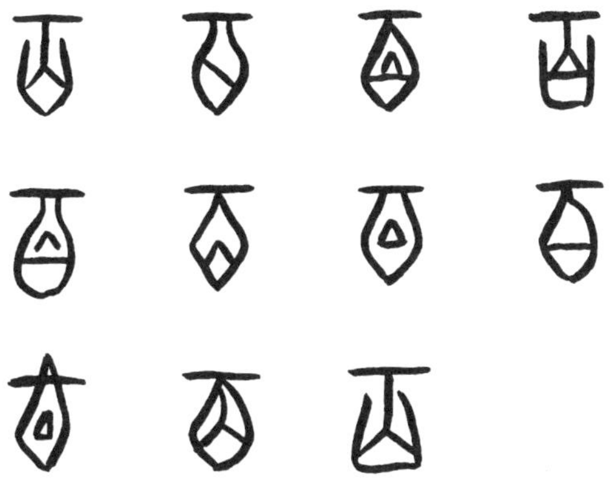
习（習）	

羽 通:翌	(古文字形)
鶾 通:翰韓	(古文字形)
翠	(古文字形)

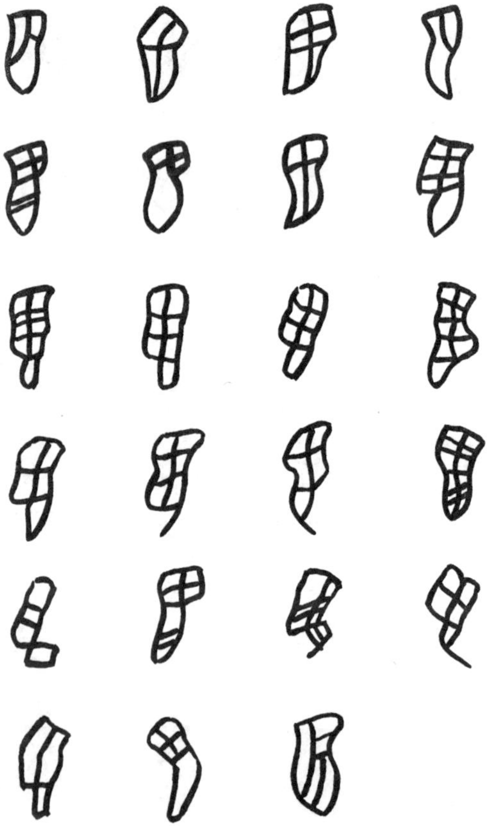

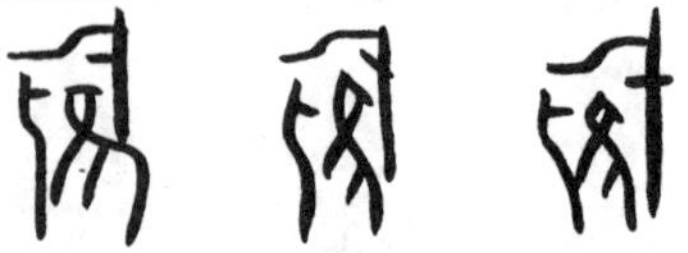

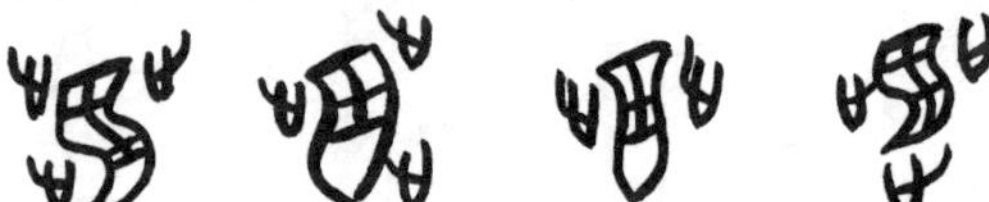

翊	
雀	
雉	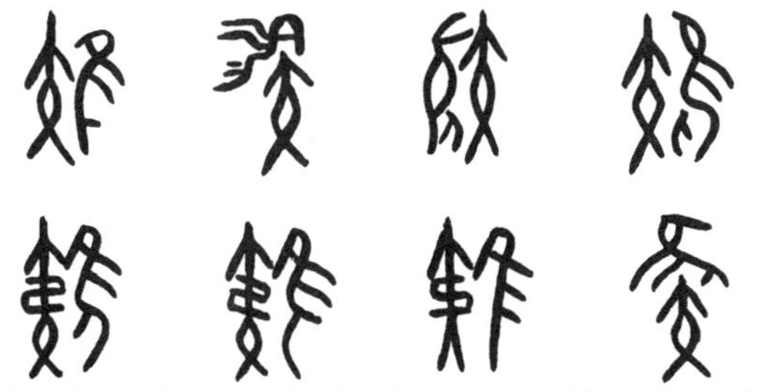
鸡（雞 鷄）	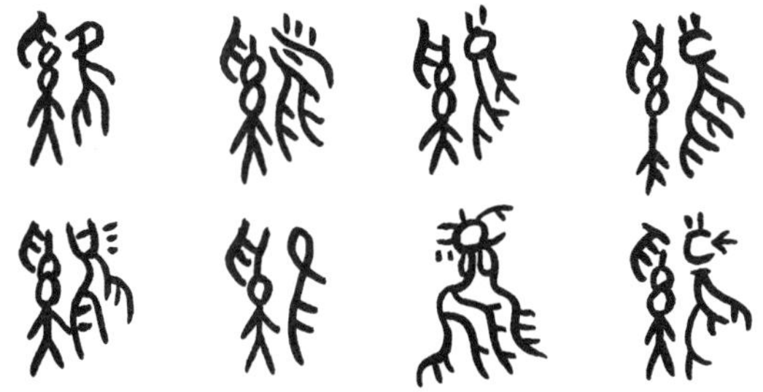

雏 （雛）	
只 （隻） 通：获獲	
离 （離）	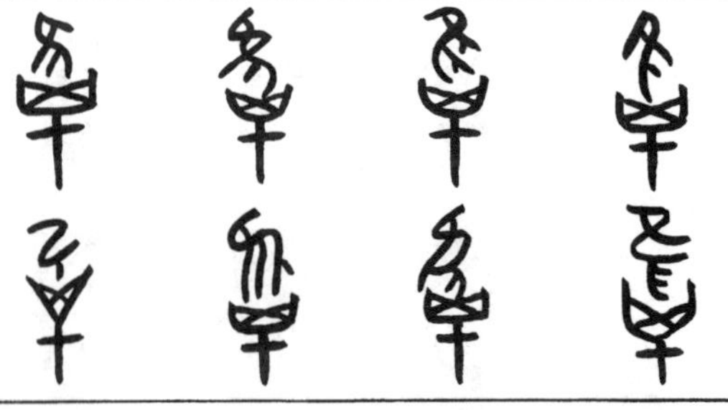
雇 （僱） 通：扈鳸	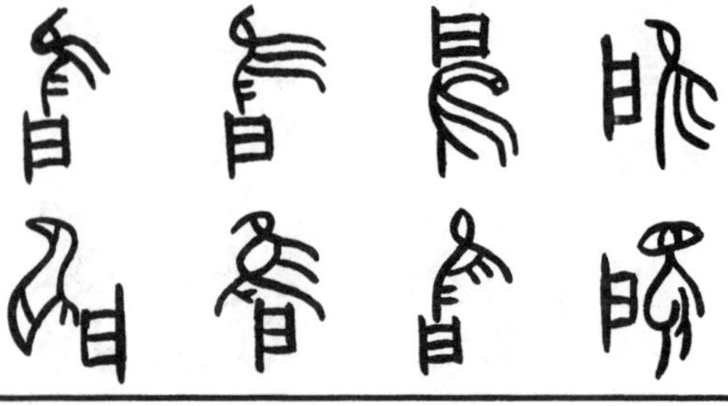

雁（鴈）	
雍（雝）	
鸿（鴻）	
罗（羅）	
雚 通：观觀	

旧（舊）	
皃（皃）	
蔑	
摧	
鸢（鳶）	

芈（哶咩）	
羔	
羞	
羴（羶膻）	
霍（靃）	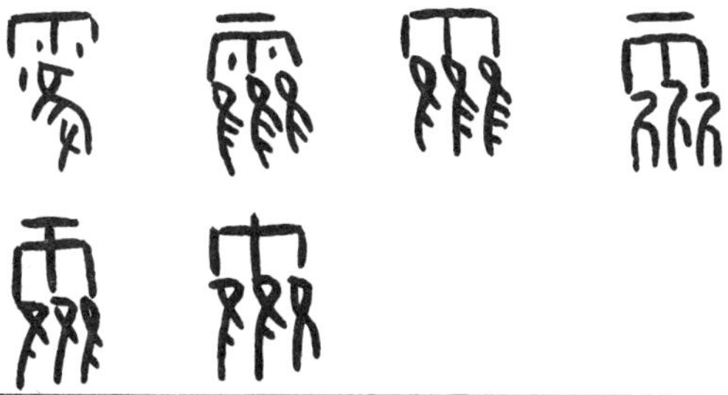
雥	

集（雧）	
鸟（鳥）	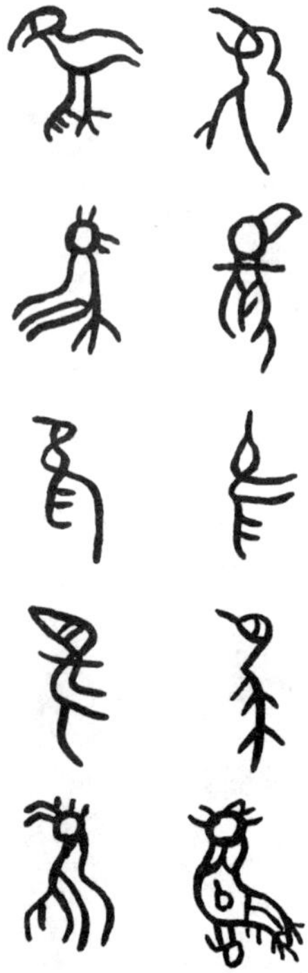
弃（棄）	

朋	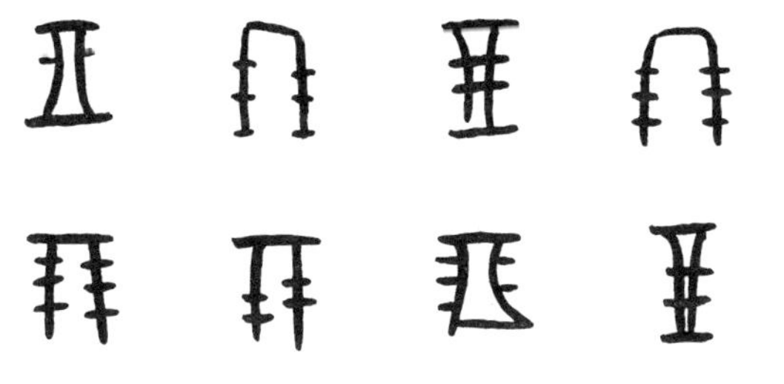
凤 （鳳） 通：风 （風）	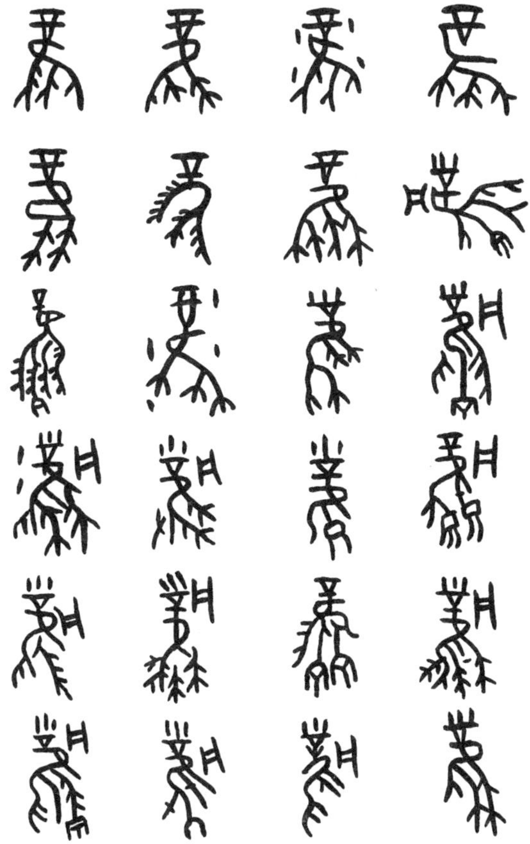

鸣（鳴）	
擒 通：禽 毕（畢）	
粪（糞）	
再	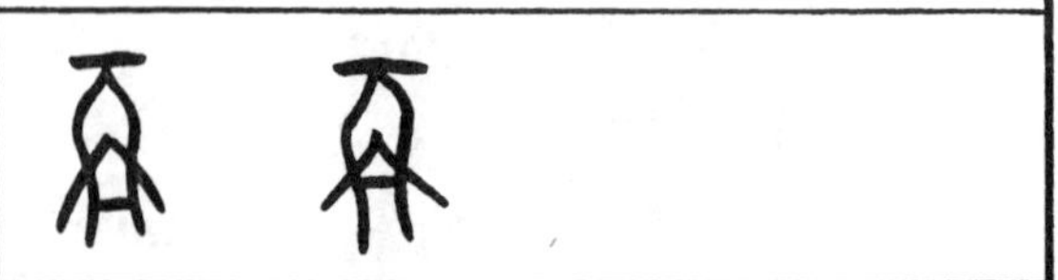
幼	

爯	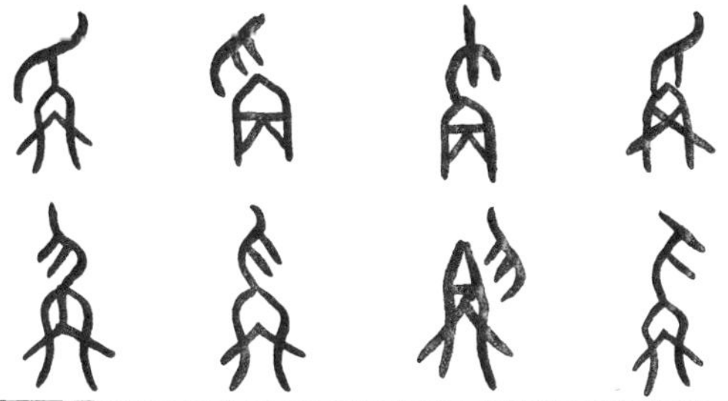
偁 通：称	
幽	
叀	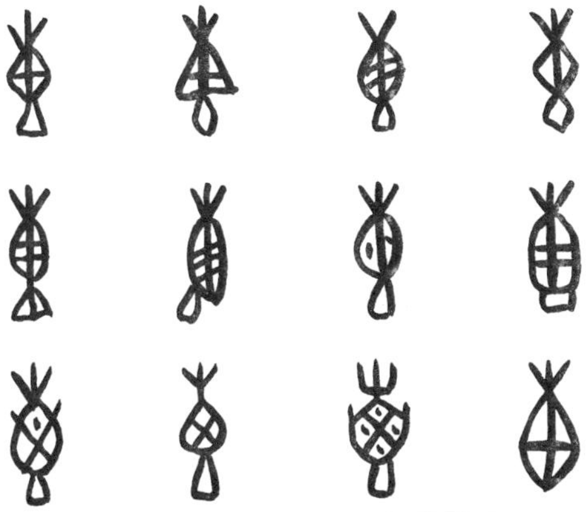
死	

叀（叀）	(甲骨文字形)
爰 通：援 爯、捋	(甲骨文字形)
受	(甲骨文字形)

叀爰受

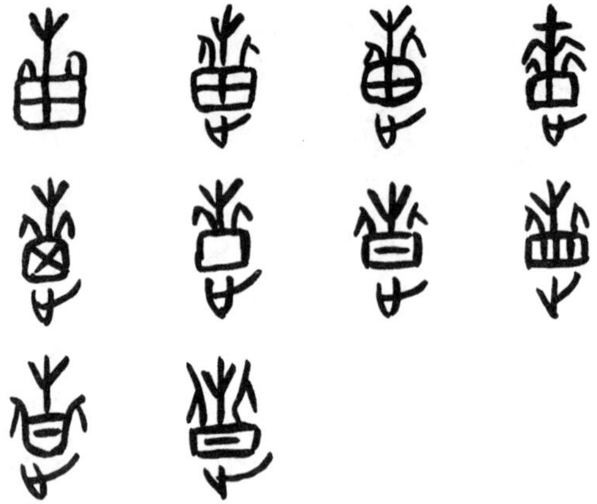

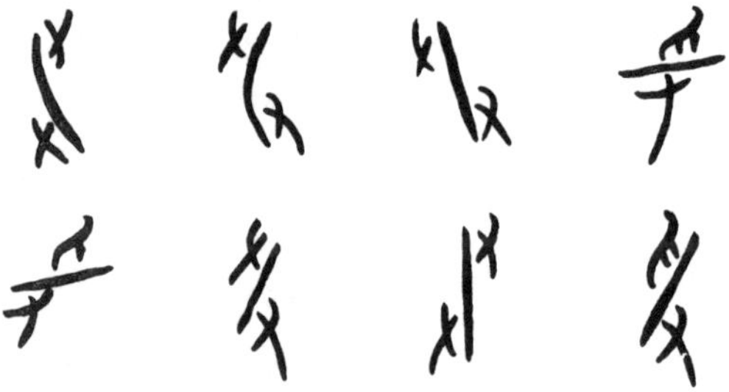

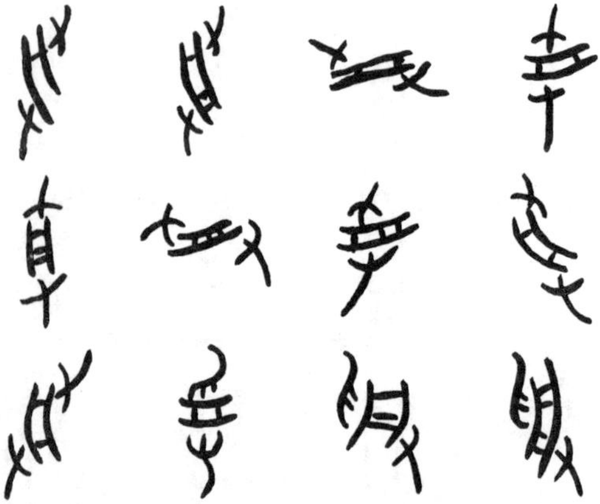

骨	(甲骨文字形)
肉	
膏	
腹	

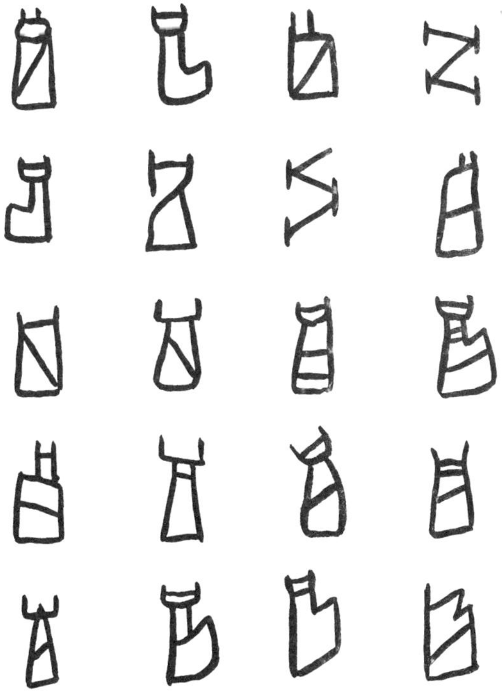

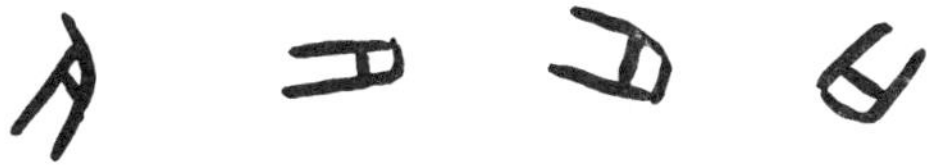

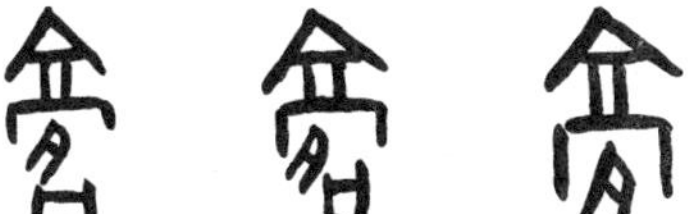

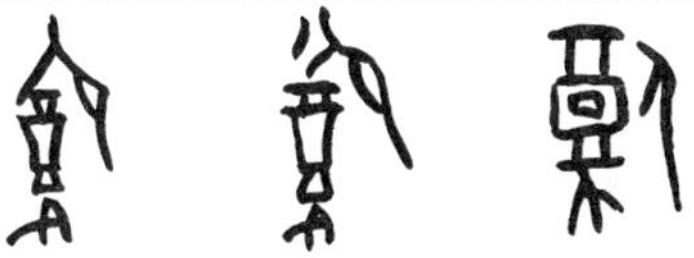

戱	
散（㪔）	
刀	
利	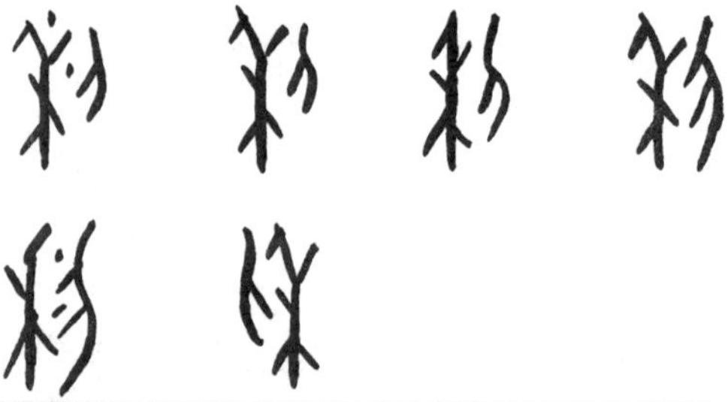
初	
刚（剛）	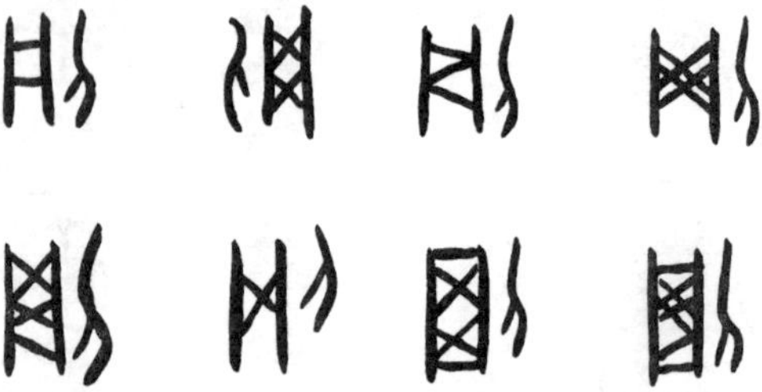

刜	
剥	
⿰臬刂 （劓）	
刃	
掫 通：骤驟	
耤 通：藉	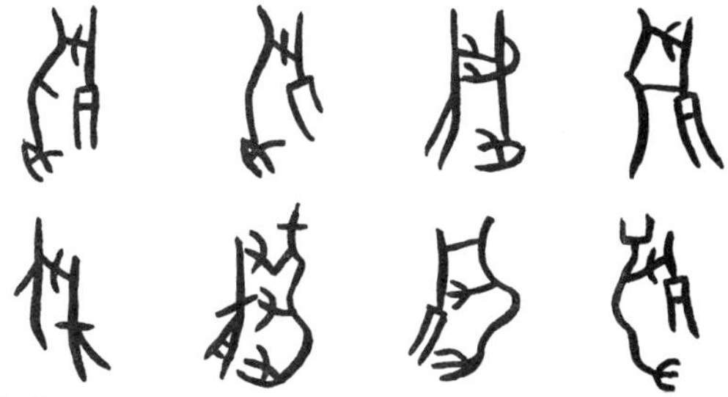
解 （解）	

角	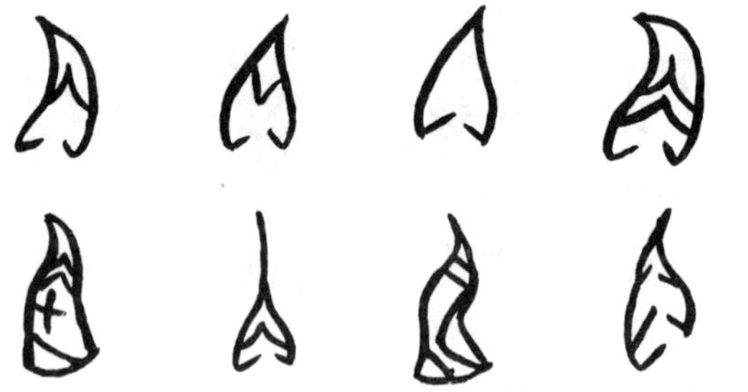
觳	
竹	
其 通：箕	
典	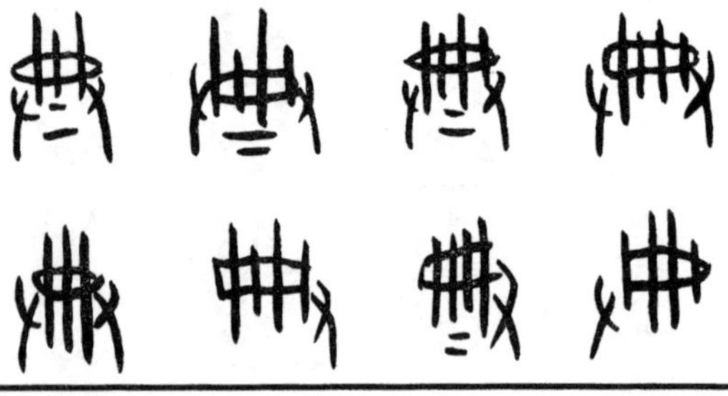

矢 通：寅	
寅 通：黄	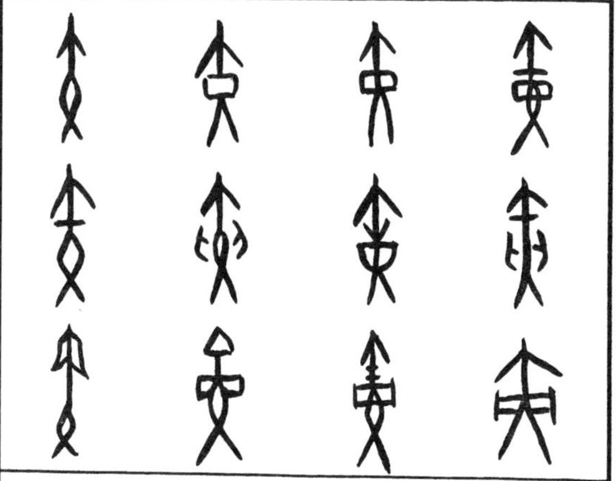
奠	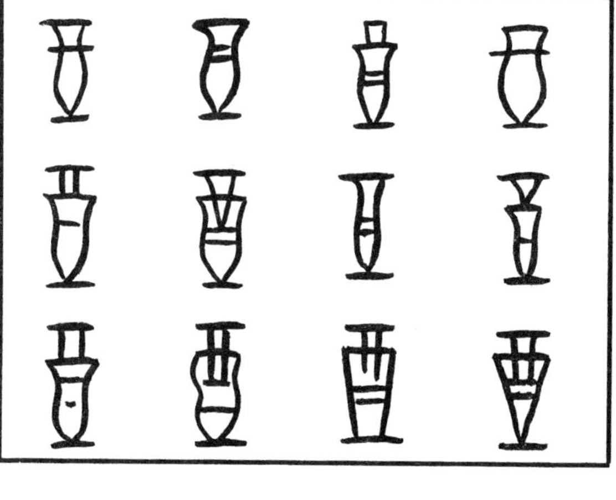

工	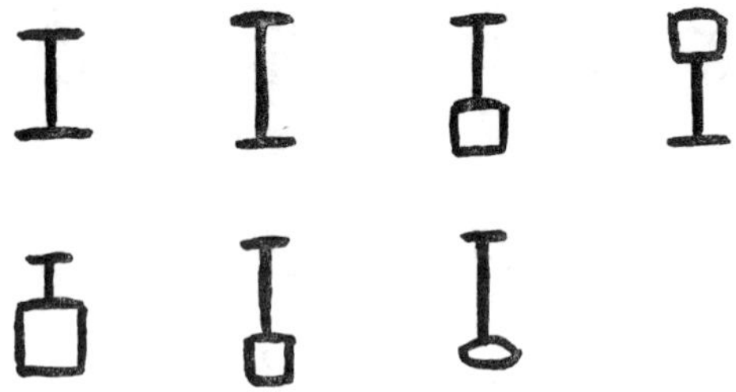
巫	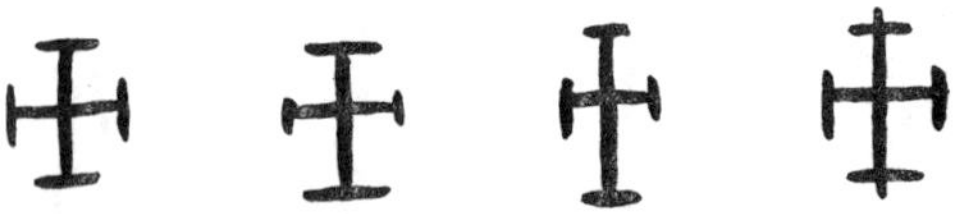
甘	
曰	
乃	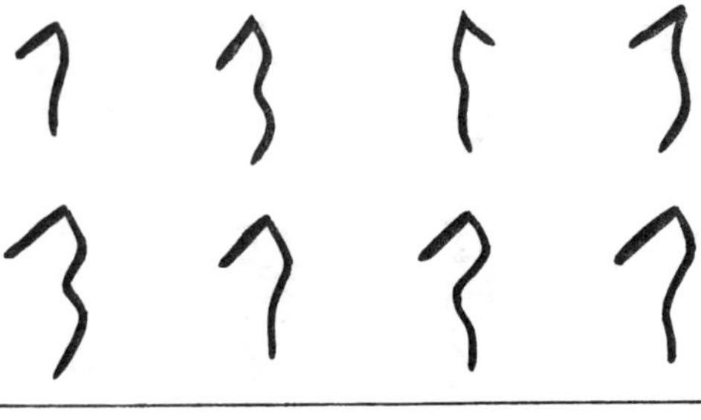
卤（鹵滷）	

曹	(古文字)
卣	(古文字)
寸	(古文字)
肘	(古文字)
时 (時旹)	(古文字)
廼	(古文字)

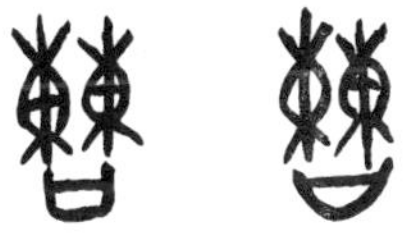

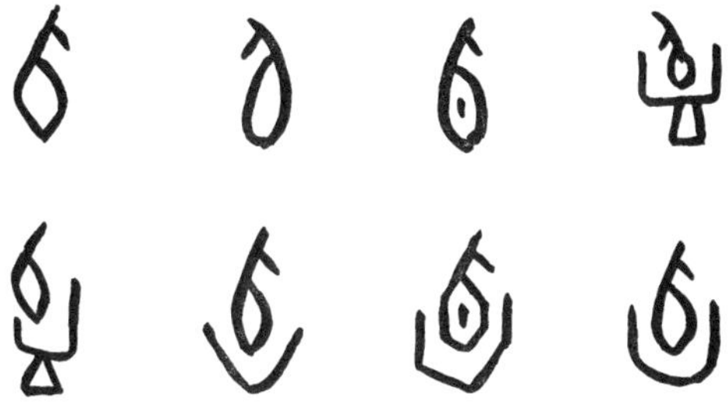

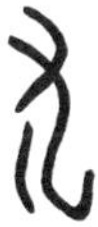

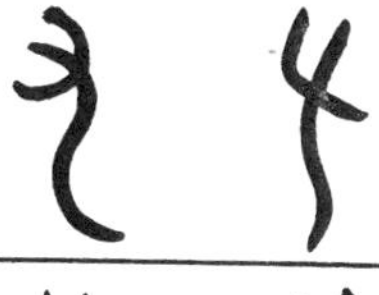

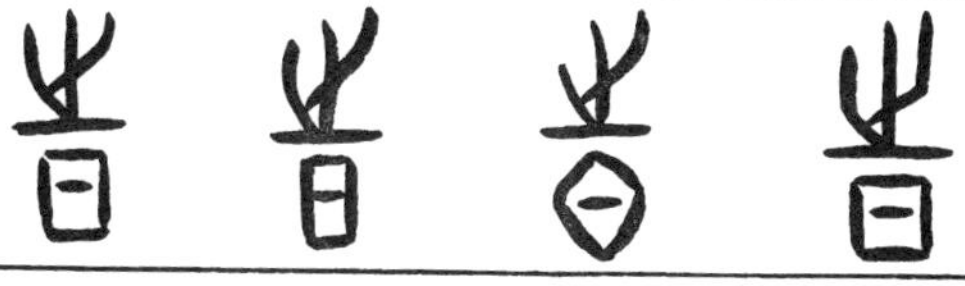

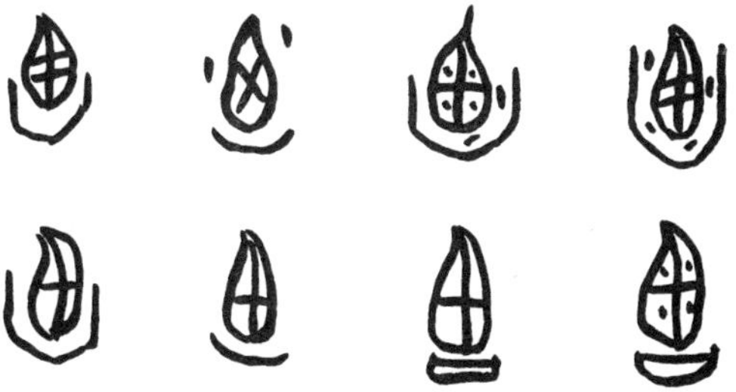

丹	目 目 曰
可	可 可 可 可
兮	兮 兮 兮 兮
豆	豆 豆 豆 豆
烝 通：蒸	

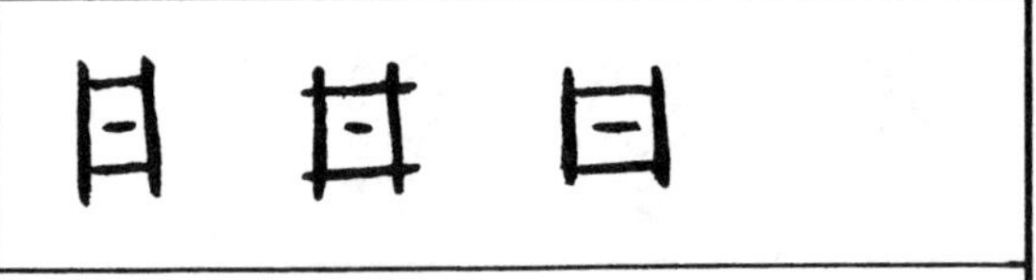

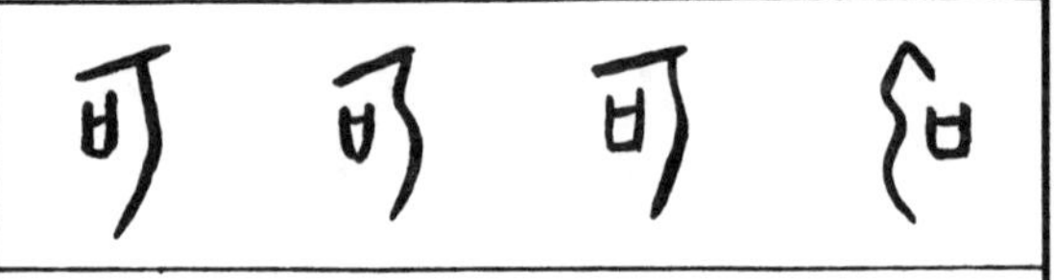

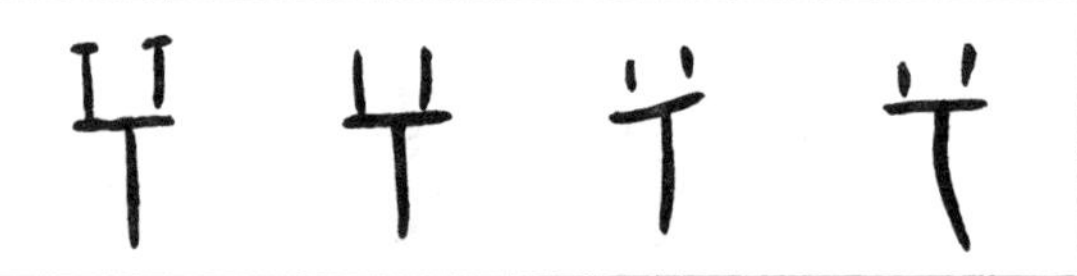

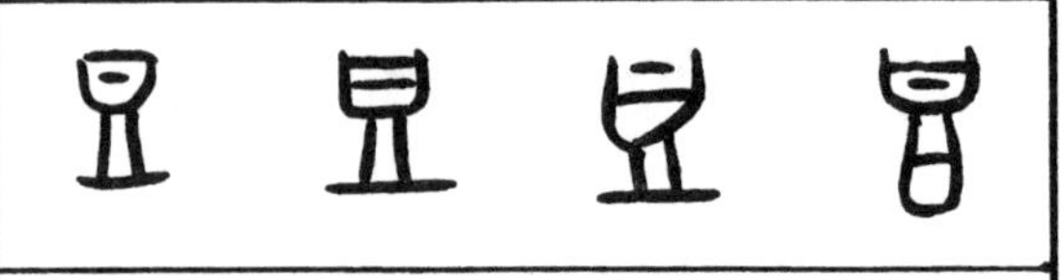

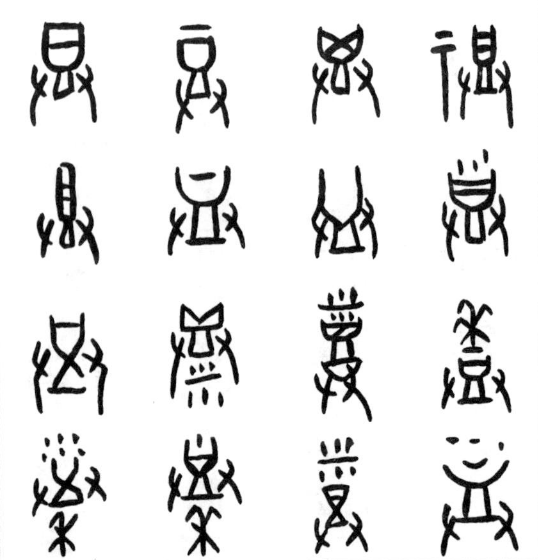

虎	
豹	
虢	
虤	

虎	(glyphs)
皿	(glyphs)
盂	(glyphs)
盛	(glyphs)
益	(glyphs)

虤皿盂盛益

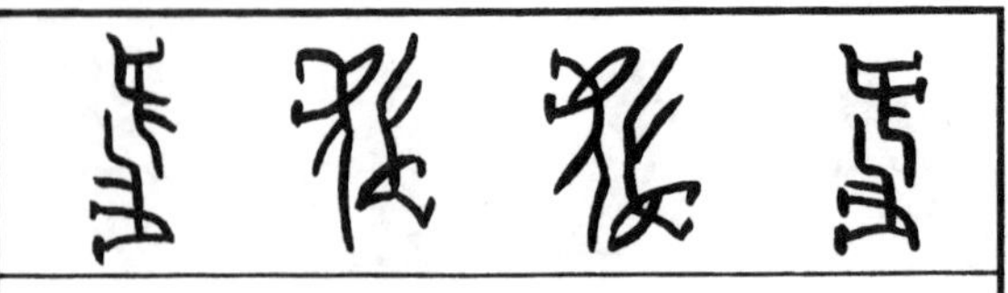

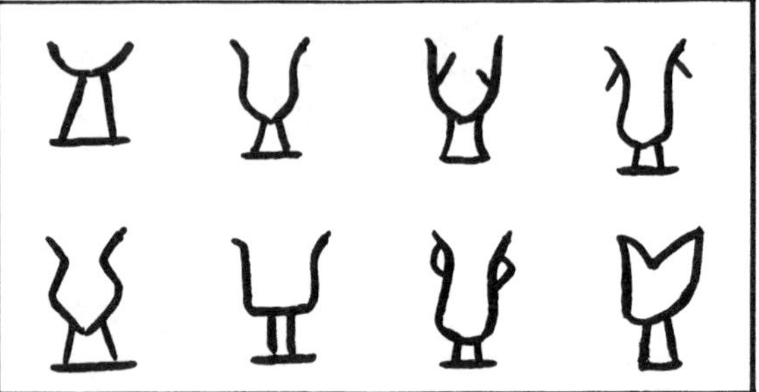

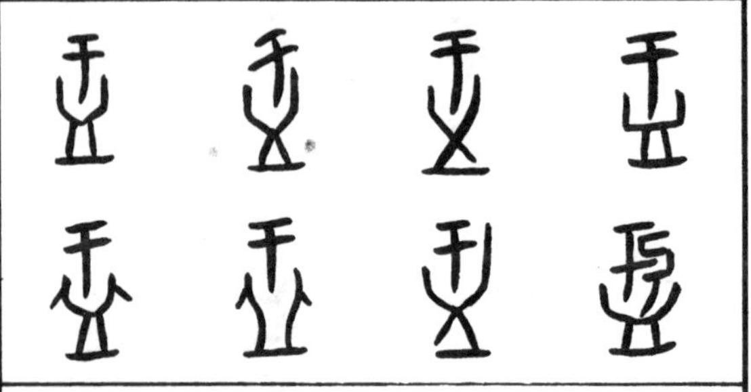

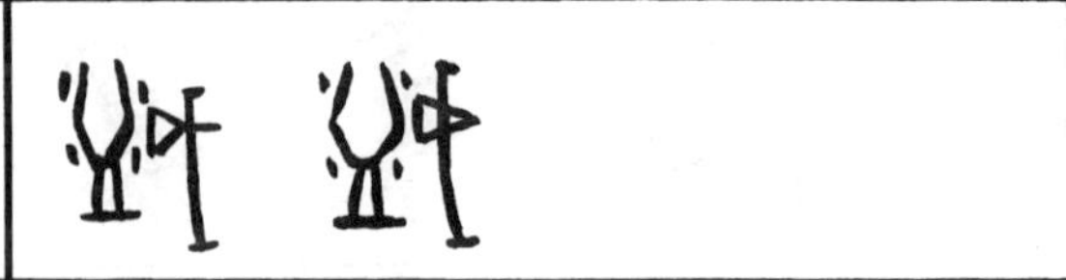

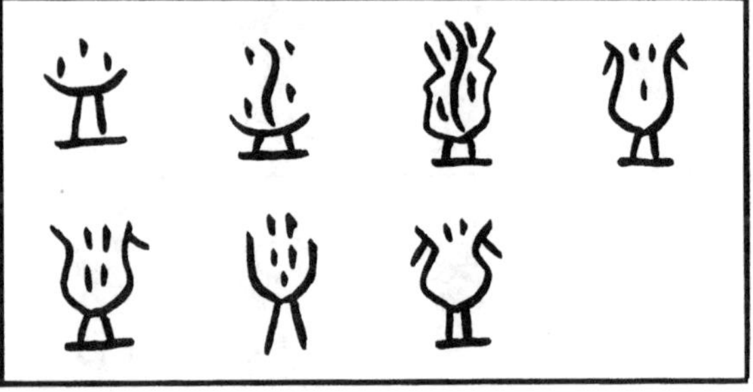

卢（盧）	
炉（爐）	
尽（盡）	
盥	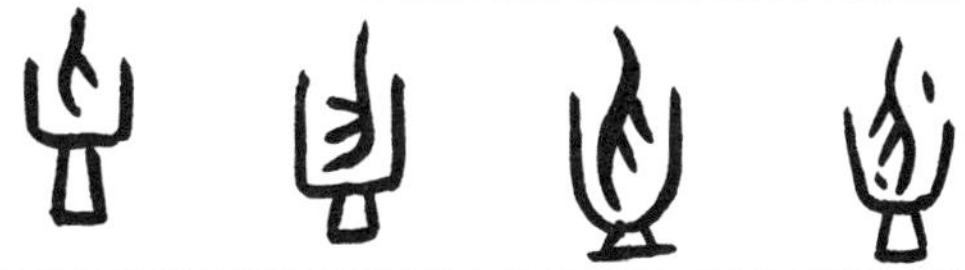
盨 通：沫	

去	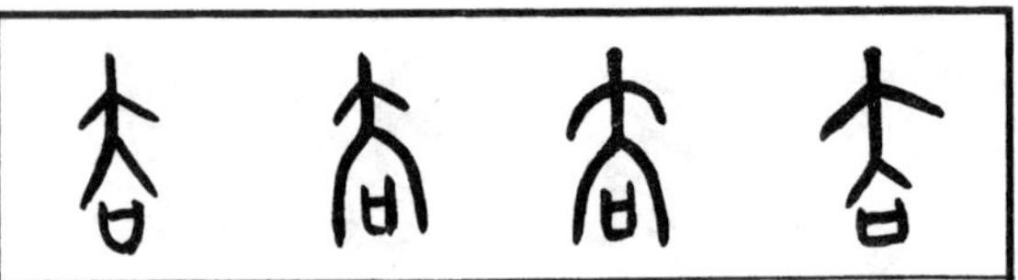
血	
宁（寗寕寧甯寜寍）	
井	
阱（穽）	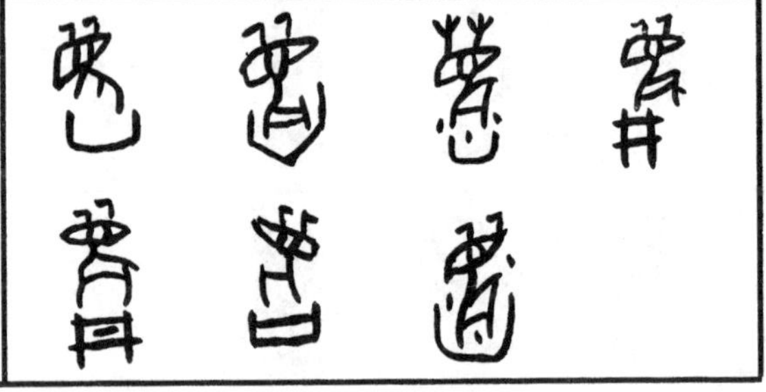

贮（貯）	
皀	
即	
既	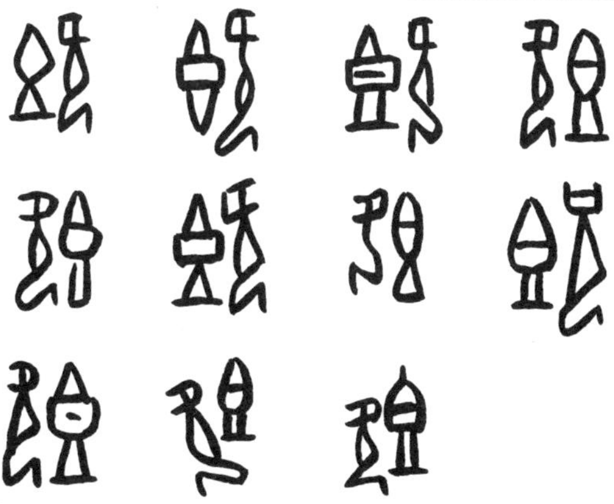

鬯 通：畅	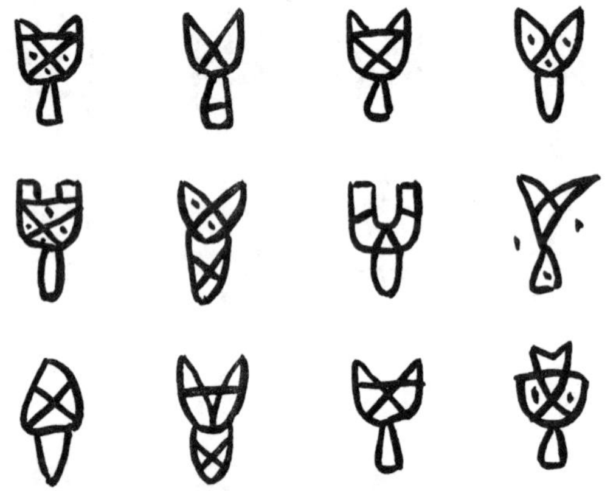
温	
卹 通：恤	
食	

爵
飤
飨
飶

爵	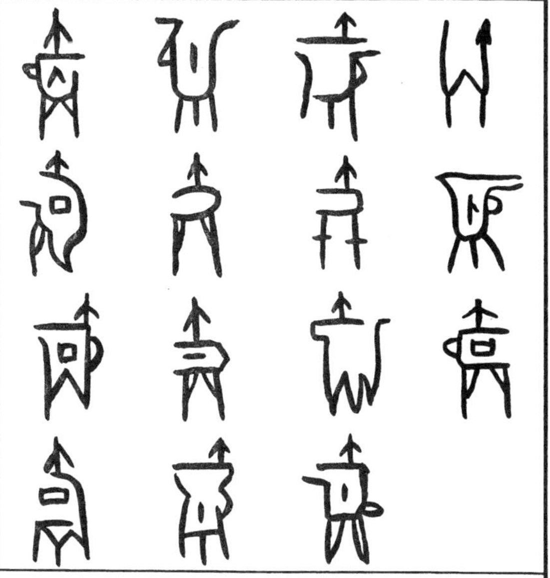
飤（饲）	
飨（饗）通：嚮 卿 乡 鄉	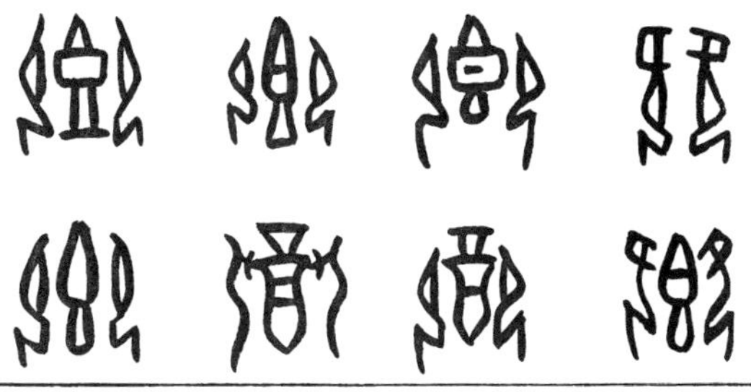
飶（飶）	

今	𠔃 𠔃 𠔃 𠔃 𠔃 𠔃 𠔃
会 (會)	会 会 会 会 會 會 會
仓 (倉)	仓 仓 仓 仓
入	入 入 入 入
内	内 内
缶	缶 缶 缶

今会仓入内缶

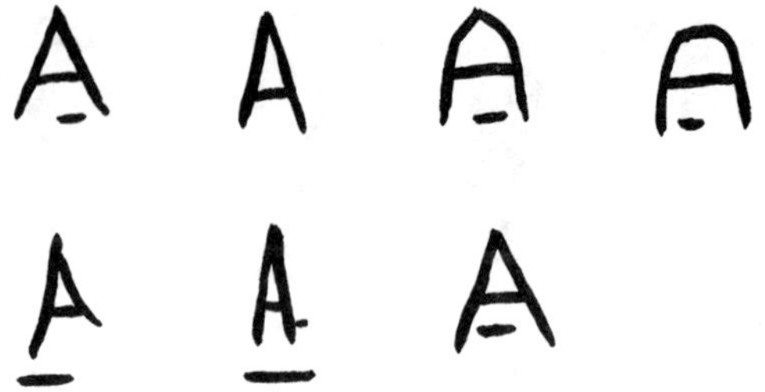

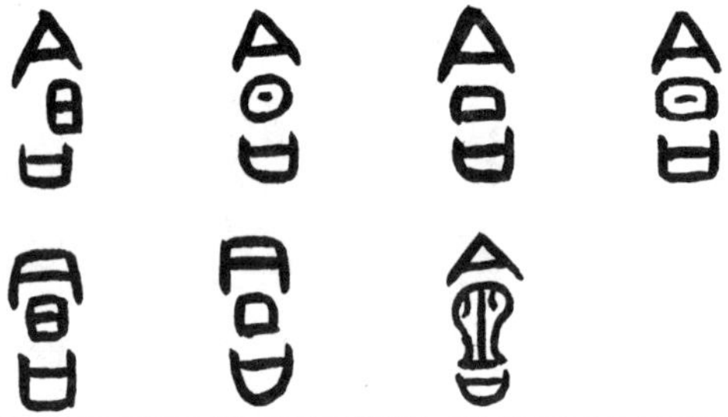

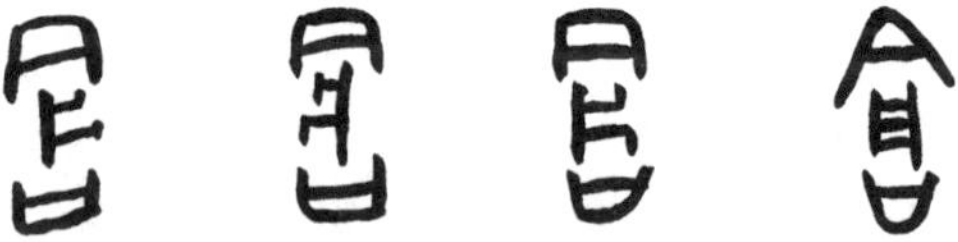

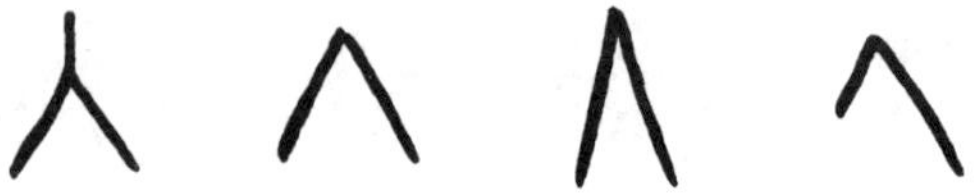

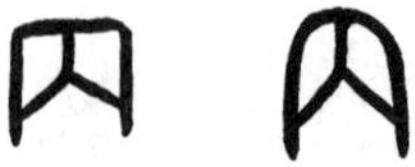

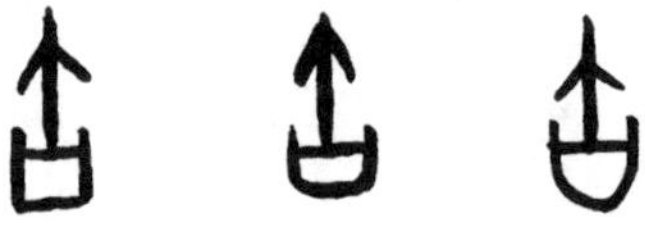

射	(甲骨文字形)
侯	(甲骨文字形)
伤（傷）	(甲骨文字形)
矰	(甲骨文字形)

射侯伤矰

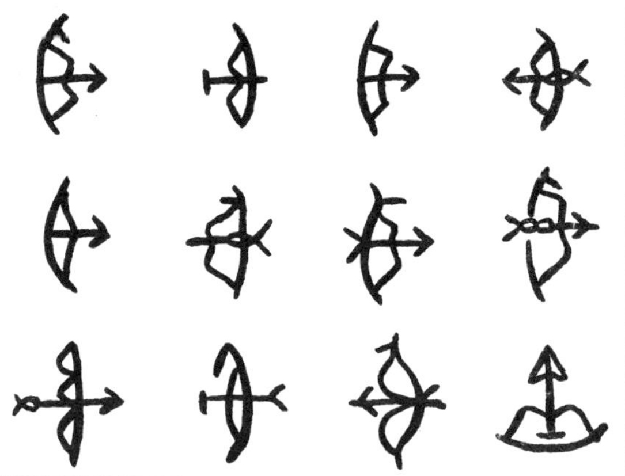

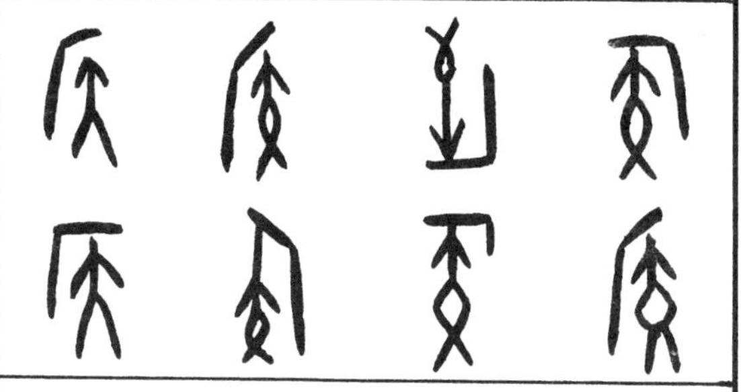

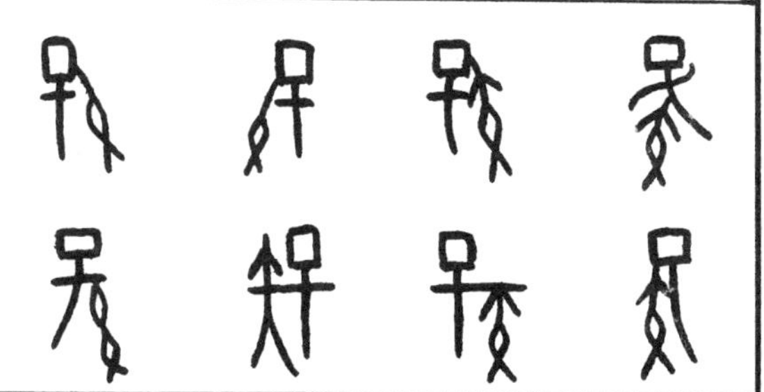

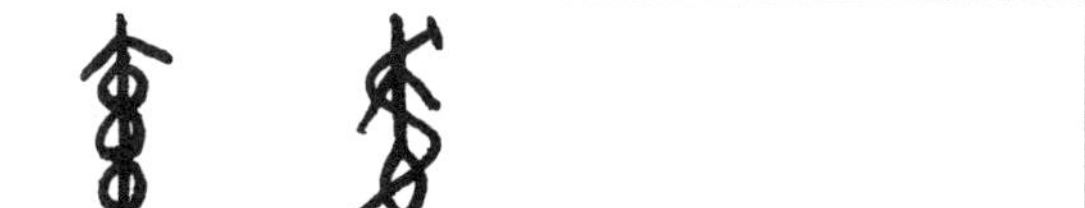

高（髙）	
亳	
央	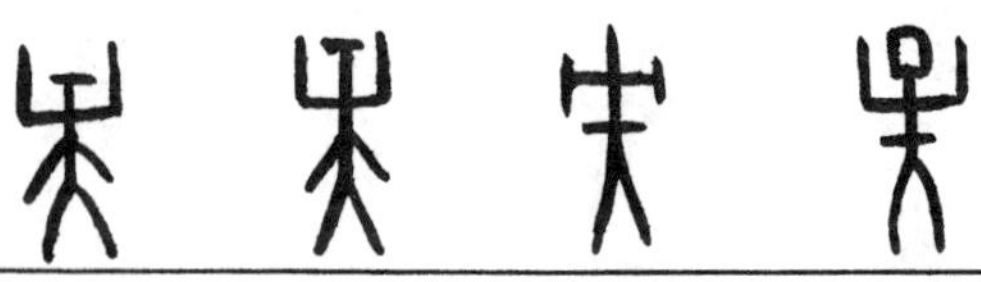
郭 通：墉鄘	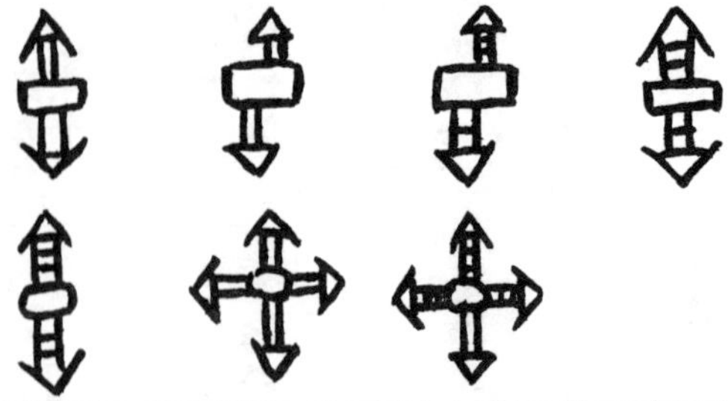

京	
亯（享）	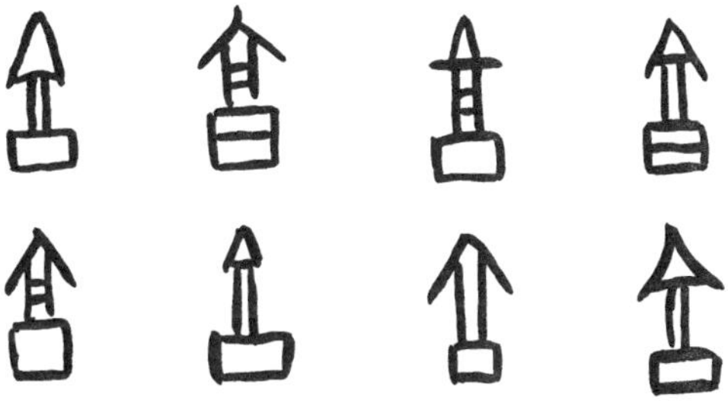
敦	
智	
厚	

良	
㐭 通：廪	
啚 通：鄙	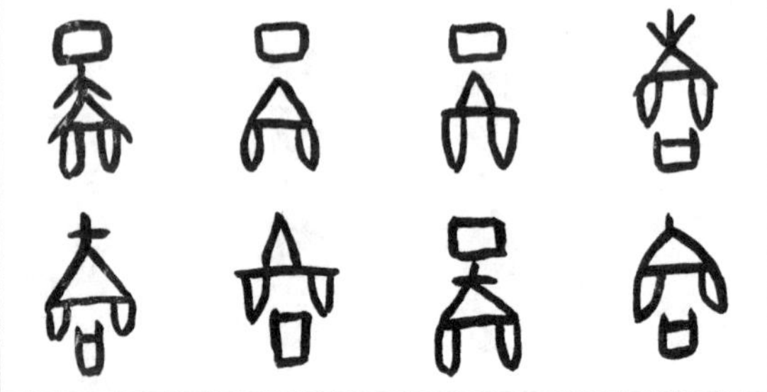
来 （來）	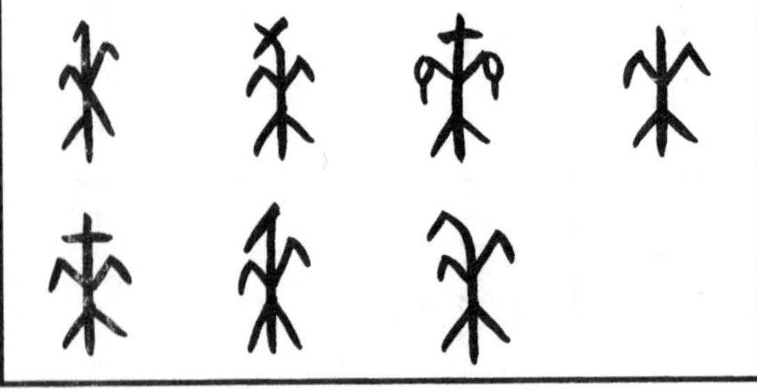

稟（禀）	
啬（嗇）通：穡	
墙（牆）	
麦（麥）	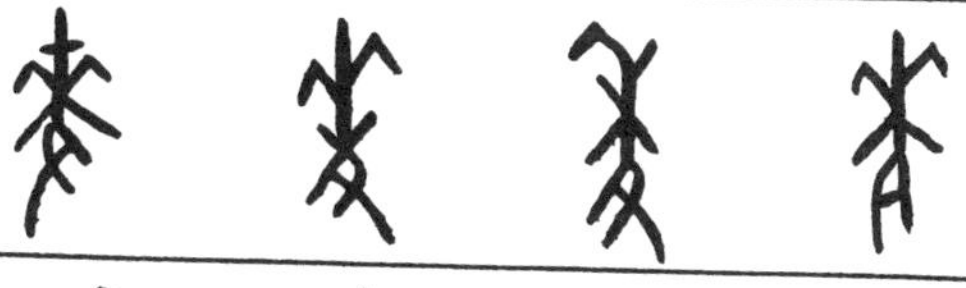
夒 通：猱	

弟	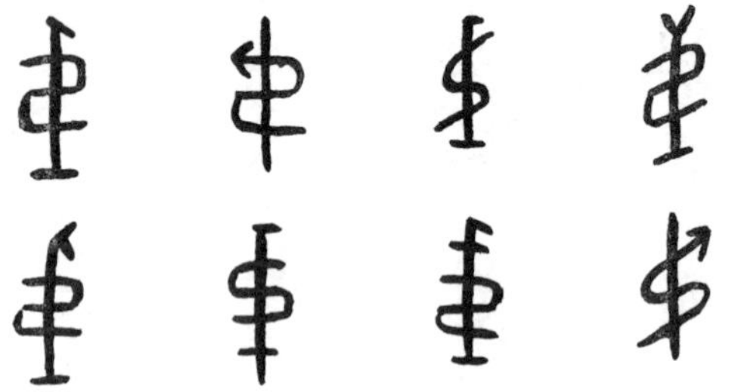
乘	
主	
杜	
柳	
杞	

夔	(glyph)
舞 通：无無	(glyphs)
韦 （韋）	(glyphs)
木	(glyphs)

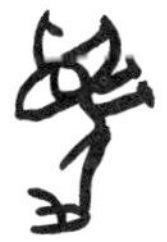

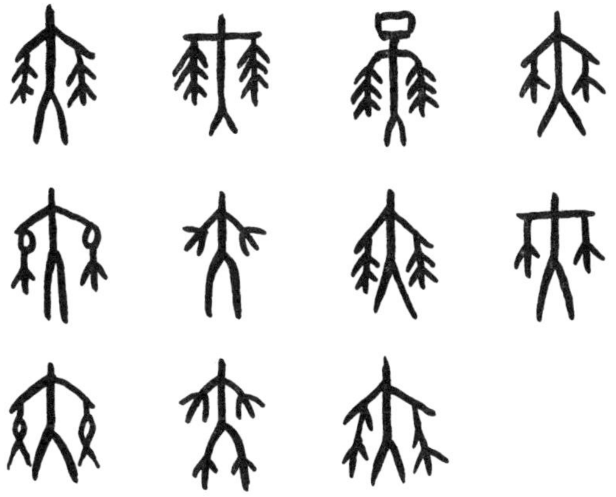

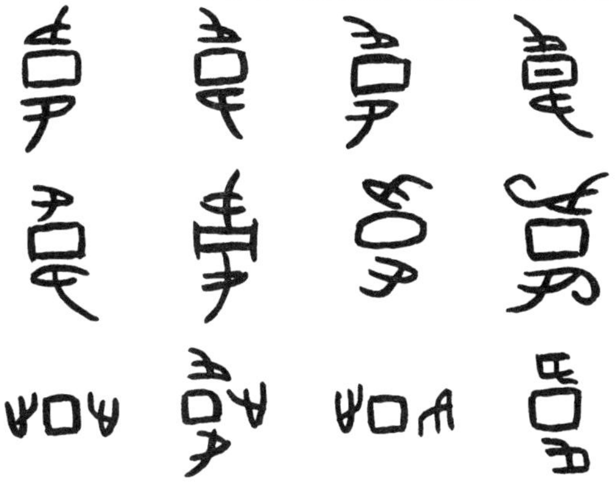

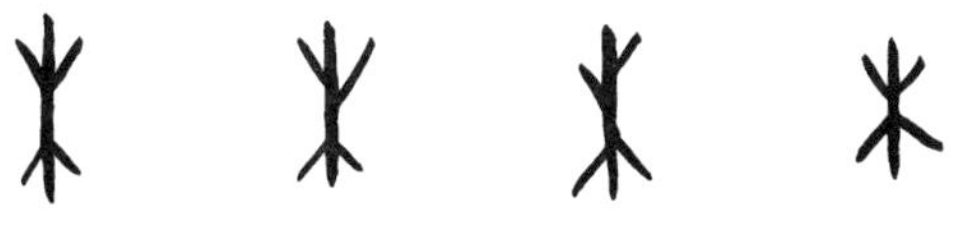

梌 通：榆	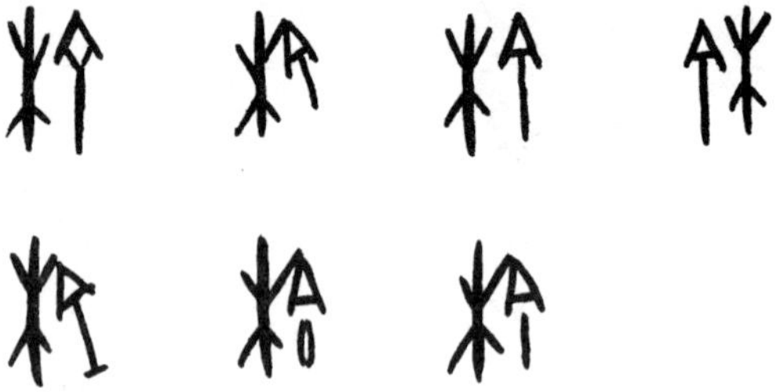
柏 （栢）	
朱	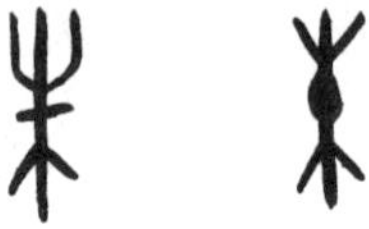
枚	
枤	
桷	
宲	

栅	
树（樹）	
柄	
戈	
棋（棊）	
乐（樂）	
采	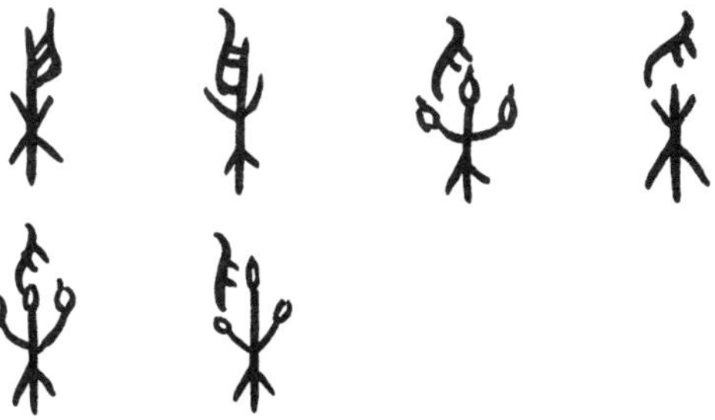

槁（橐）	𣂑 槁		
析	析 析 析 析 析 析		
休	休 休 休 休 休 休 休		
杏	杏 杏 杏		
杲	杲		
梟	梟 梟		

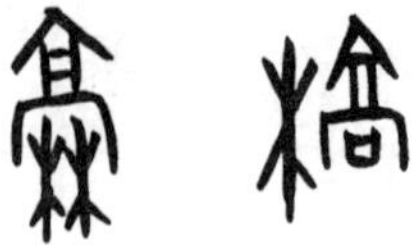

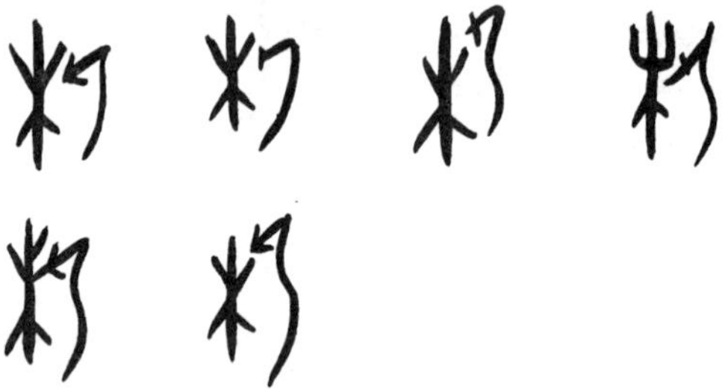

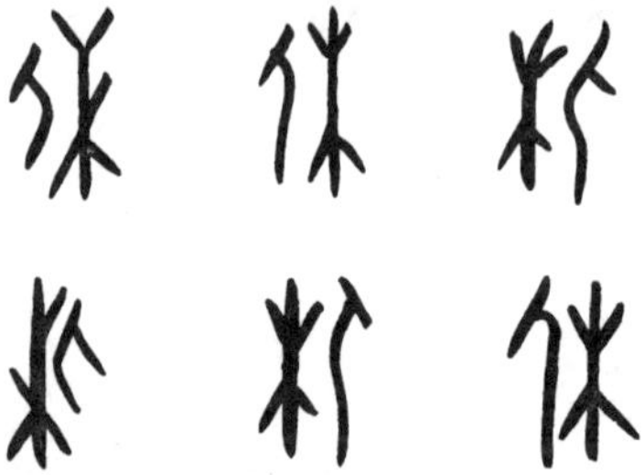

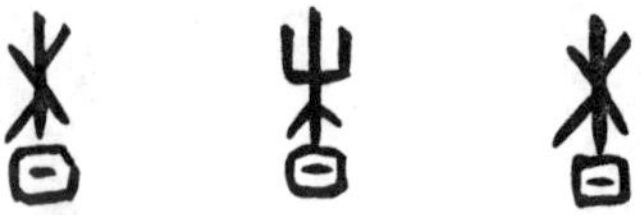

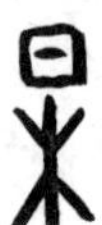

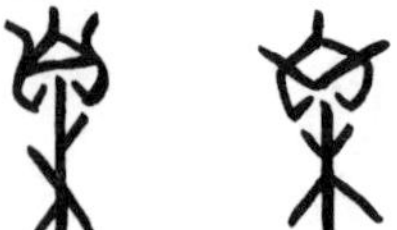

栉(櫛)	![] ![] ![] ![]
林	林 林 林
楚	楚 楚 楚 楚
麓	麓 麓 麓 麓 森 樊
森	森 森
才 通：在	中 中 十 中 中 中 ◇ 占

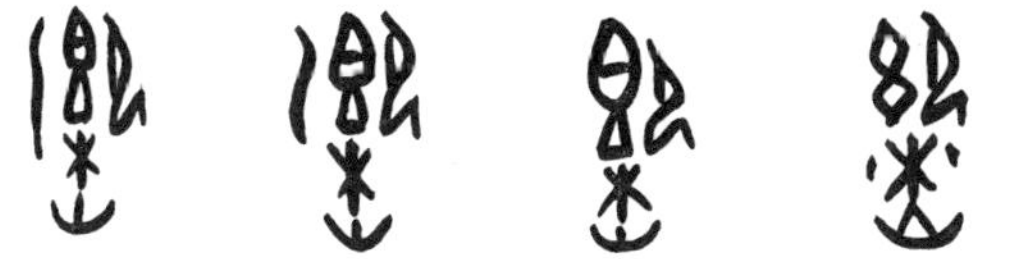

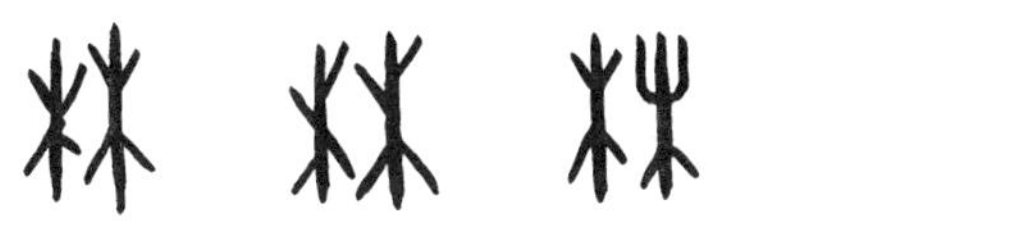

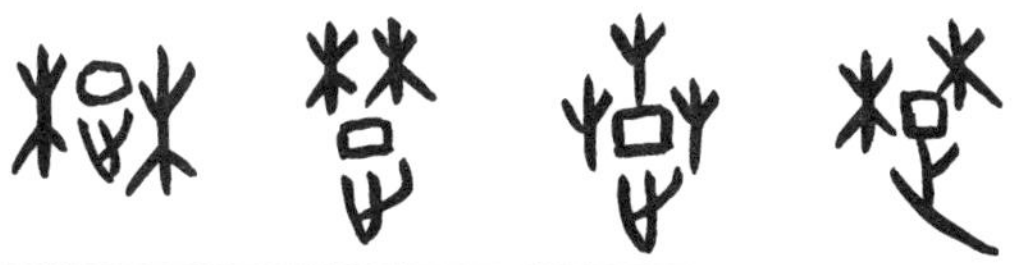

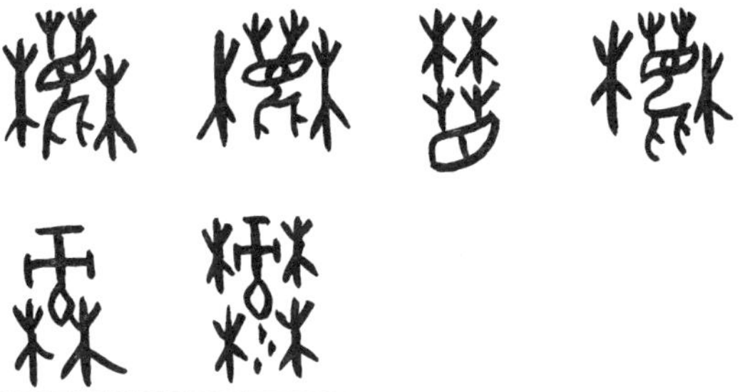

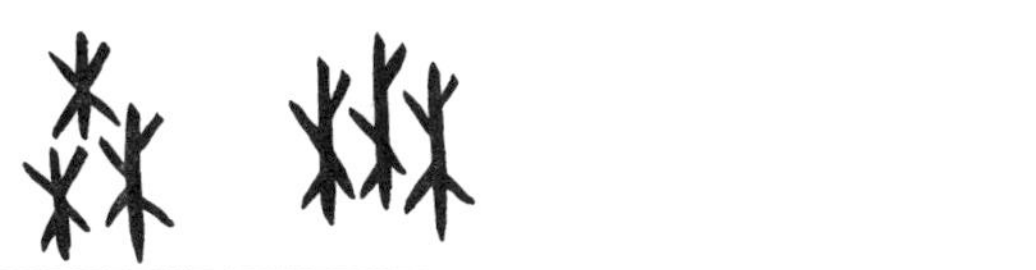

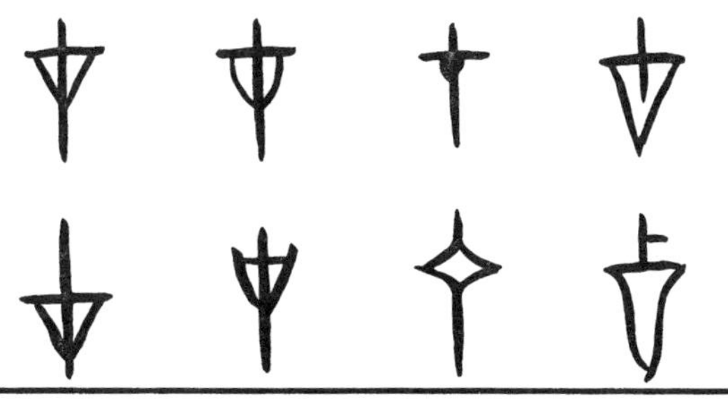

桑	
出	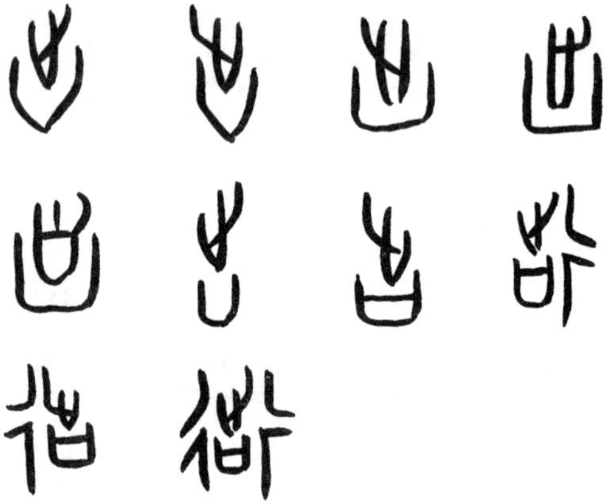
自 通：师師	
桕 （耜）	
生	
帀 （匝）	

南	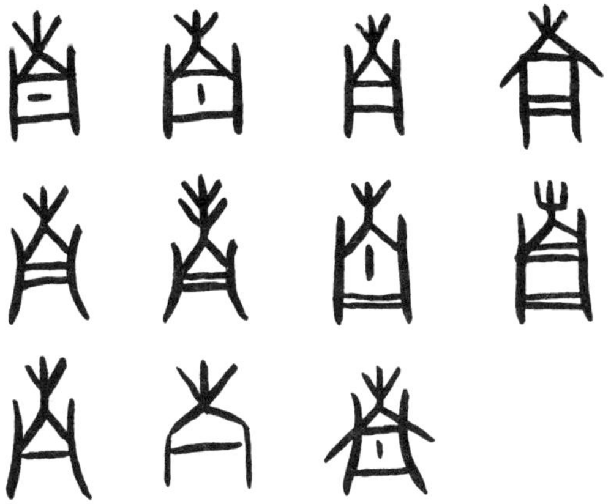
糸	
丝（絲）	
索	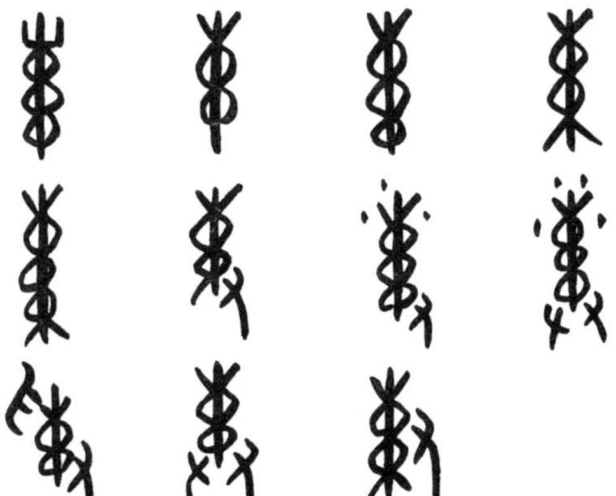

封 注：古丰字	
毛	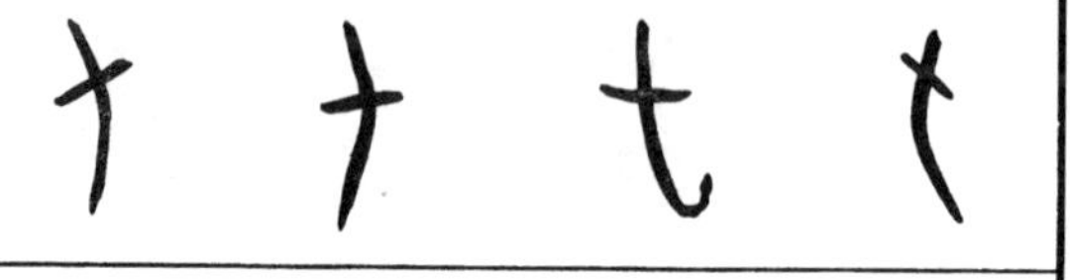
舌 （吒）	
垂	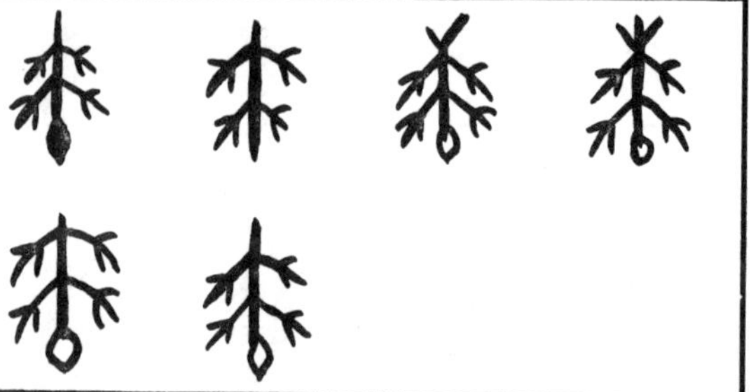
刺	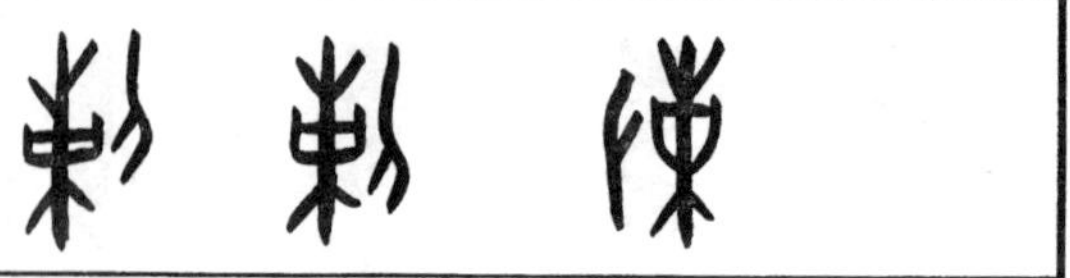
国 （国國） 通：或	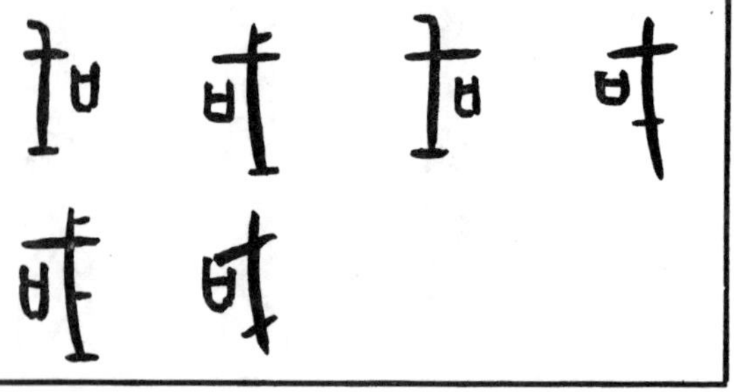

朿 通：刺	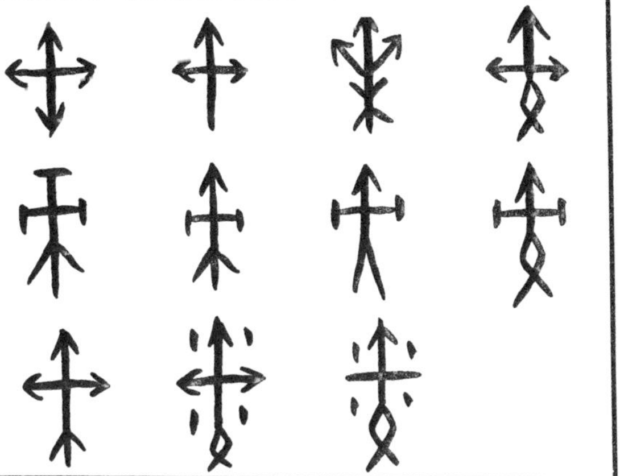
员 （員） 通：圆 圓	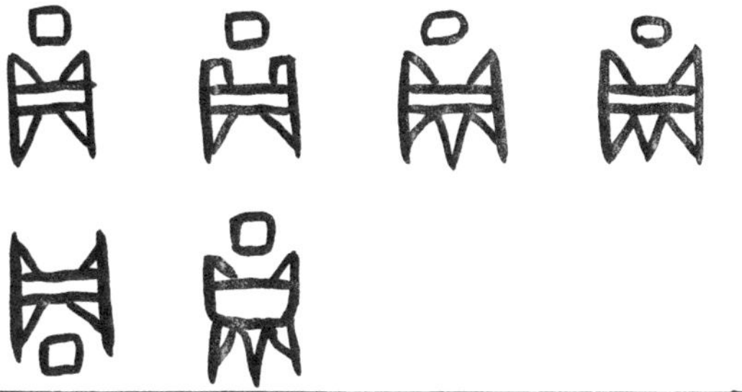
囿 通：圃	
因	

困	
圂 （溷）	
贝 （貝）	
宾 （賓賔）	
傧 （儐）	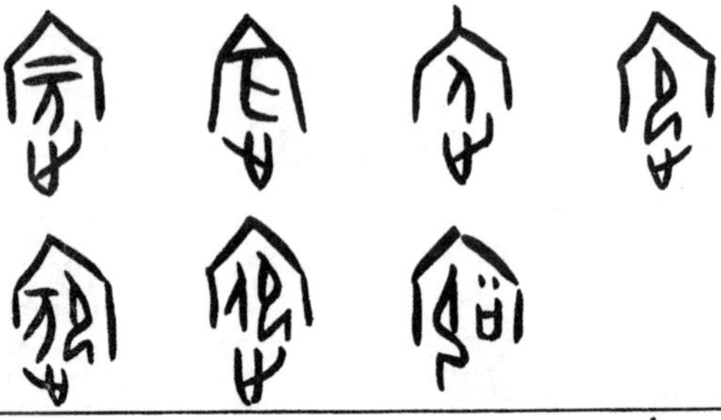
嫔 （嬪）	

责 （責）	
买 （買）	
圣 （ku）	
贵 （貴）	
垦 （墾）	
狈 （狽）	
回 （囬）	
亘 （亙）	

宝 （寶寳）	
心	
悤 （怱忩匆）	
㕣 （吣唚）	
沁	
惄	
懋	

念	(字形)
唸	(字形) (字形)
邑	(字形) (字形) (字形) (字形)
邦(邦)	(字形) (字形) (字形)
柂(舵)	(字形) (字形)
日	(字形) (字形) (字形) (字形)

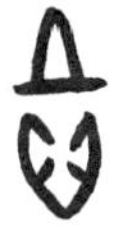

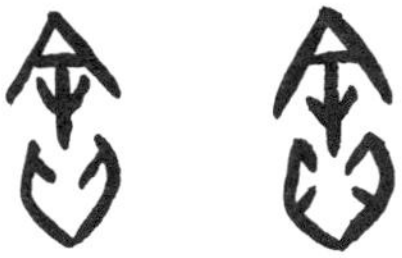

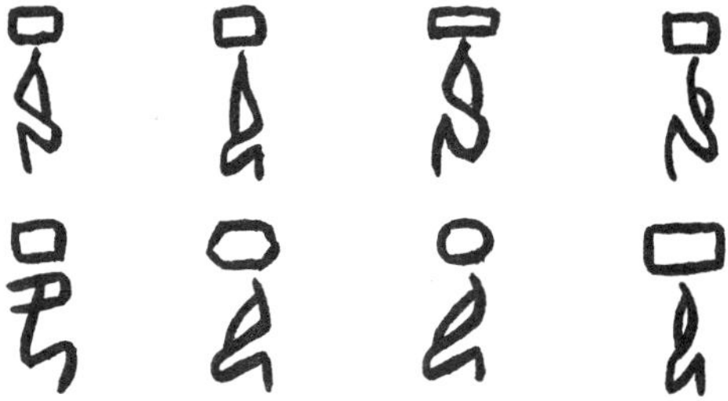

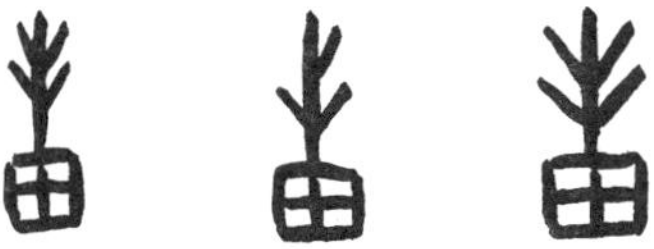

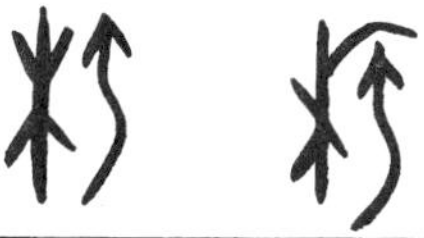

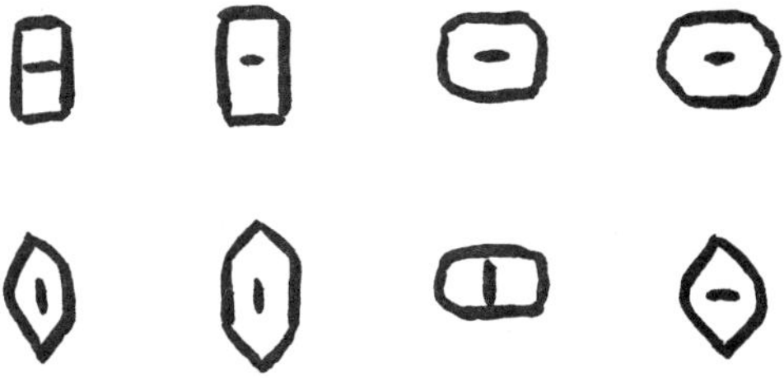

晋（晉）	
晛（晛）	
昃	
昏	
昱	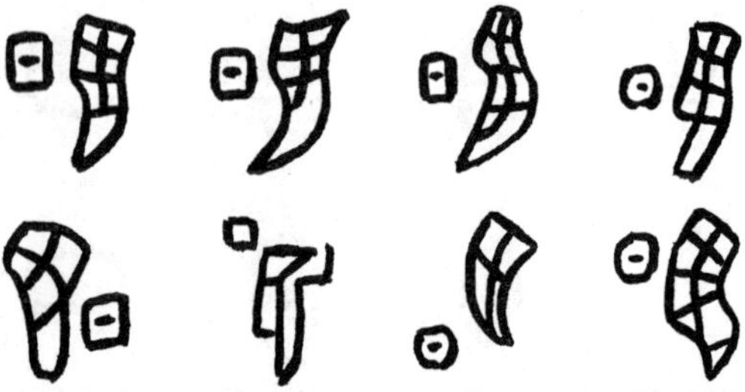

昔	
昕	
暈（暈）	
旦	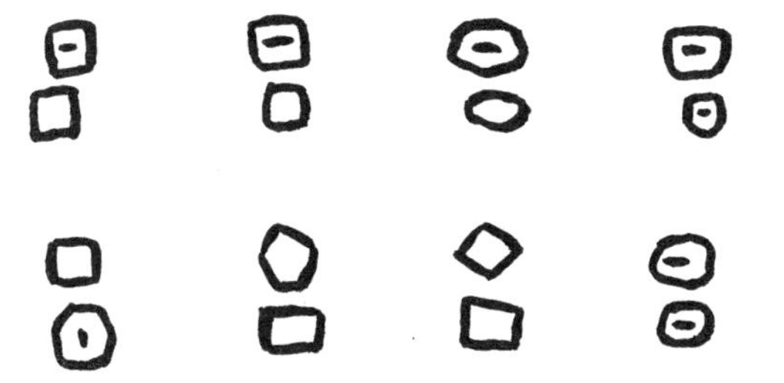
㫃	

朝	
游	
旋	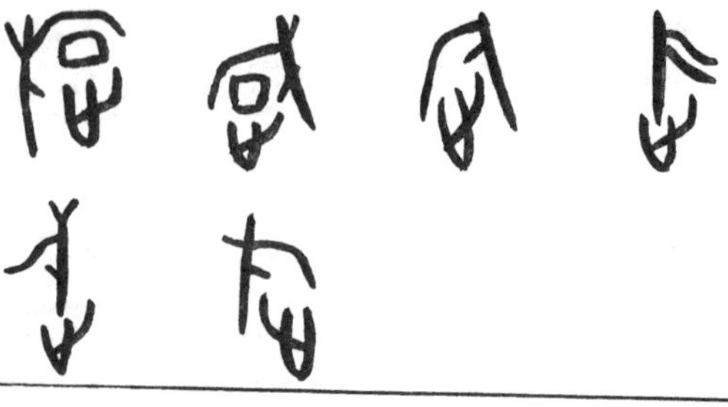
旅	
方	

族	(甲骨文字形)
晶 通：星	(甲骨文字形)
星	(甲骨文字形)

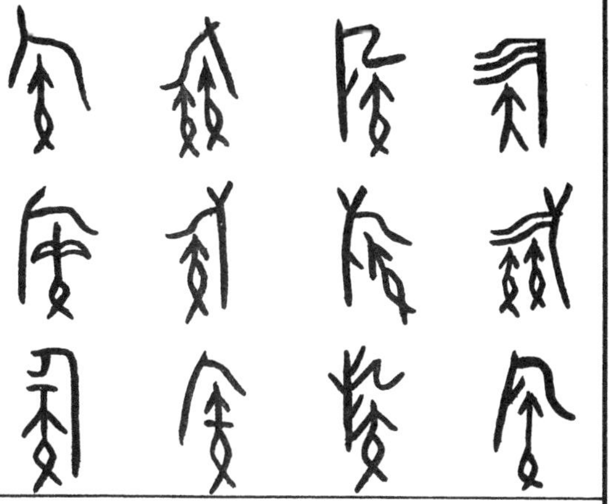

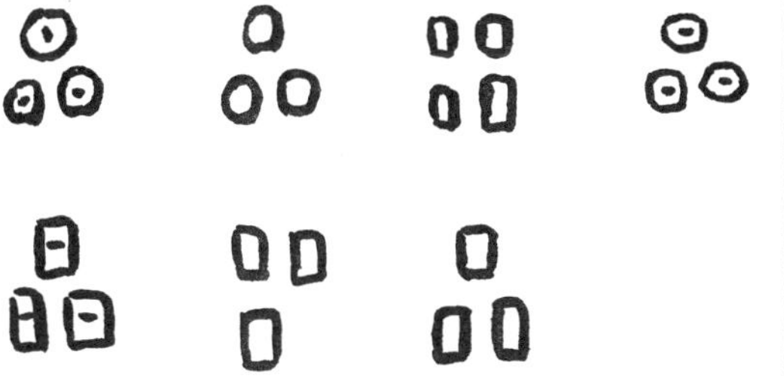

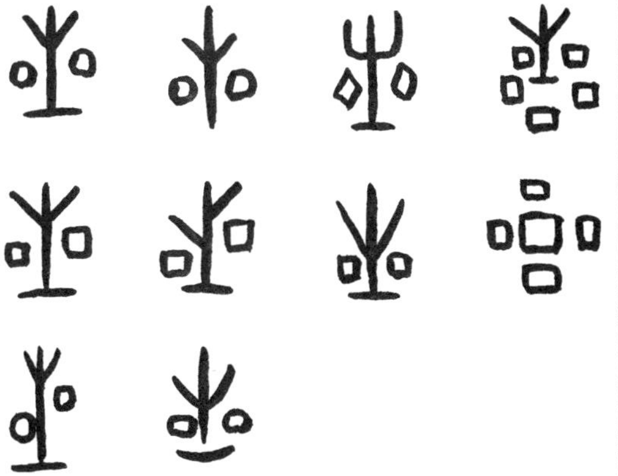

月 通：夕	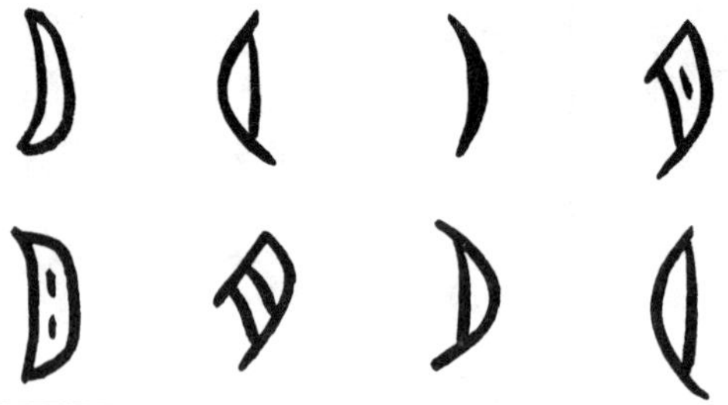
有	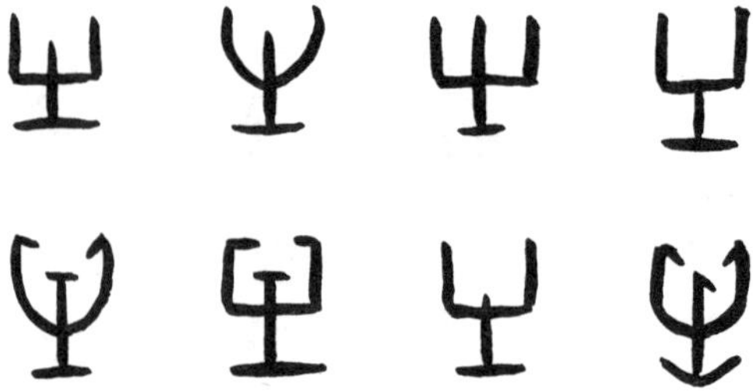
明	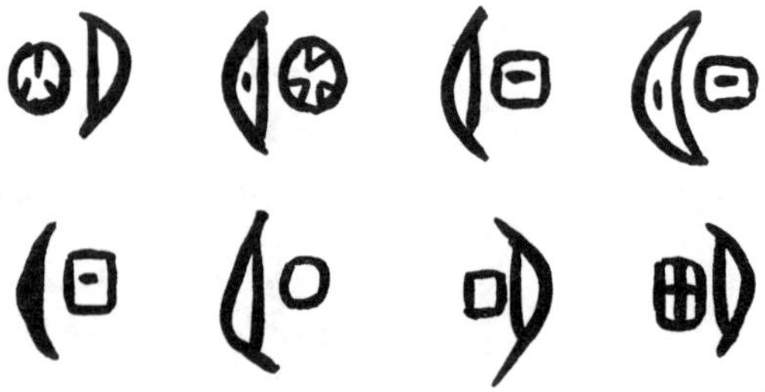
囧 通：冏	

盟	
夕	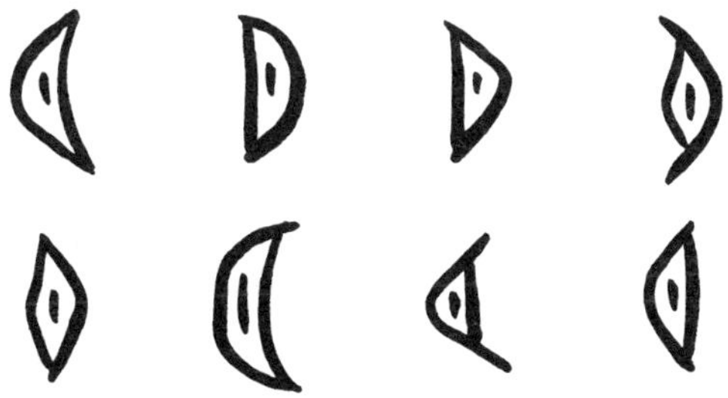
多	
毌 通：贯	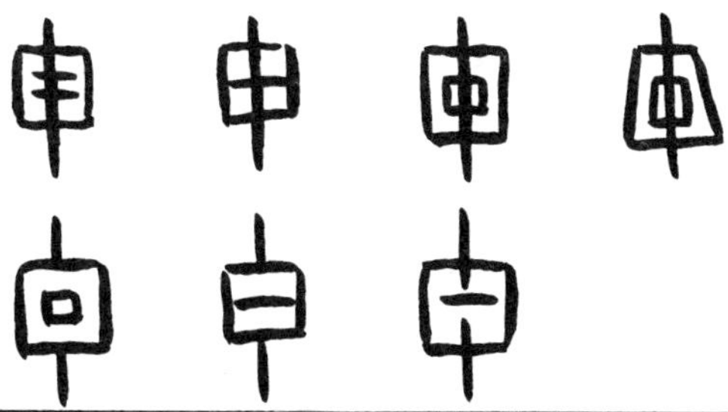
粟	

函（凾）	
栗	
齐（齊）	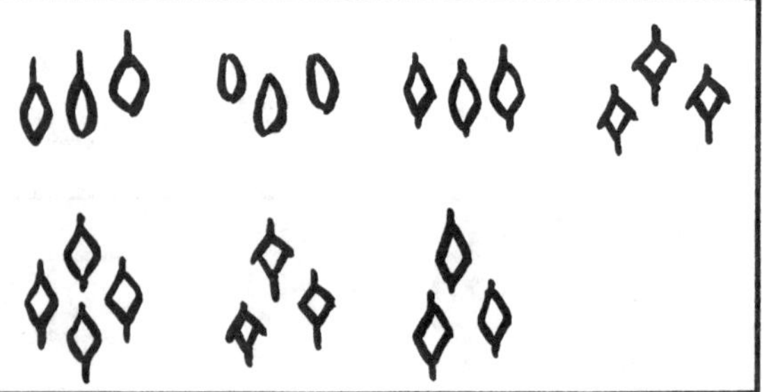
爿 通：片床牀	
穆	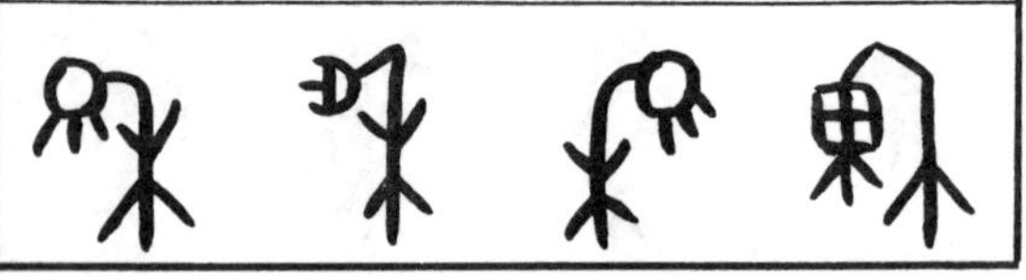

鼎	
克	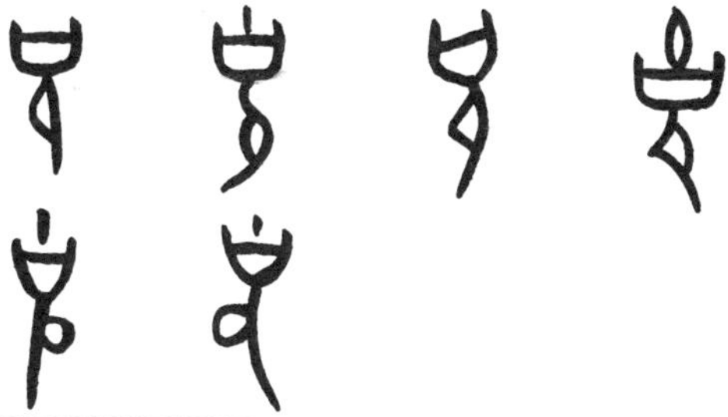
禾	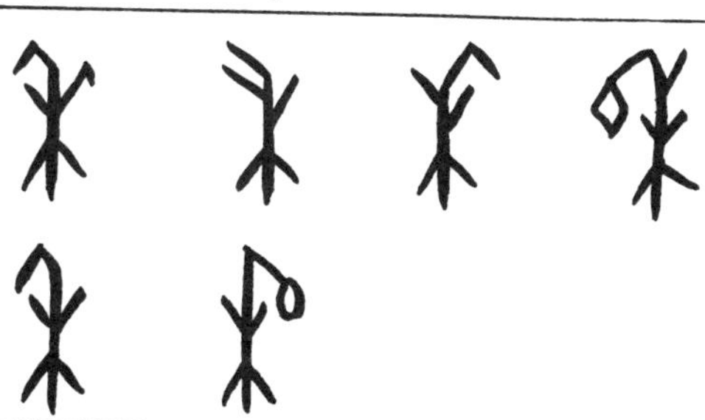
稷	

术 通：秫	
稻	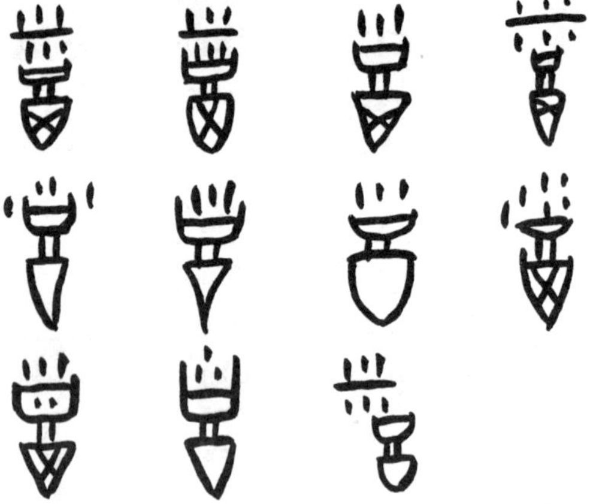
康 通：穅	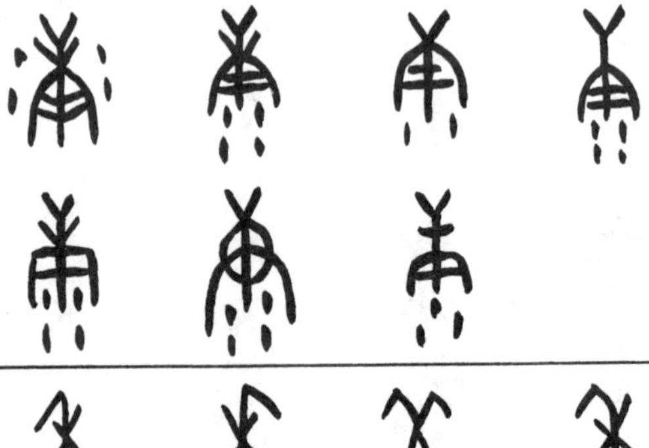
年	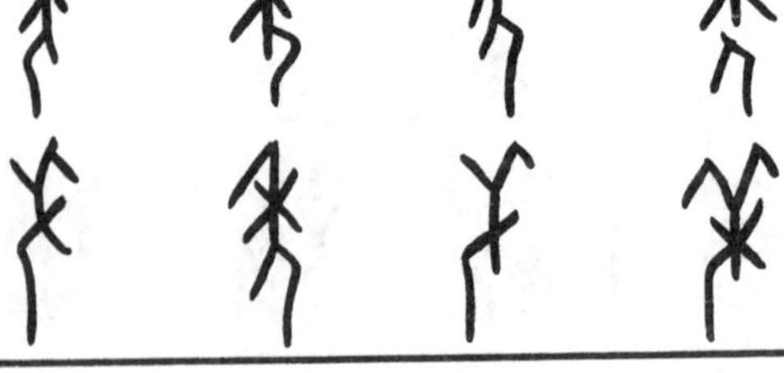

稠	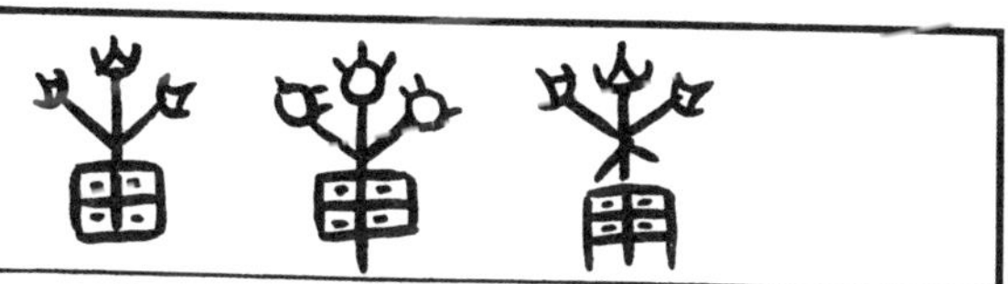
秋（烁龝）	
秦	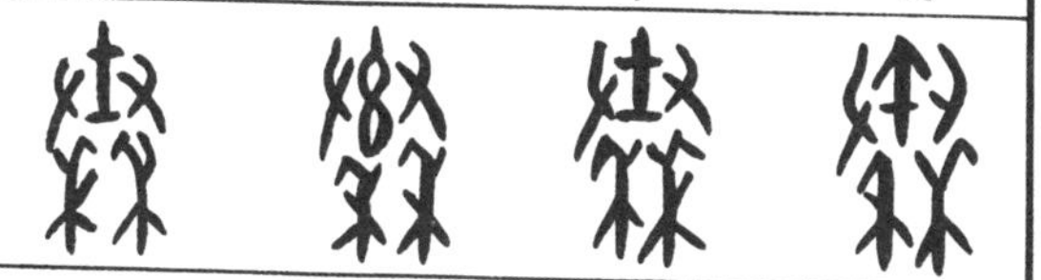
香	

秜	
秝	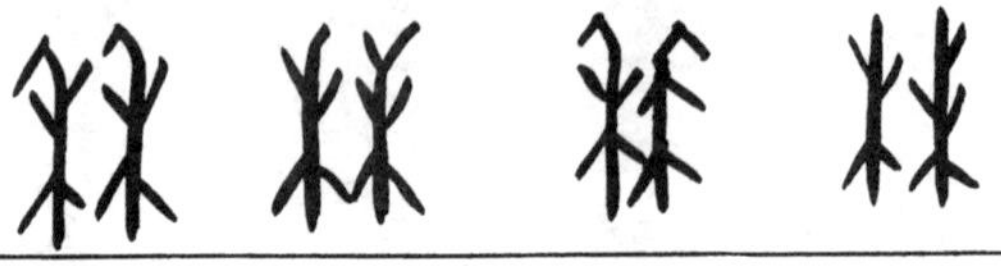
黍	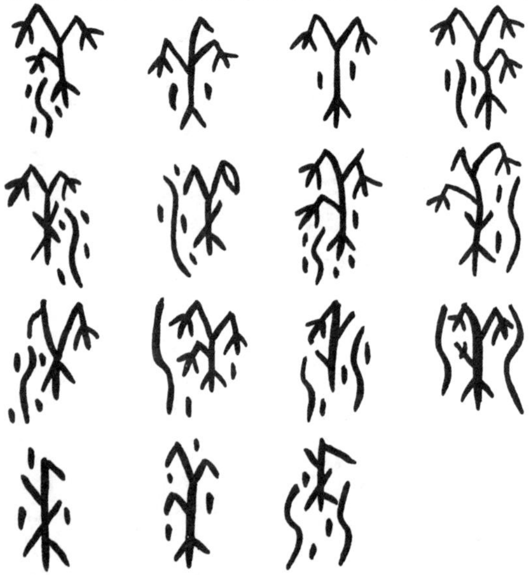
米	
陷	

春 通：𢯱	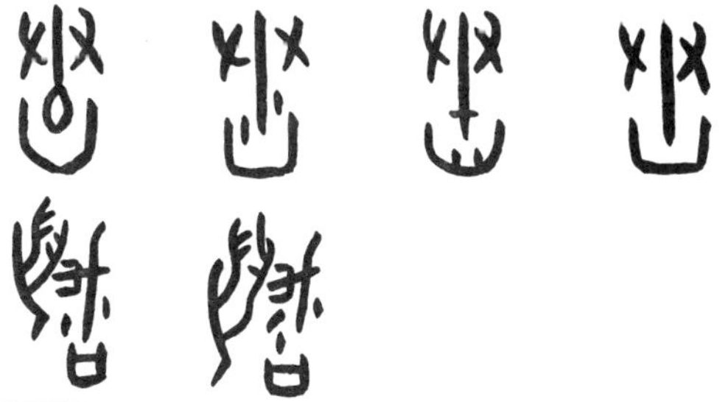
耑 （端）	
家	
宅	
室	
宣	

向	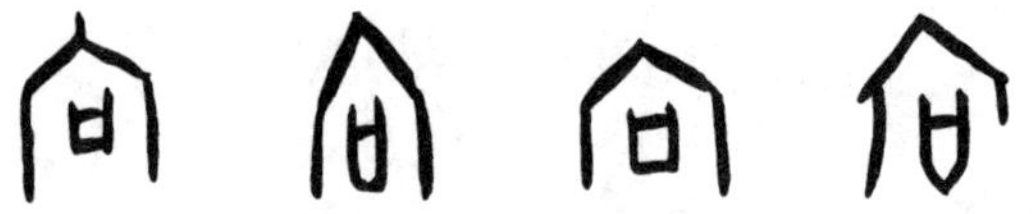
定	
安	
宰	
宓 通：密	
宧	
宜 通：俎	

宿	
卧（臥）	
寝（寑 寢）	
宗	
宄	

宕	
宋	
守	
宂（冗）	
冣（冣最）	
厅（廳）通：庭	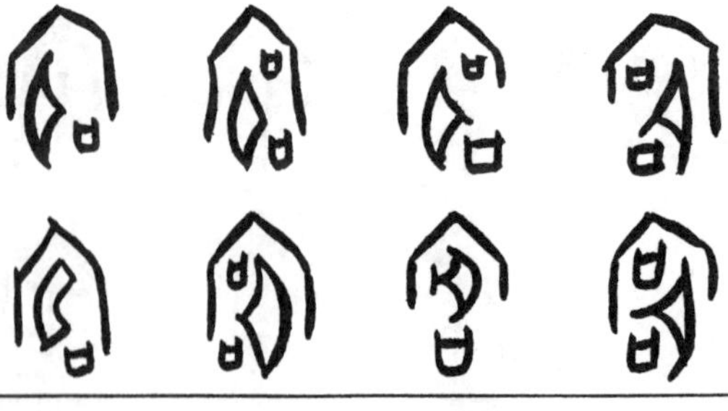
广（廣）	

宫	
官 通：馆	
寮	
吕	
庞 （龎龐）	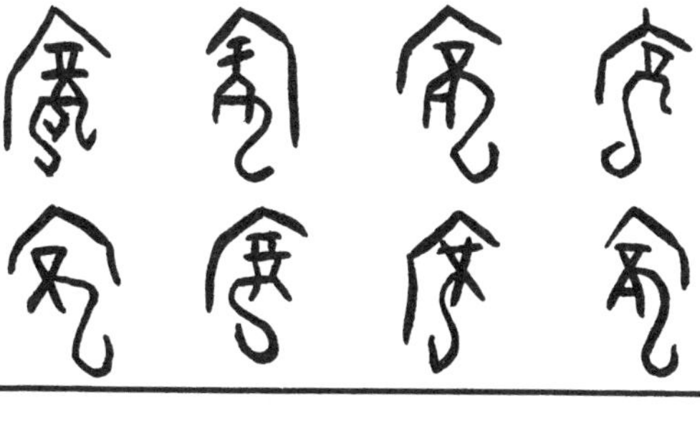

宠（寵）	
寒 通：塞	
突	
梦（夢寣）	
疛	

疫	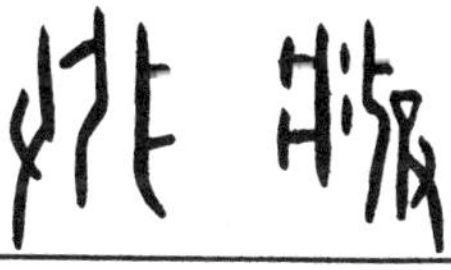
疾 注：伤疾	
疾 注：病疾	
瘖	
疟 （瘧）	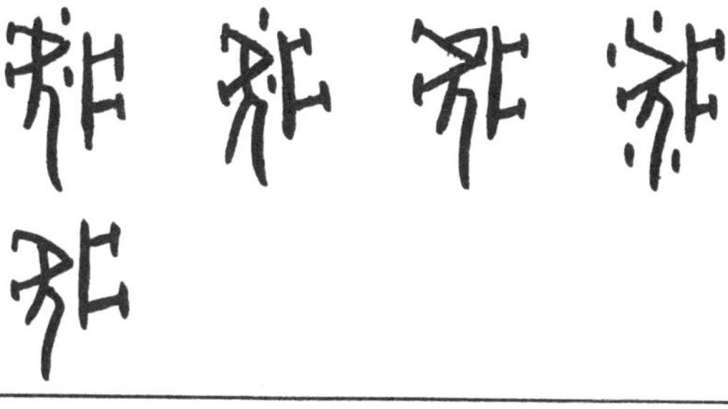
戕	

妝（妝粧）	
同	
冕 通：免	
网（網）	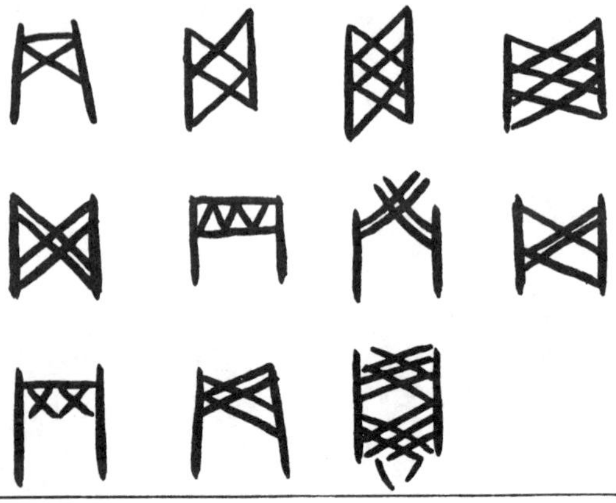
痾	
宇	

罙 通:穼 深	
客	
寇	
邕 通:环 環	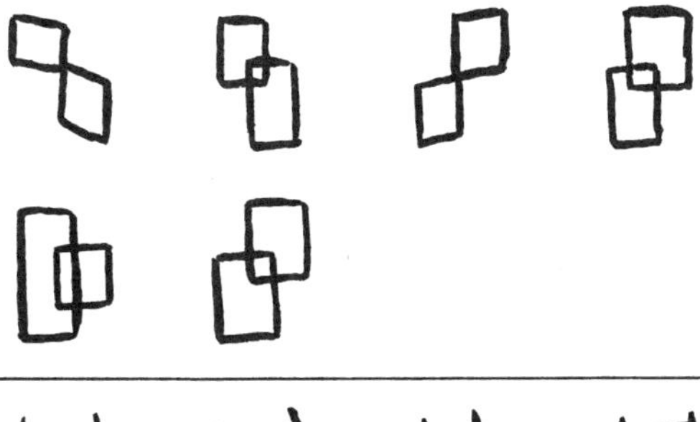
鹿	

䩭 （羈 覊）	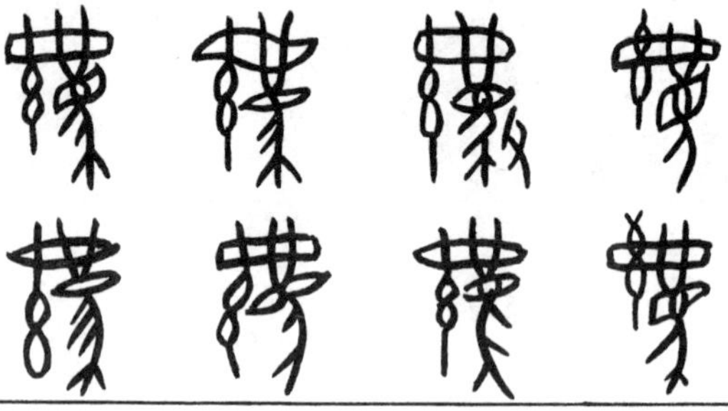
牵 （牽）	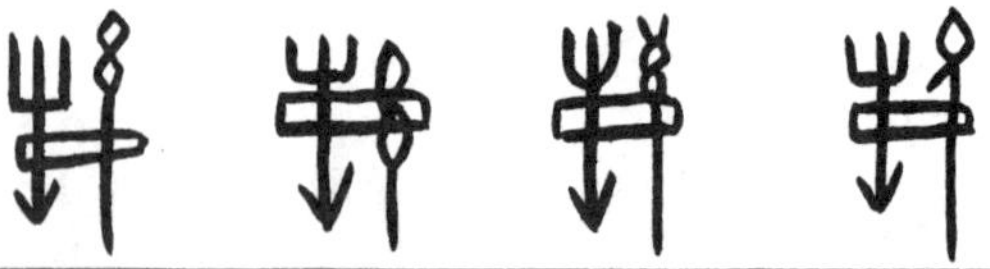
雾 （霧） 通：蒙 霿	
冒 （冐） 通：帽	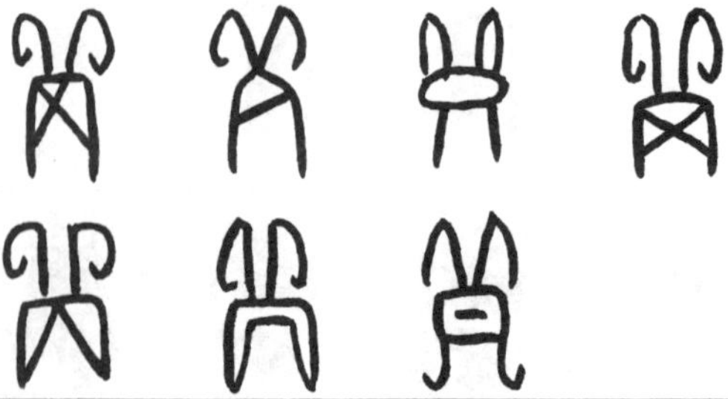
盾	

罝	(古文字形)
巾	(古文字形)
幎 通：冪	(古文字形)
帚 （箒）	(古文字形)

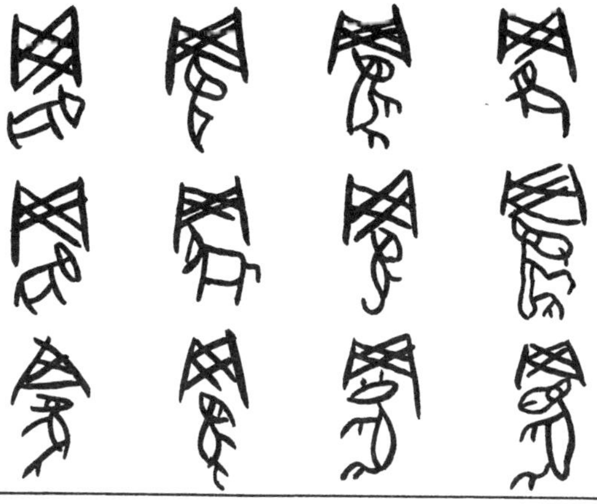

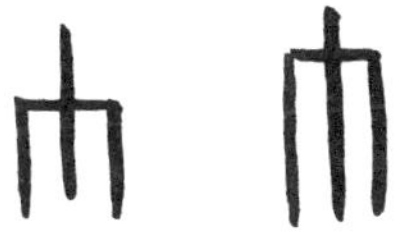

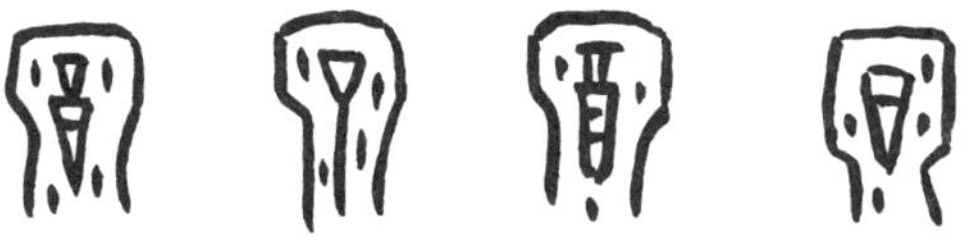

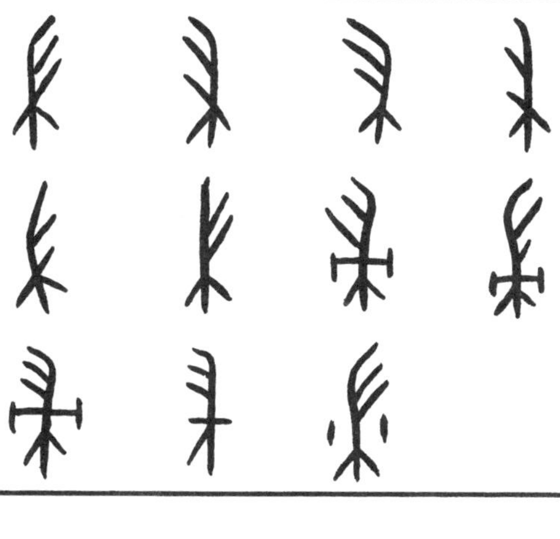

寻（尋）	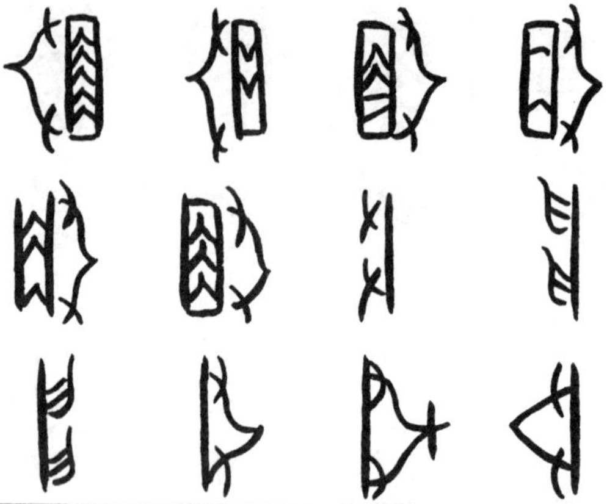
帛	
白 通：伯	
敝	
罕	

祘 通:敚	(古文字形)
人	(古文字形)
保 通:仔	(古文字形)
仁	(古文字形)

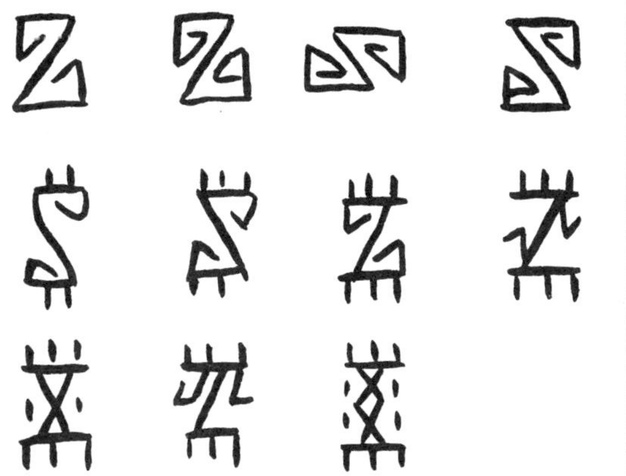

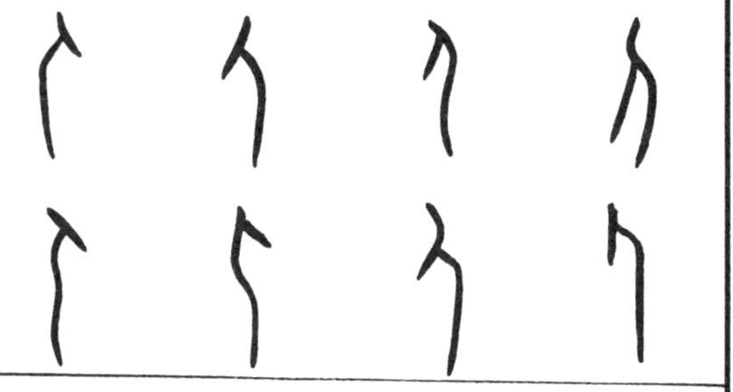

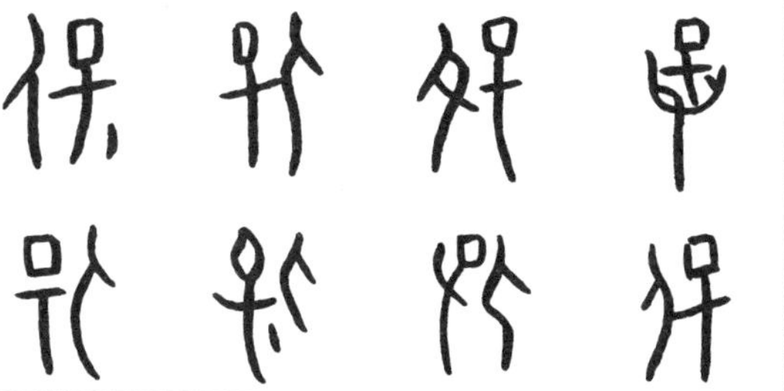

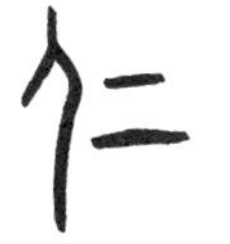

企	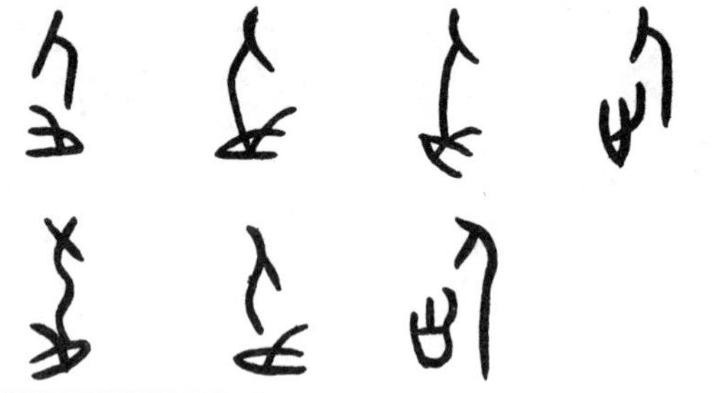
伊	
佝 通：徇殉	
儒 通：需汏濡	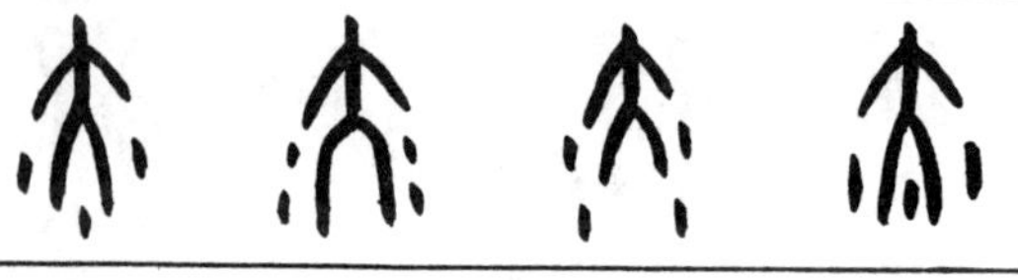
仲	
倞 通：勁勍	

倗	
依	
乍 通：作	
任	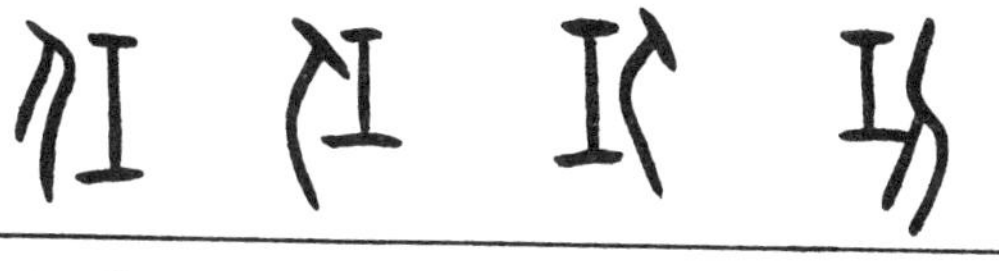
伣 （俔）	
傅	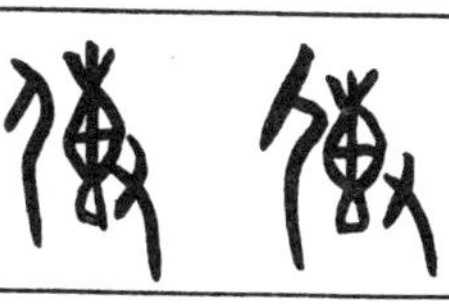
侮	

伐	
但	
偪（逼）	
立 通：位莅	
夹(夾) 通：侠挟	
咎	
疑	

化 通：尼	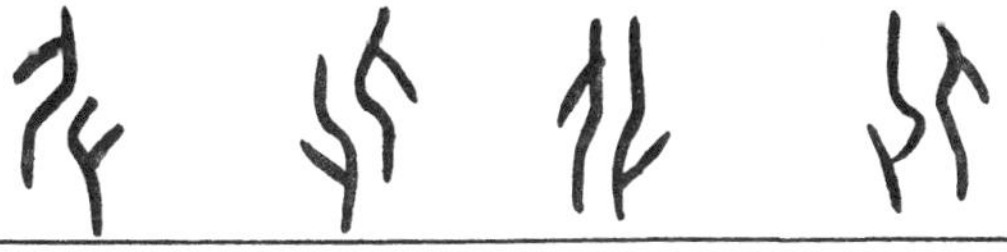
匕 通：妣	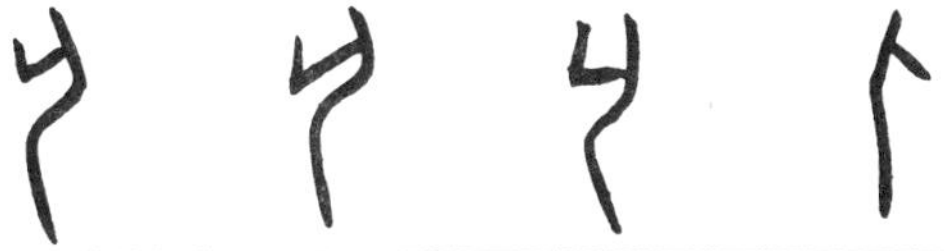
卓	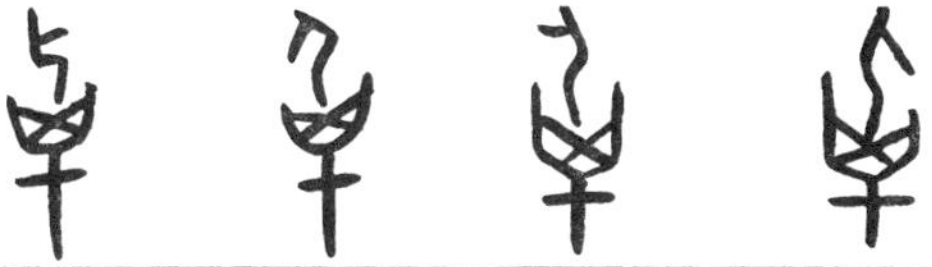
从 （從）	
比	
纵 （縱）	
壬	

丘	
北	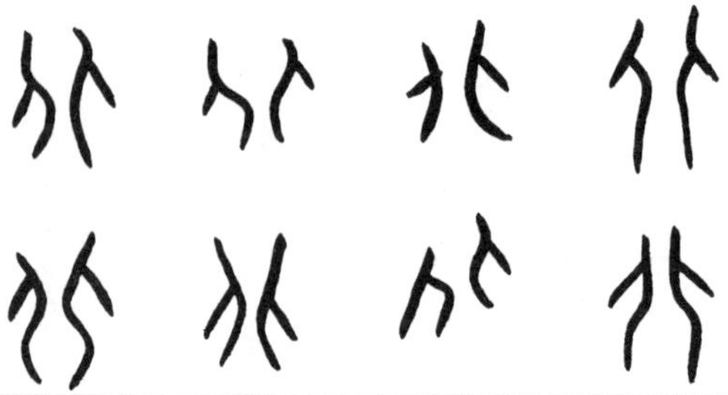
并 通：竝	
並 通：併	
众 （衆）	

屎	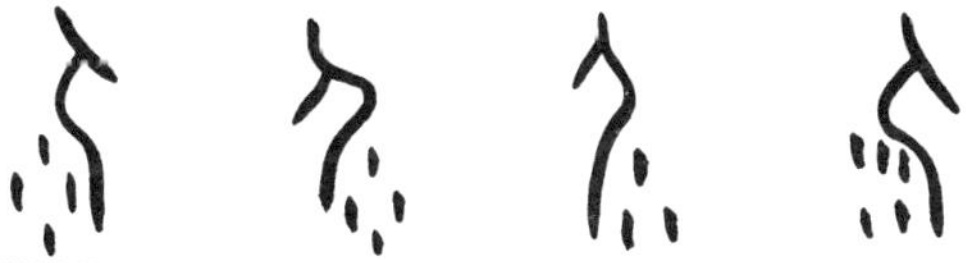
尿 通：溺	
望	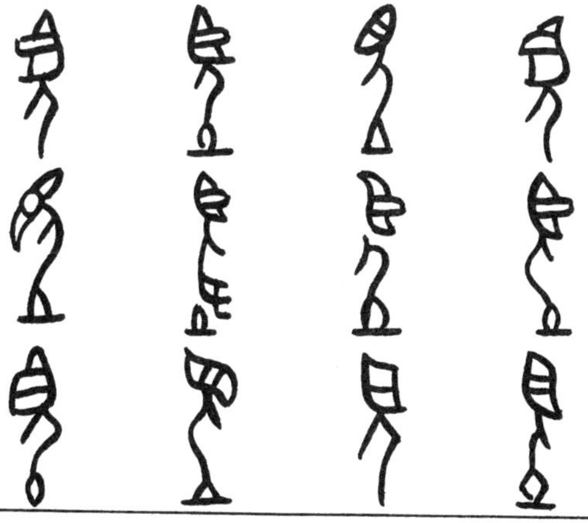
重	
量	
监（監） 通：鉴鑒	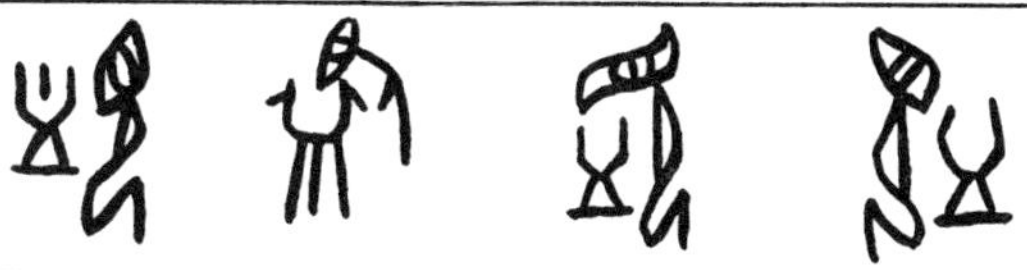

身	
孕	
衣	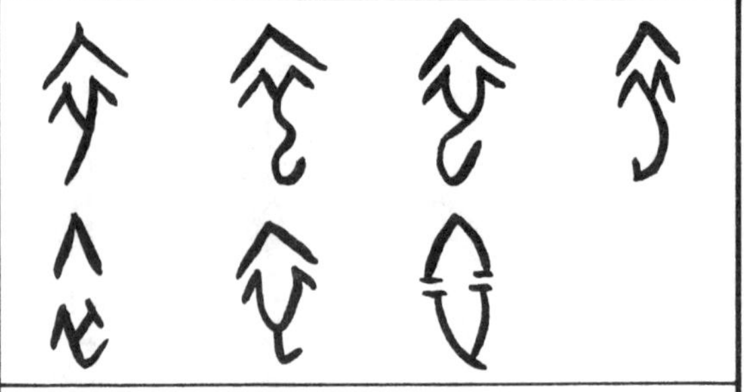
卒	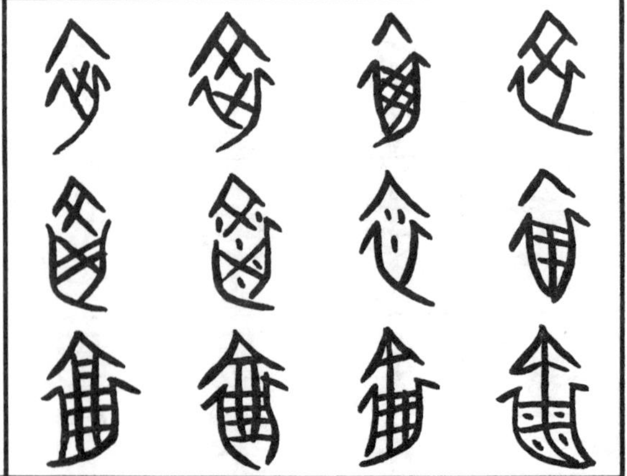
裘 通：求	

老	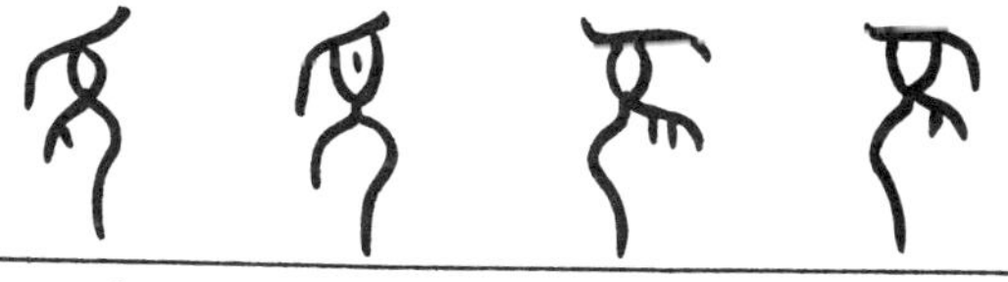
考	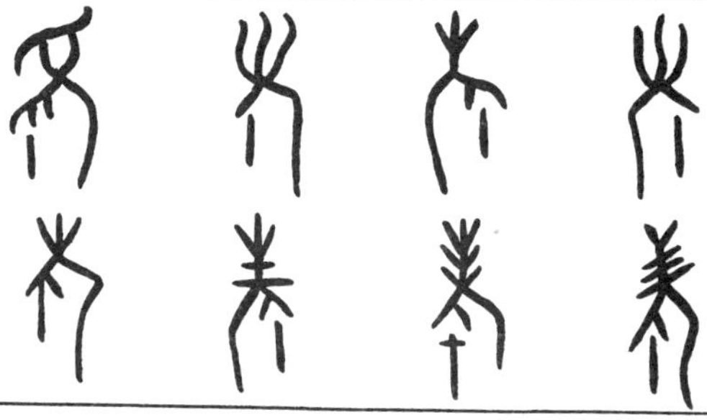
耋	
祎 （禕）	
孛 通：悖勃	
尸 （屍）	
尾	

尻 通：臀	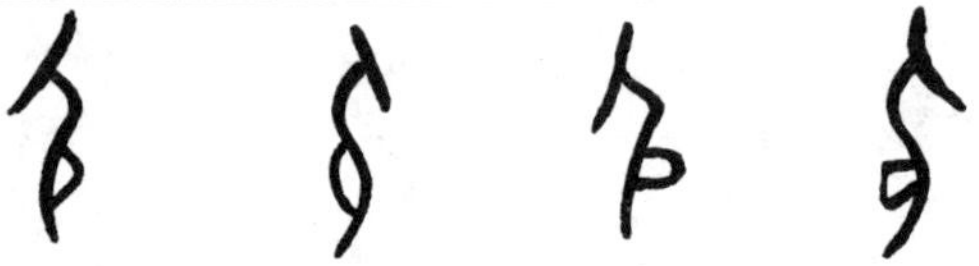
麦	
育 通：毓后	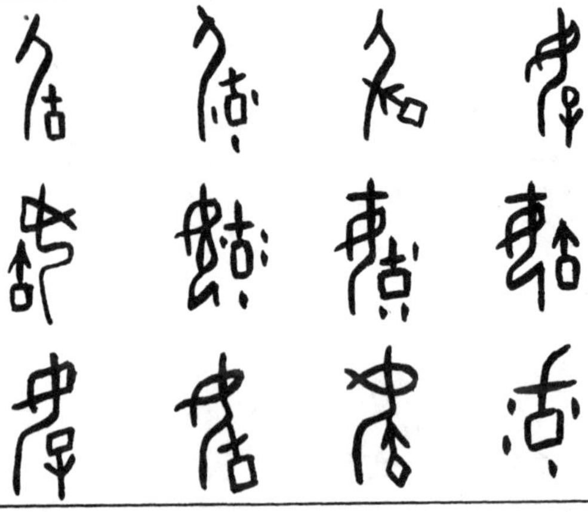
袁 通：远遠	
袨	

裘（裘）	(ancient script forms)
䜌	
襄	
舟	
彤	
洀	

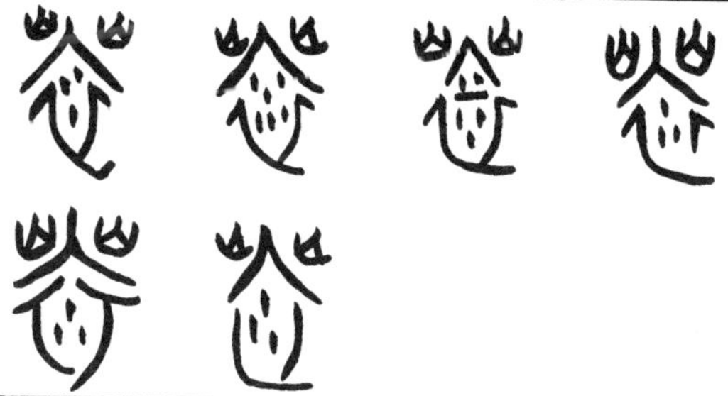

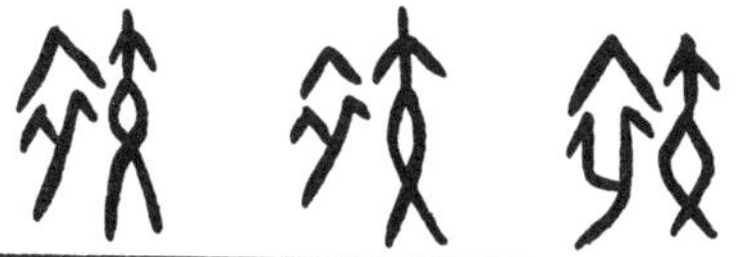

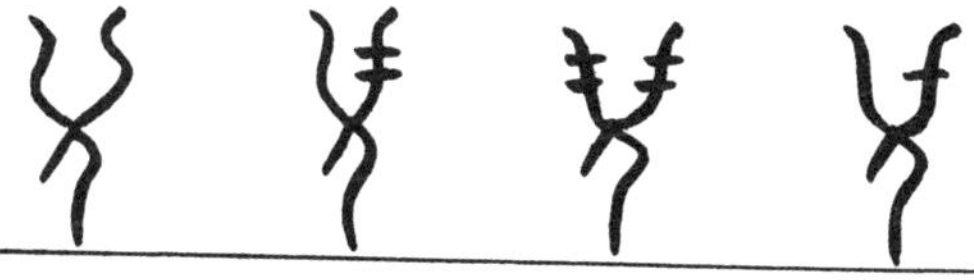

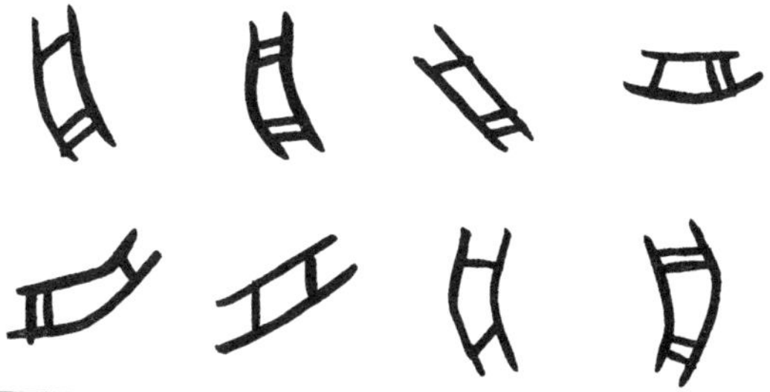

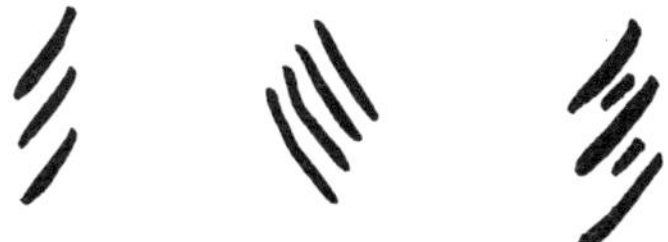

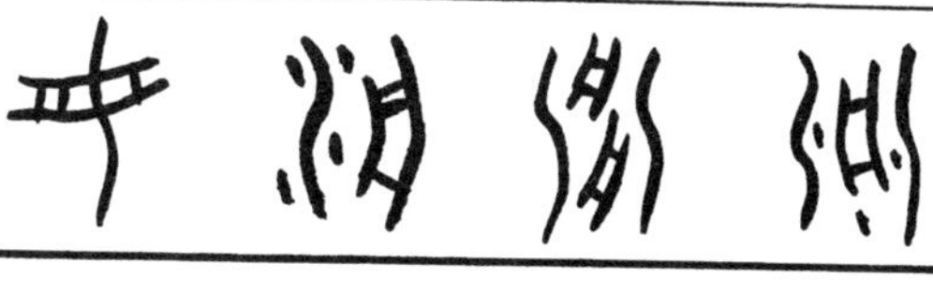

朕	
般	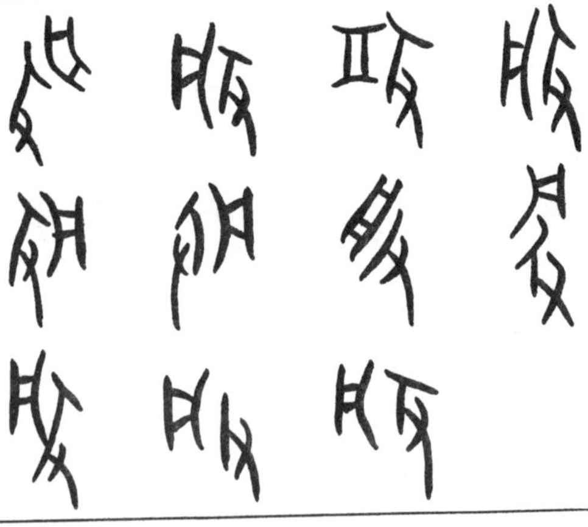
俞	
艅	
斻	

盗（盜）	
儿（兒）	
兀	
允	
兑	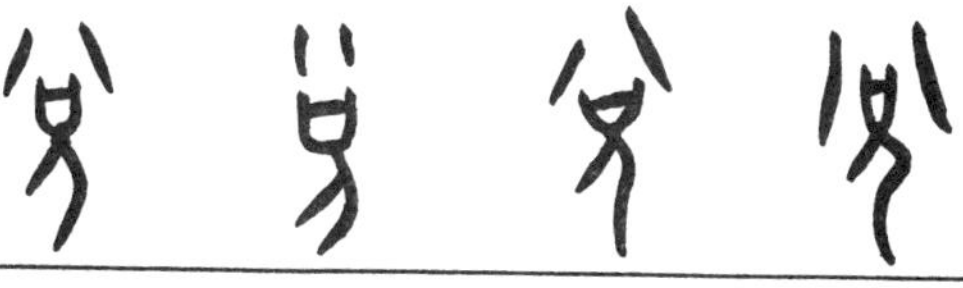
须（須）	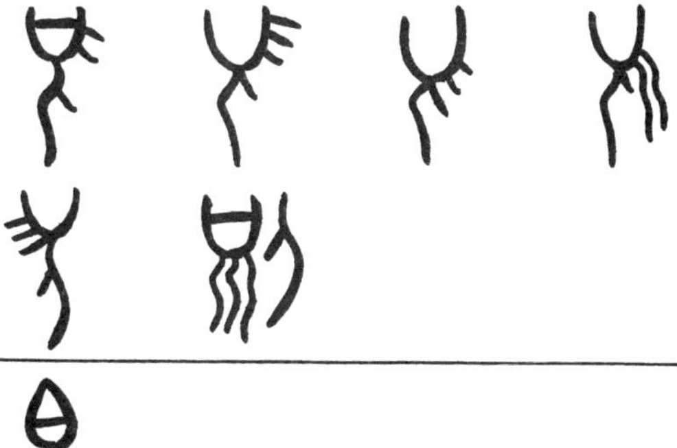
皃（貌）	

奚	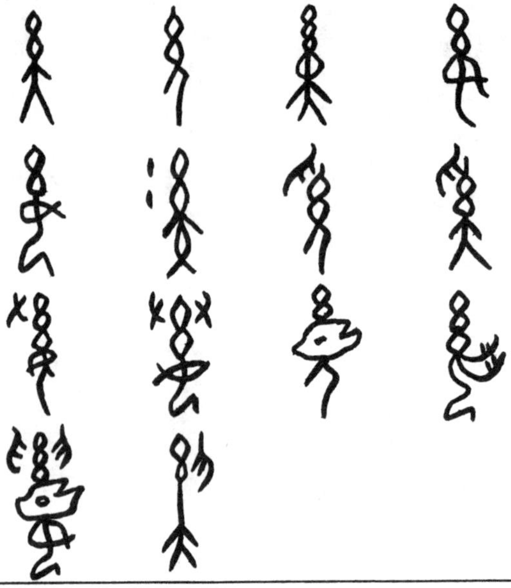
兄	
率	
先	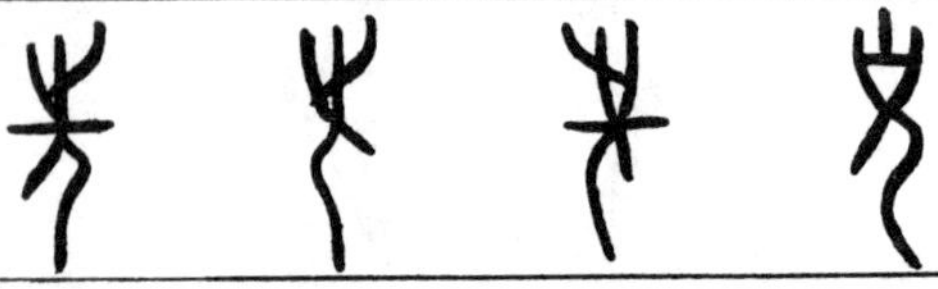
视（視）	

见（見）	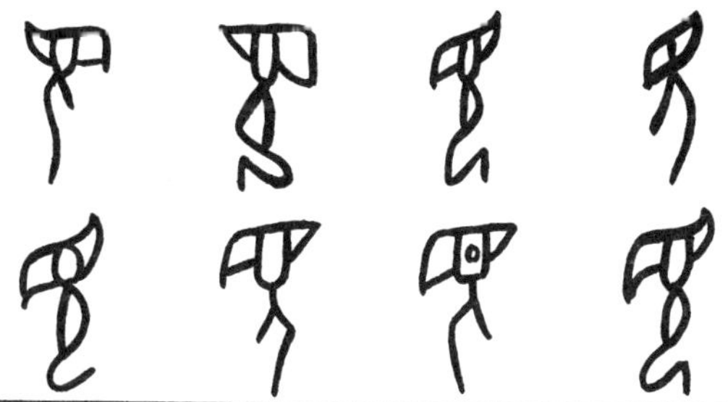
欠 通：旡	
次	
次 通：羡涎	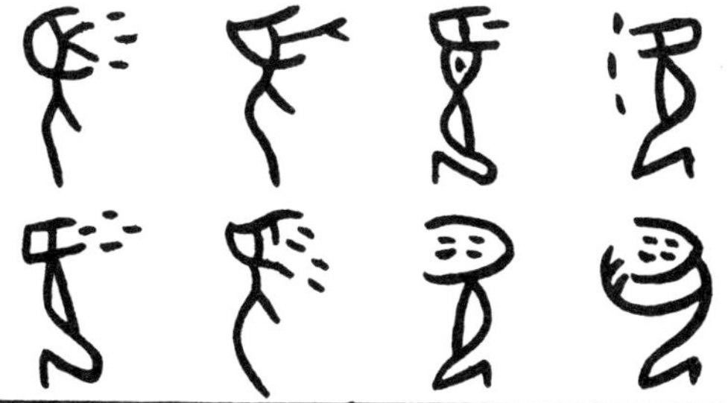
夸（誇）	

非 通：飞 飛	
排	
饮 （飲） 通：歠 歓	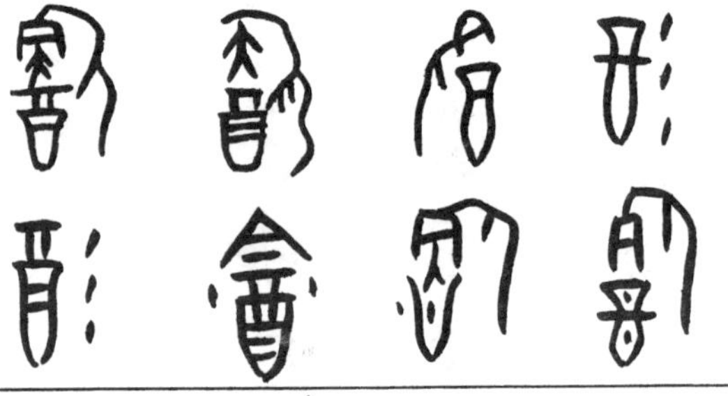
页 （頁）	
面	
首	
巴	

文	
卯	
尧（堯）	
印 通：抑印	
色	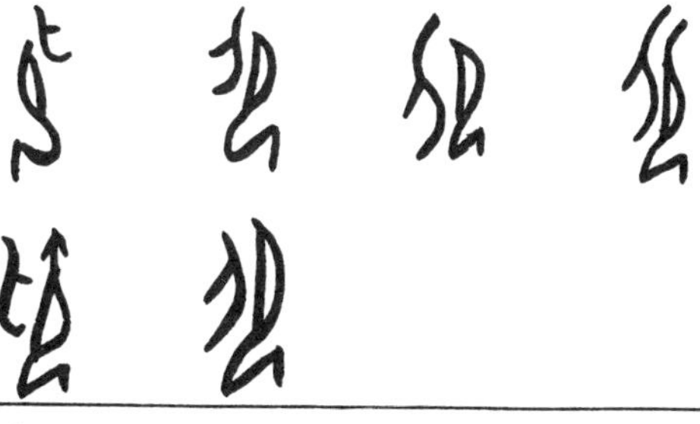
盖	

辟	辟	辟	辟	辟
旬	旬	旬	旬	旬
	旬	旬	旬	旬
包	包	包	包	
叩	叩	叩		
鬼	鬼	鬼	鬼	鬼
	鬼	鬼		
魃	魃	魃	魃	

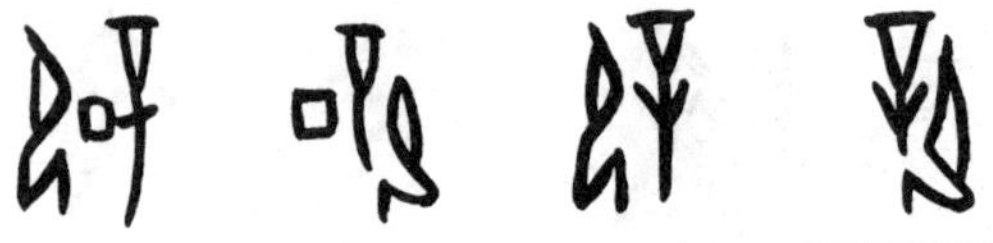

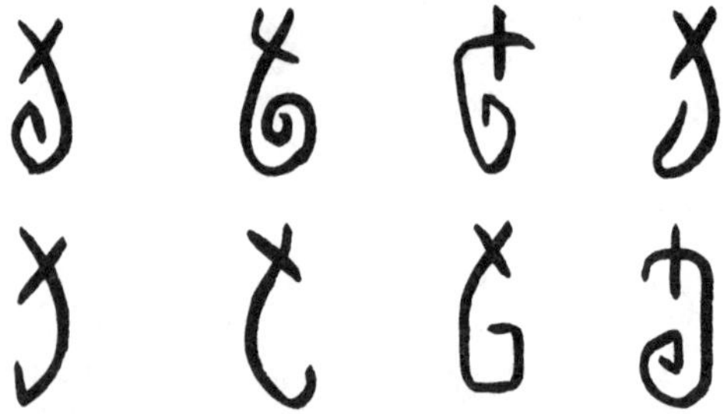

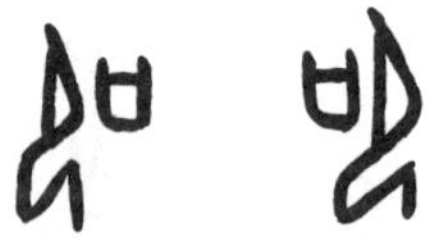

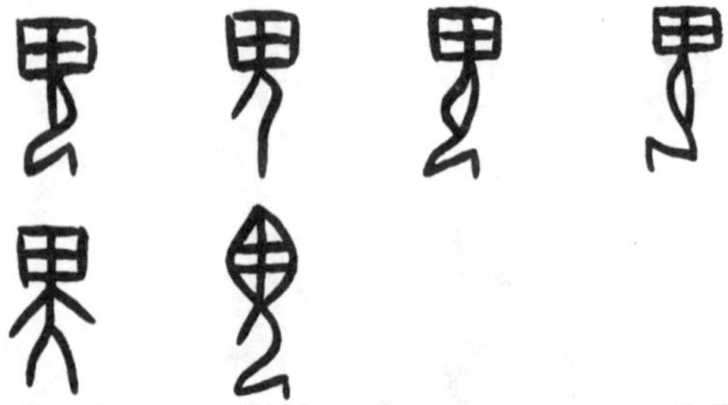

苟 通：敬儆	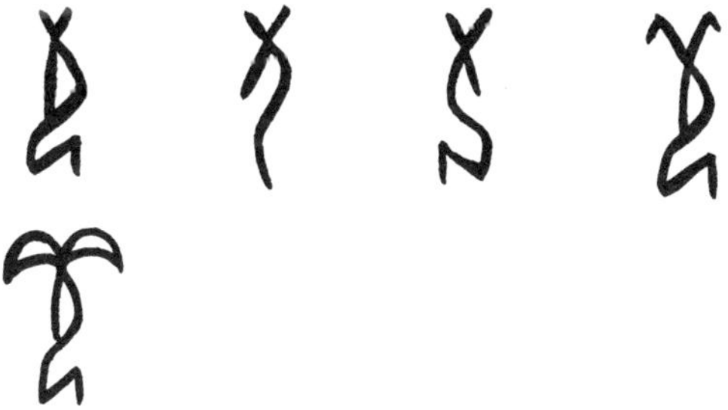
鬽 通：魅	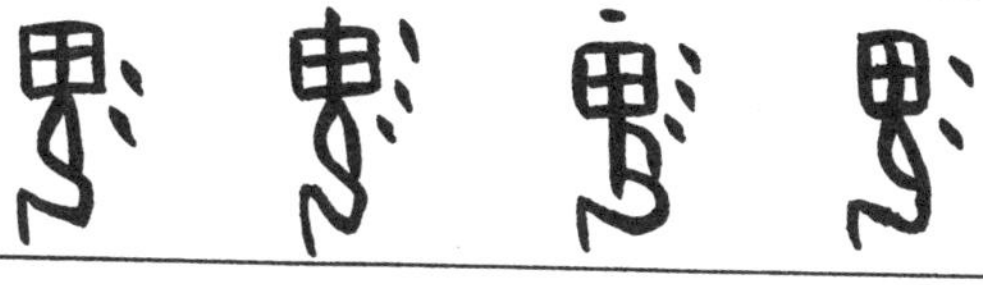
丑 （醜）	
畏	
光	
瀼	

凤	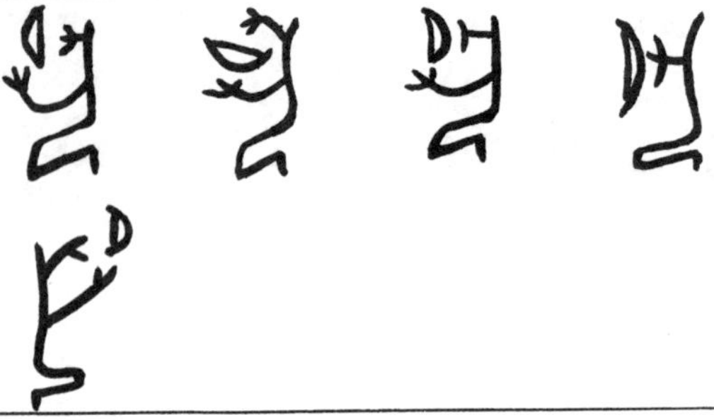
凶（兇）	
呪（咒）	
乳	
火	
山	

岳（嶽）	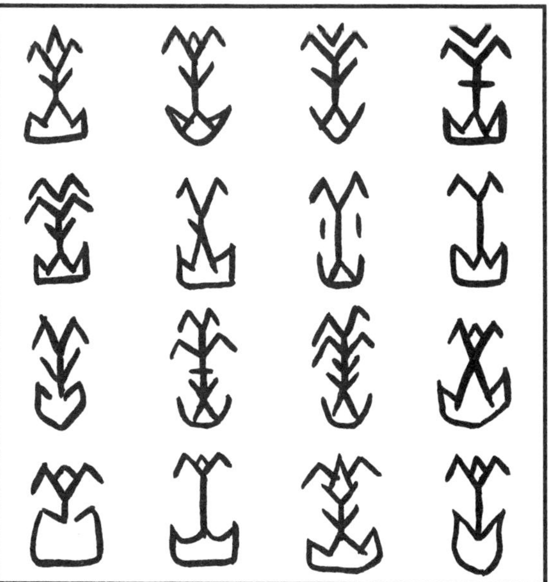
峨	
庶	
石	

尞（燎）	(甲骨文字形)
燀（燀）	(甲骨文字形)
煏 通：焙	(甲骨文字形)
熹（熺）	(甲骨文字形)

尞燀煏熹

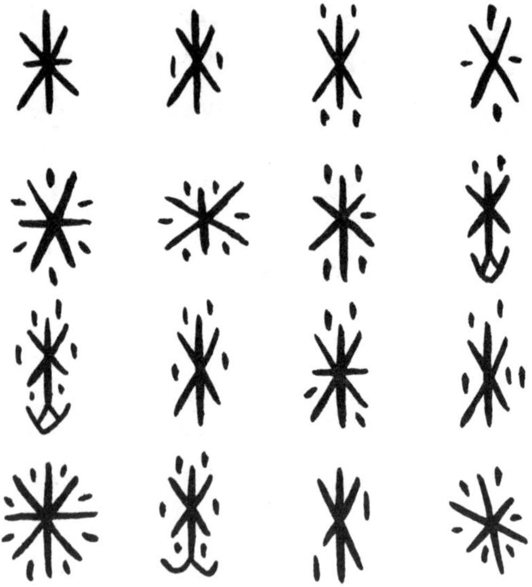

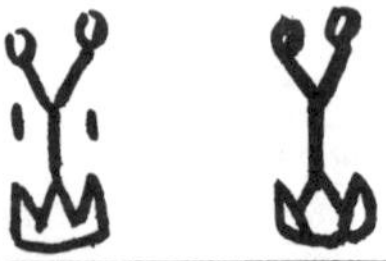

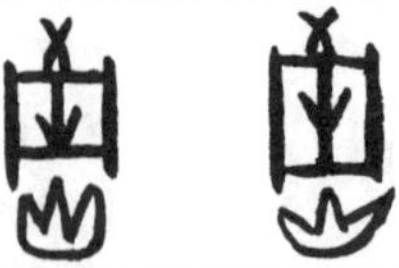

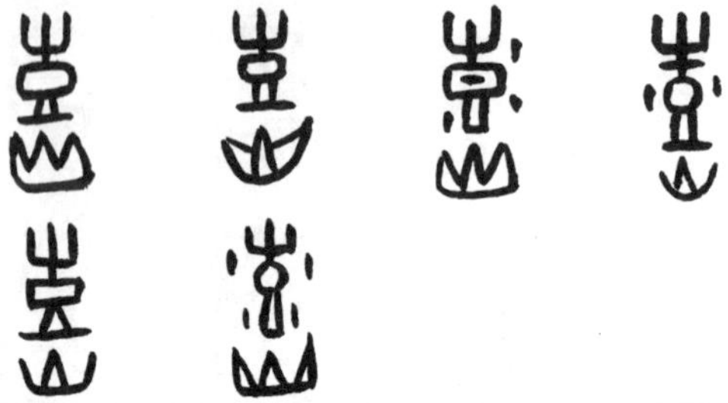

爇（褻）	
狂	
焚	
赤	
炘	
炎	
焱	

焔	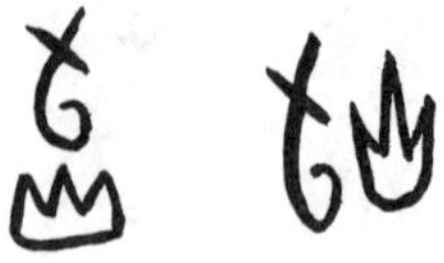
长（長）	
妬（妒）	
粦（磷 燐）	
砅	
磬	

危	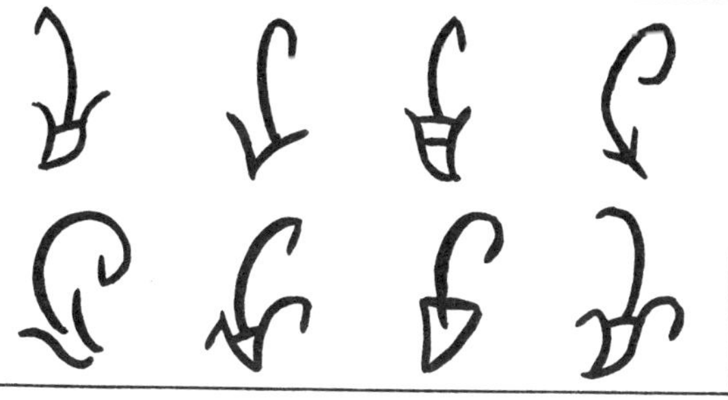
勿	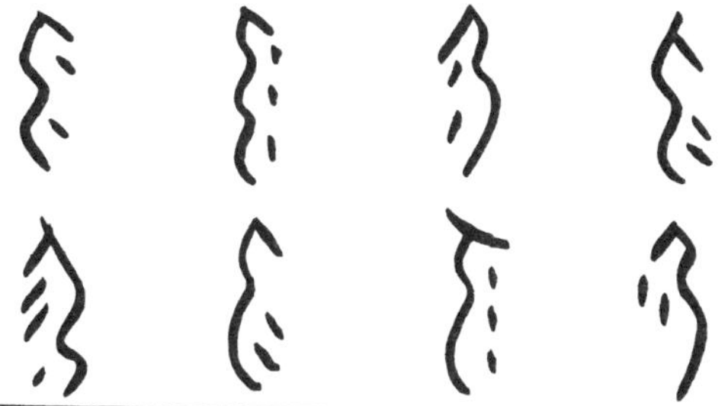
昜 通：暘揚	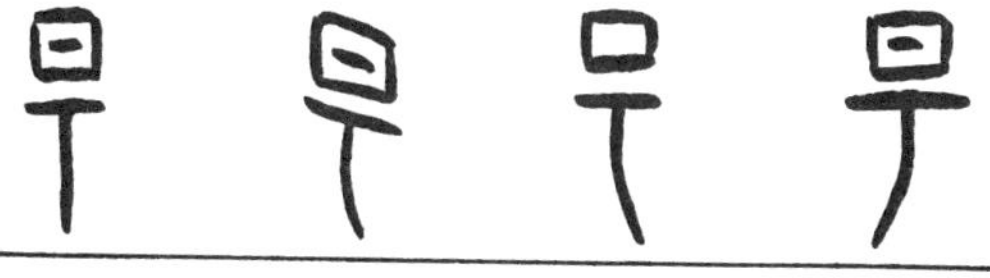
阳 （陽）	
而	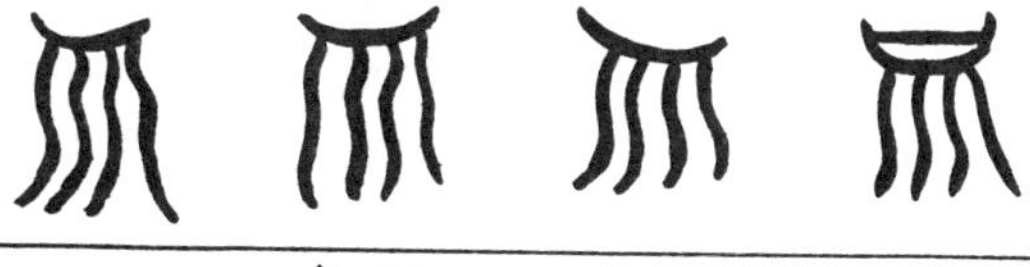
豩	

豕	
豮（豶）	
夷	
豢	
豸	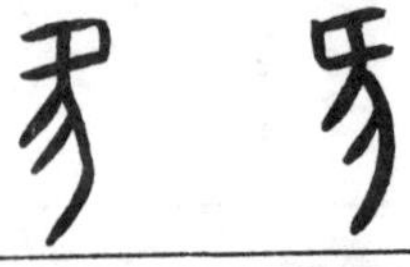
豚	

㲋	
兕	
易 通：赐锡	
驳 （駁）	

象	(古文字形)
马(馬)	(古文字形)
骉(驫)	(古文字形)
驰(馳)	(古文字形)

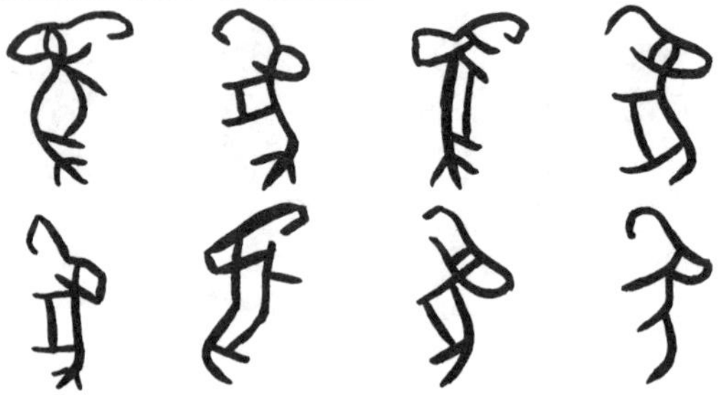

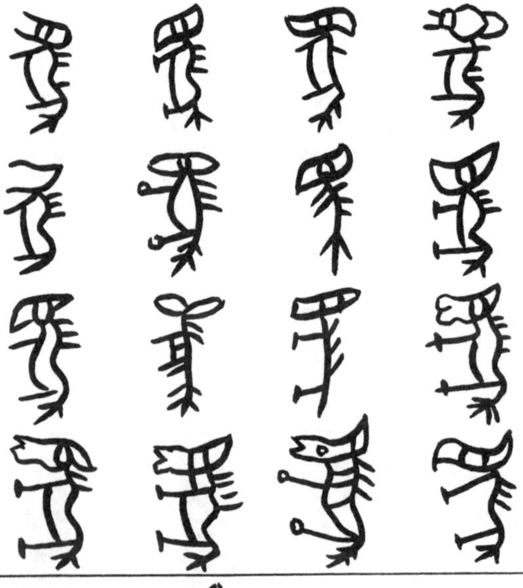

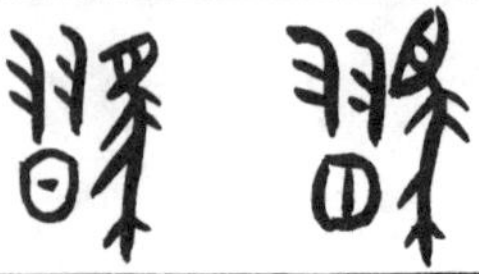

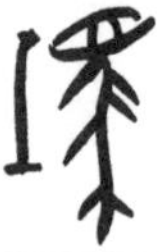

骍（騂）	
驶（駛）	
骊（驪）	
𫘝（駠）	
骄（驕）	
骑（騎）	
驱（驅）	
廌 通：荐	

鹿麋麟

鹿	(古文字形)
麋	(古文字形)
麟（麐）	(古文字形)

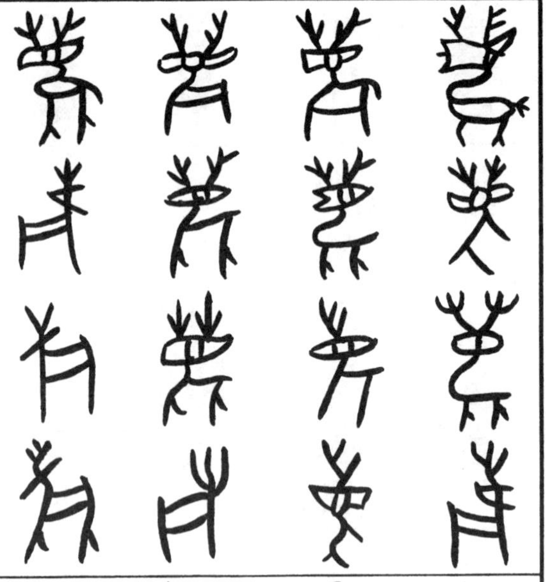

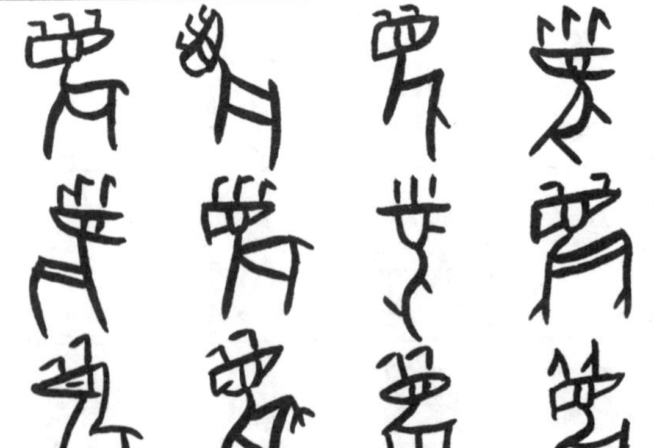

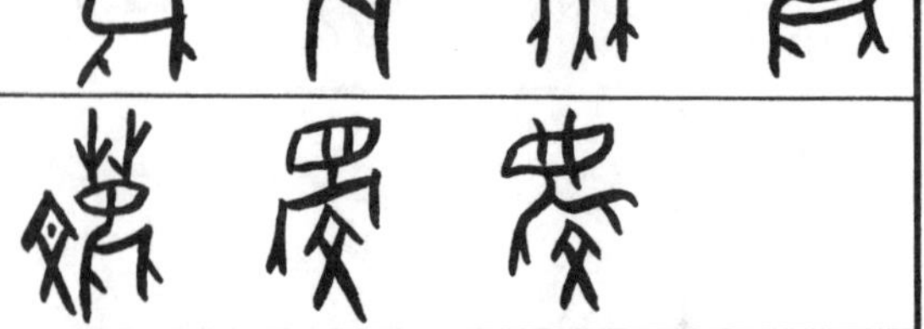

麛 通：麑	
麋	
丽 （麗）	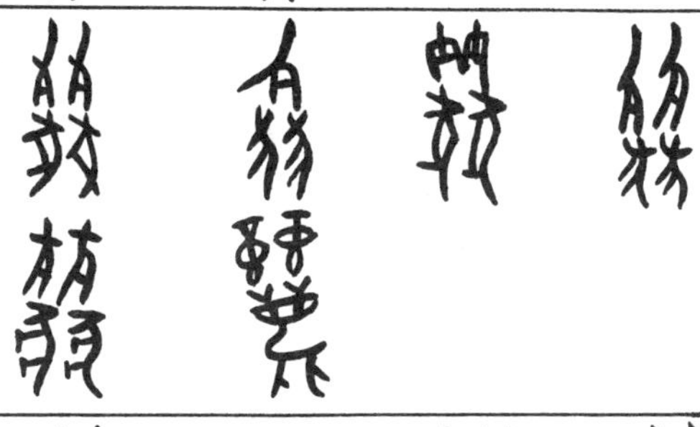
粗 (觕 麤 麁)	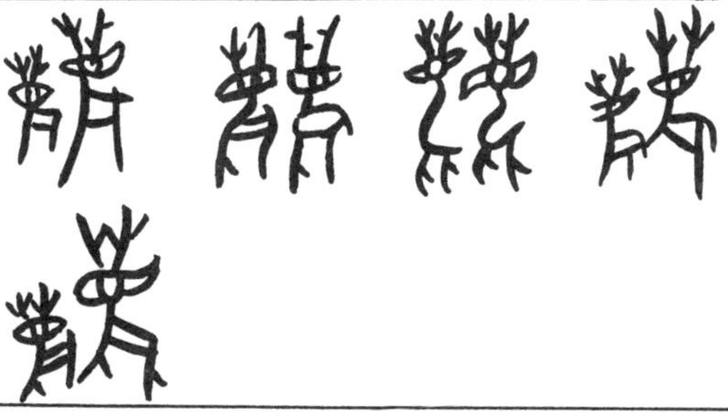
麝	

尘（塵）	
㲋（[illegible]）	
兔（兎兔）	
犬	
龙	

犾戾狩臭狄犹狼狐

犾（狺）	
戾	
狩 通：兽獸	
臭	
狄	
犹（猶）	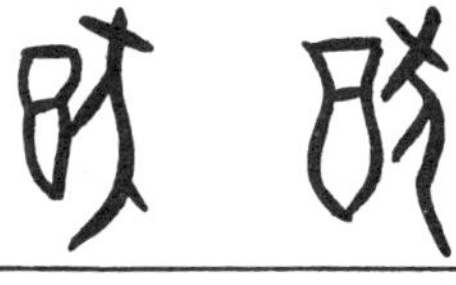
狼	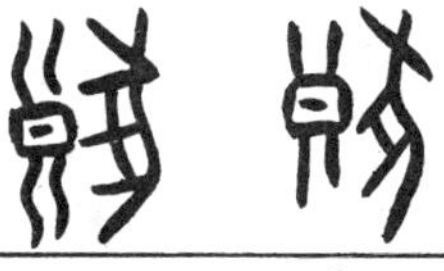
狐	

吴（吳）	
幸	
大	
亦	
夨	
夭	
交	

壶（壷）	
执（執）	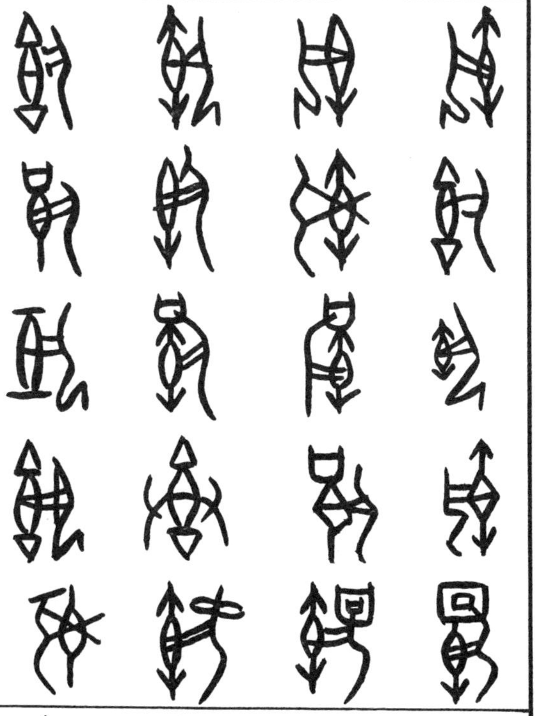
亢	

圉	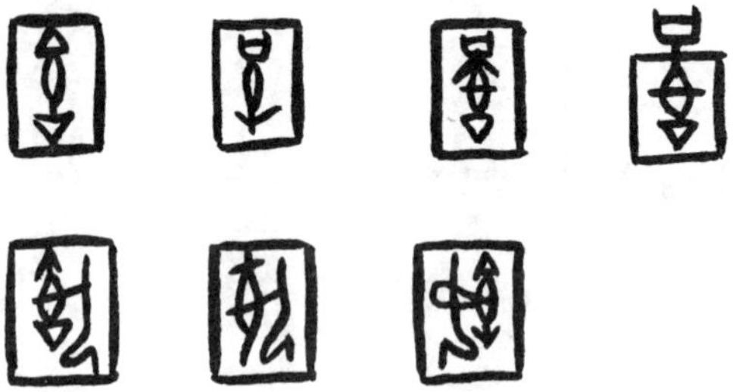
奏	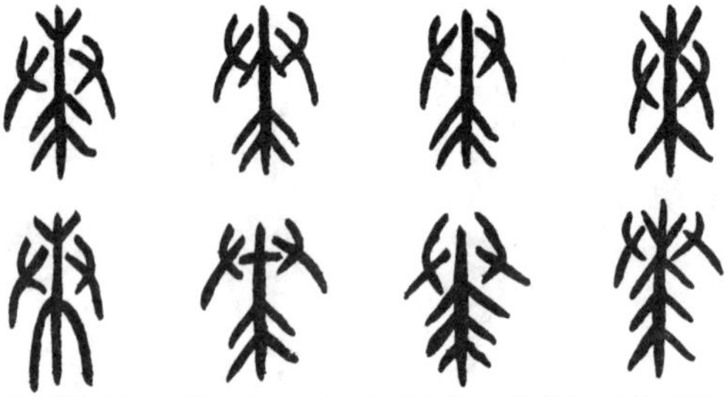
报（報）通：摯	
夫	
涂	

水	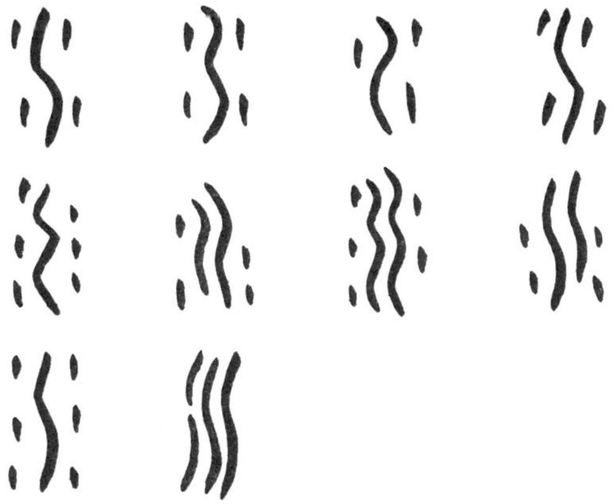
河	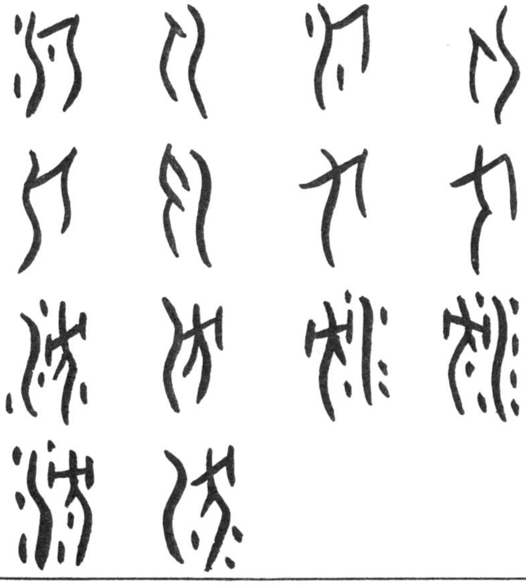
洛	

浴	(甲骨文字形)
沮	(甲骨文字形)
湔	(甲骨文字形)
汝	(甲骨文字形)
淮	(甲骨文字形)
洧	(甲骨文字形)

浴沮湔汝淮洧

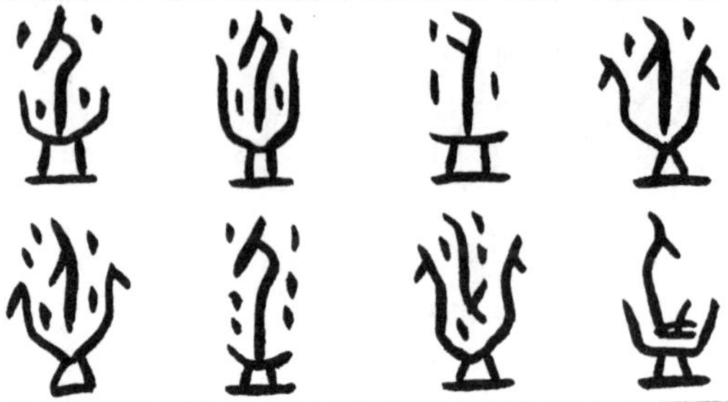

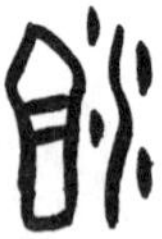

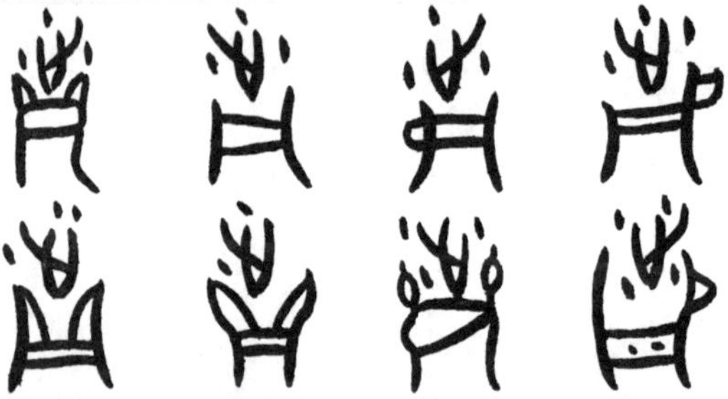

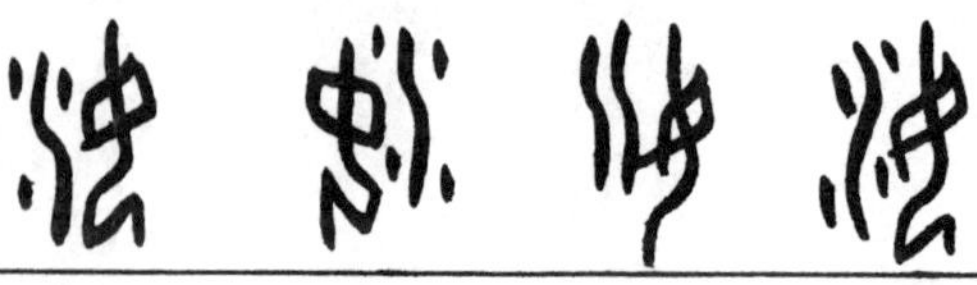

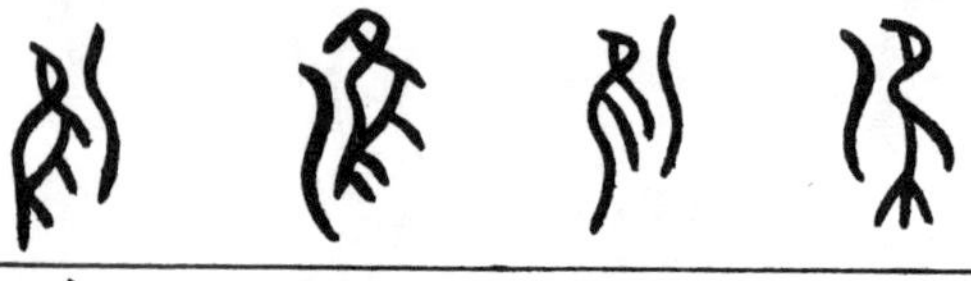

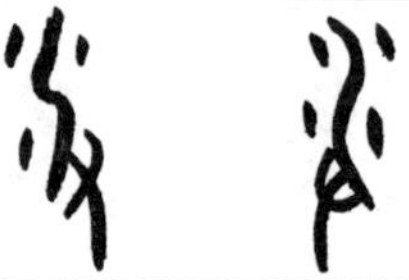

泺（濼）	
洹	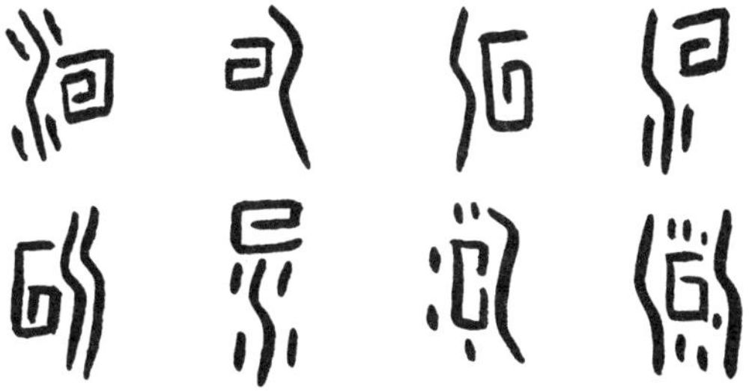
恔	
浲	
淄	
洋	

衍	
演	
冲（沖）	
灂	
渊（淵）	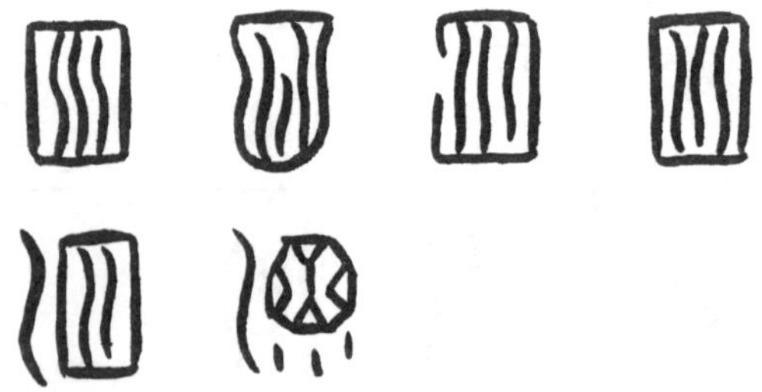
况（況）	
潢	

湄	
汓 通：泗	
濿 通：砅	
燎	
浸 通：寑	
浥	
滋	

沚	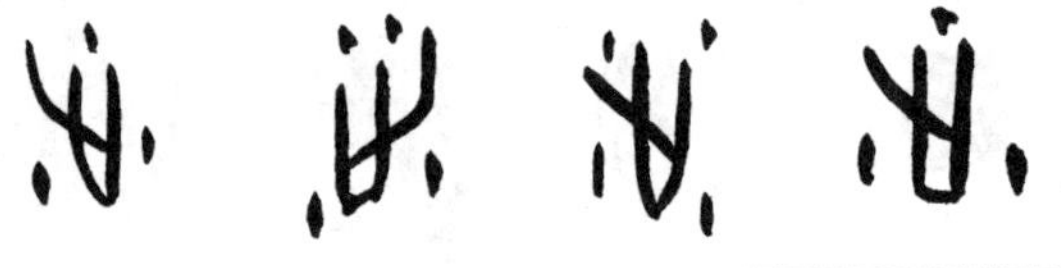
汜	
永	
泳 通：派	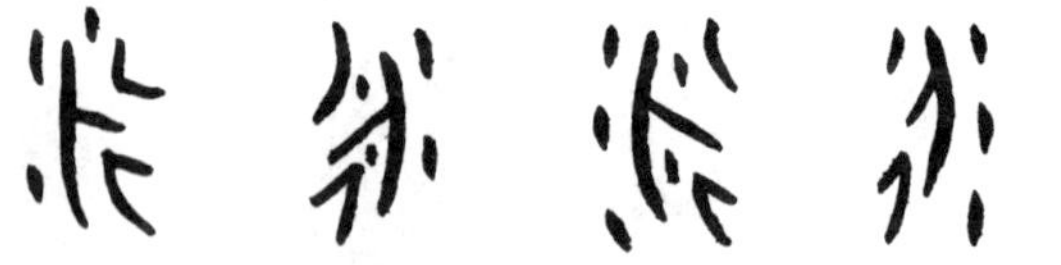
泞 （濘）	
甹	
没	

涿	
泷（瀧）	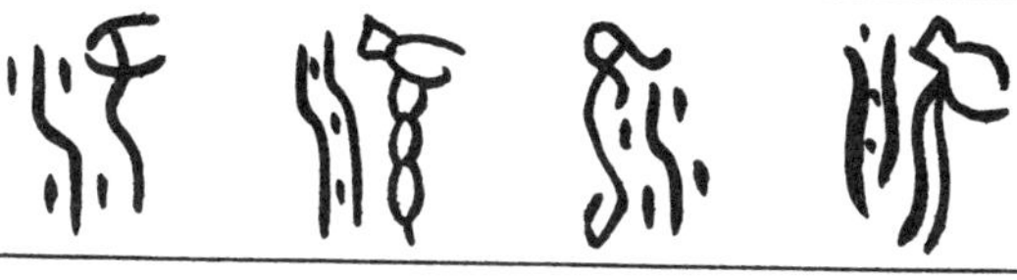
沈（沉）	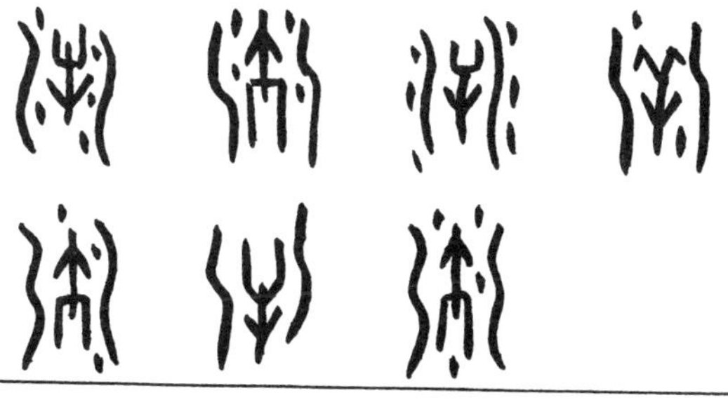
涵（涵）	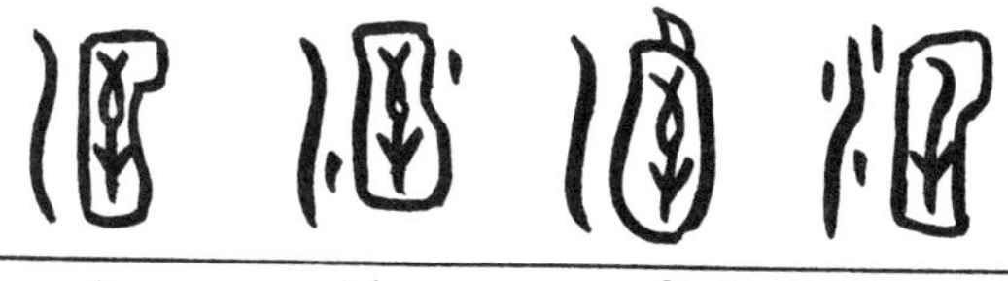
泊	
湿（濕 溼）	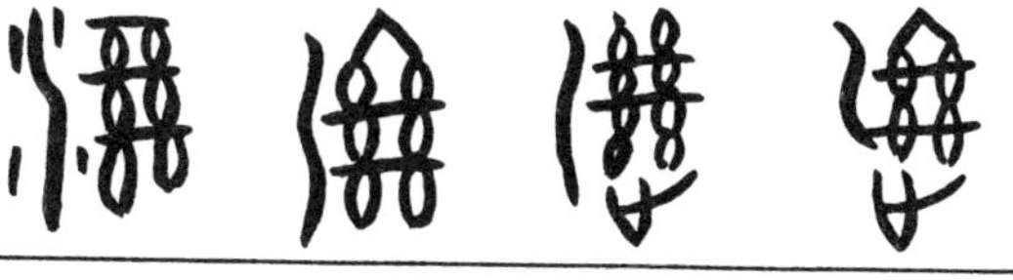
淡	

漉	
洒（灑）	
涛（濤）	
沌	
洱	
洫（瀘）	
澎	
泪（淚）	

潾	
湡	
汒 通：茫	
㳘 （涷）	
泊	
潭	
濞	 
汸	

涉	
沓	
涧（澗）	
川	
州 通：洲	
谷 通：欲慾	

泉	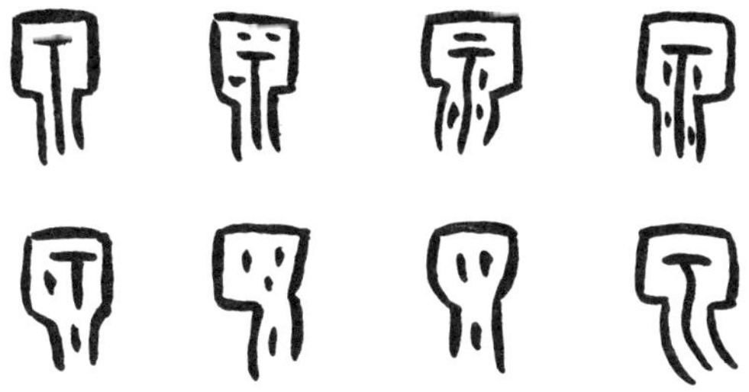
流	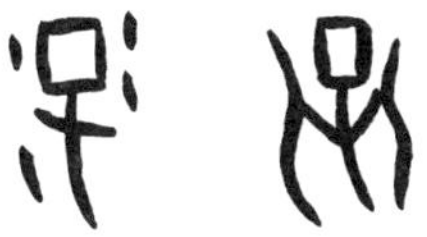
冬 通：终	
雨	
威 通：滅	
霁 通：雹 霽	

雷（靁）	
雪 通：霸	
寿（壽） 通：畴	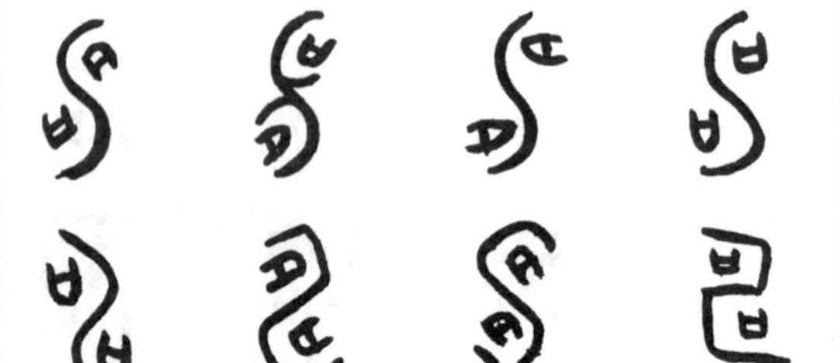
霋	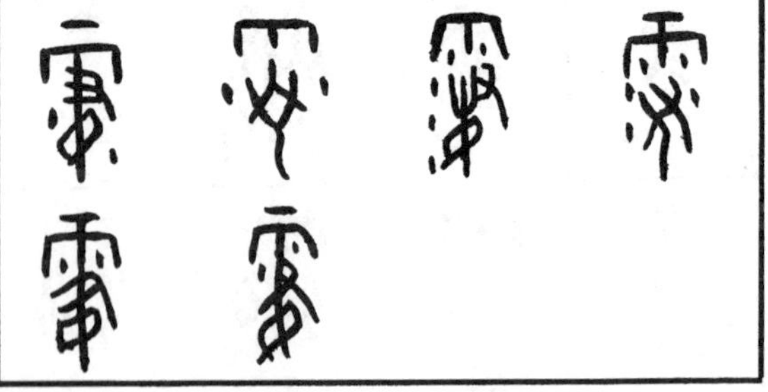

霖	
霾	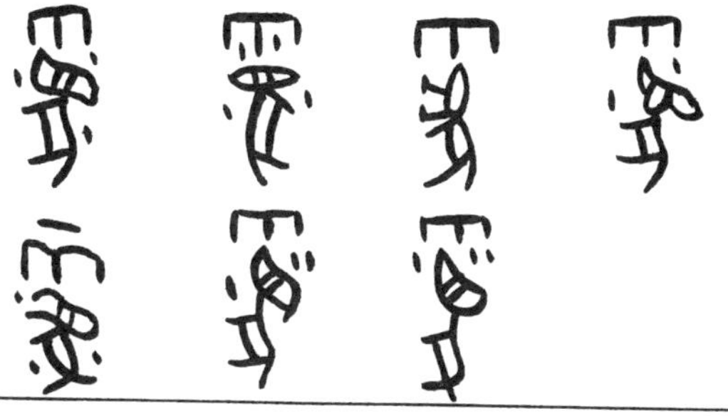
雩	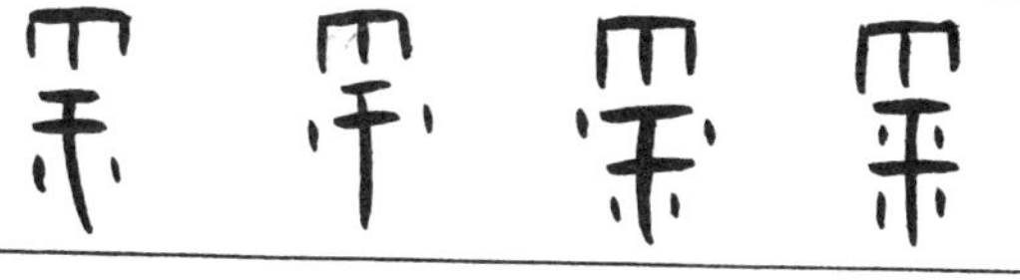
仌（冰）	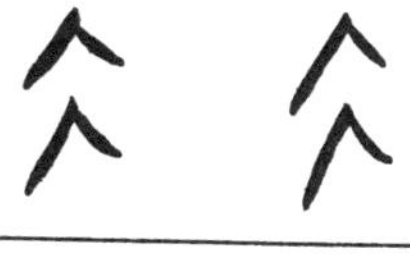
云（雲）	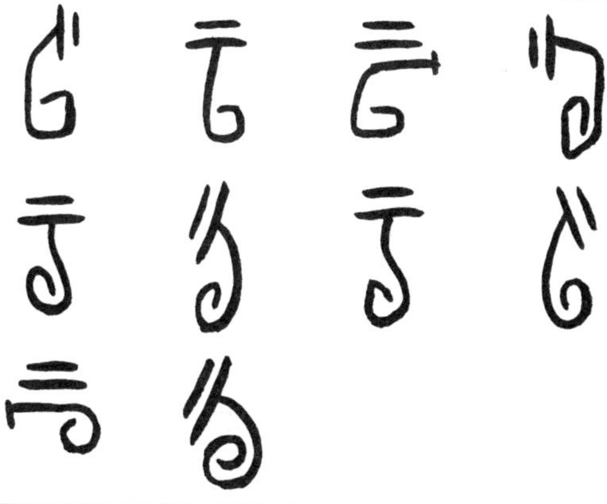

魚	(古文字字形)
漁	(古文字字形)

魚漁

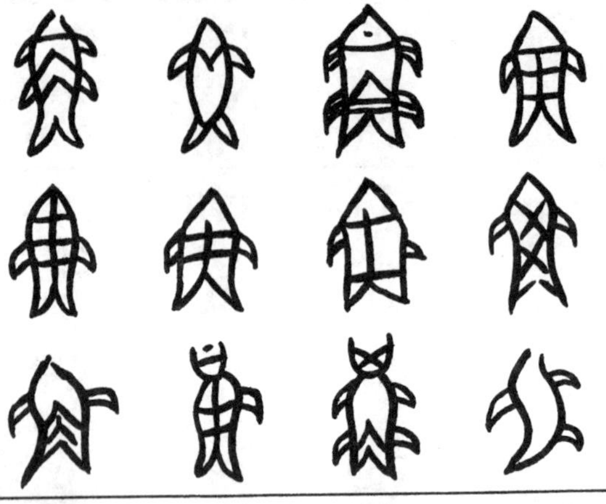

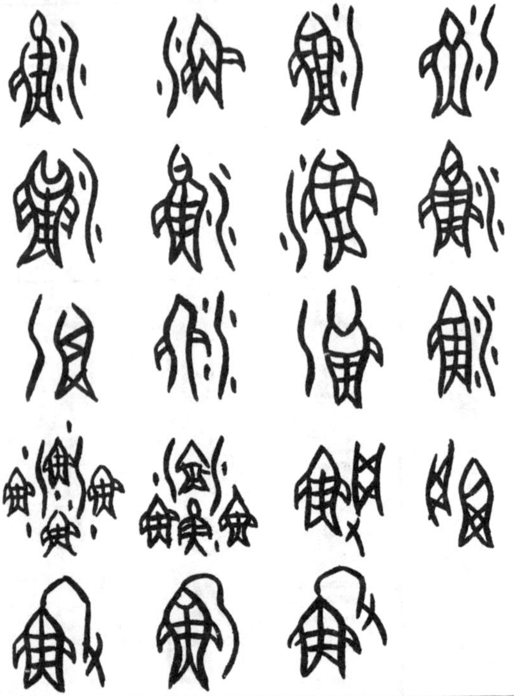

鲔（鮪）	
燕（鷰）	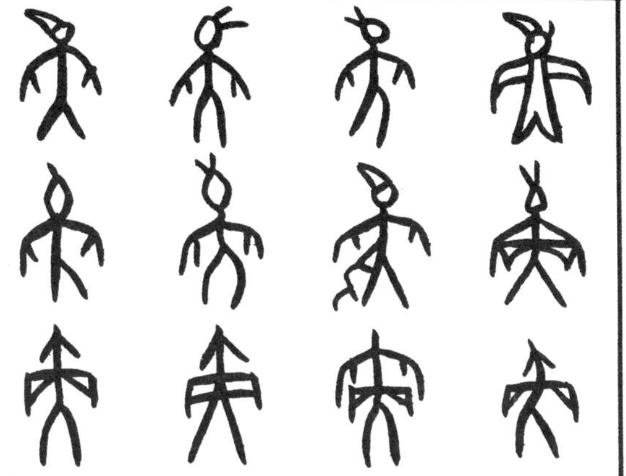
曣	
龙（龍）	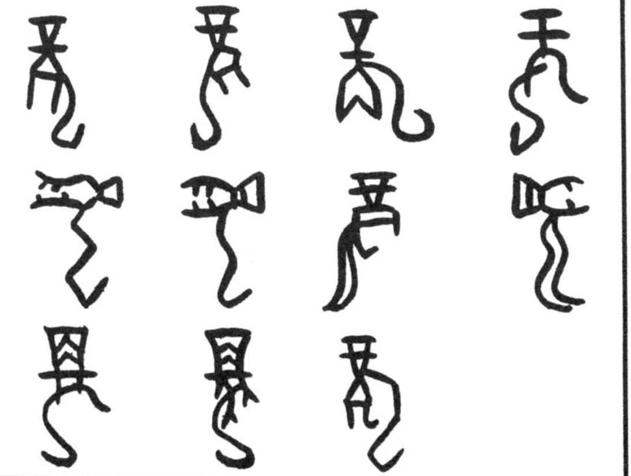

陇 （隴）	
不	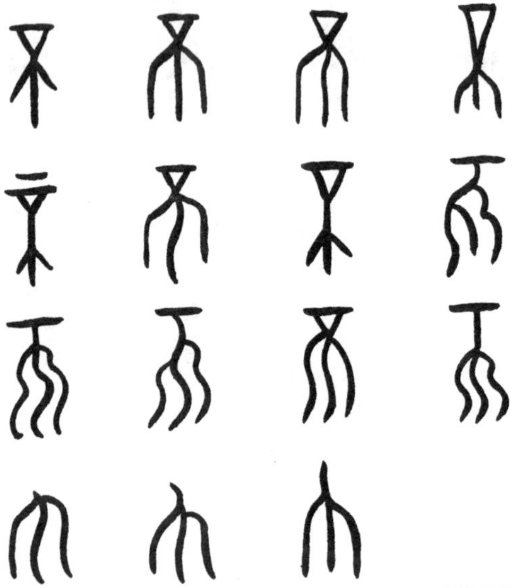
至	
户	
搂 通：娄婁	

西	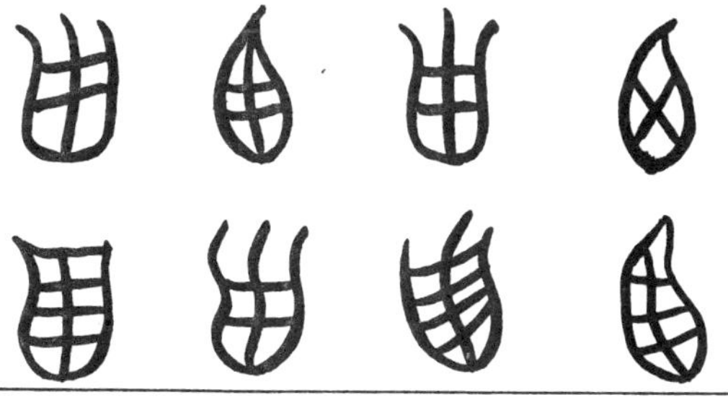
甶	
囟 通：顖	
门 （門）	
阑 （闌）	
闾 （閭）	
闻 （聞）	

耳	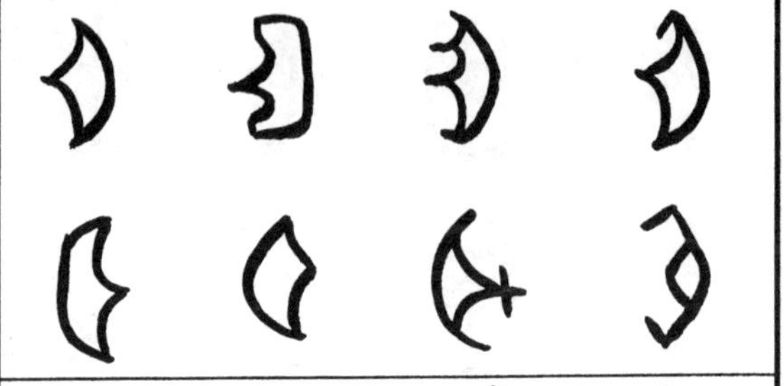
圣（聖）	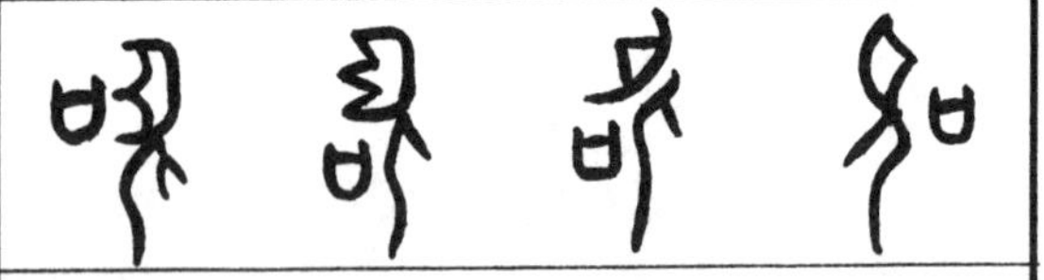
听（聽）	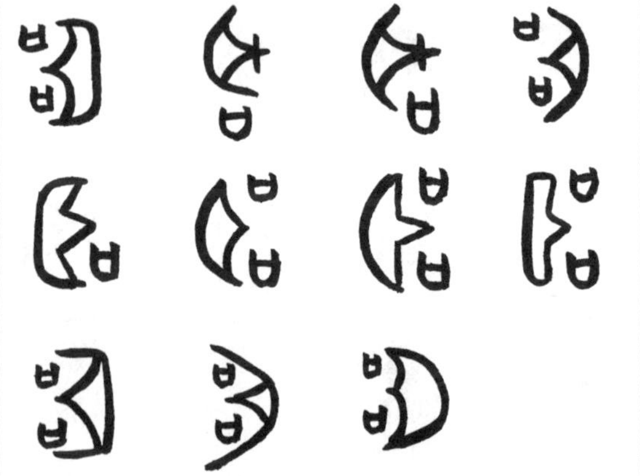
声（聲）	
聑	

聝（馘）	
联（聯）	
聋（聾）	
咙（嚨）	
斧	
将（將）	
掸（撣）	

承	
扔	
拖（拕）	
掤	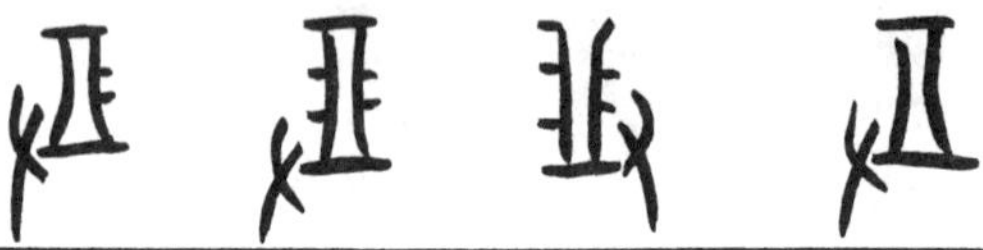
扜	
扣	
扶	
姓	

姜	
姬	
娶	
妻	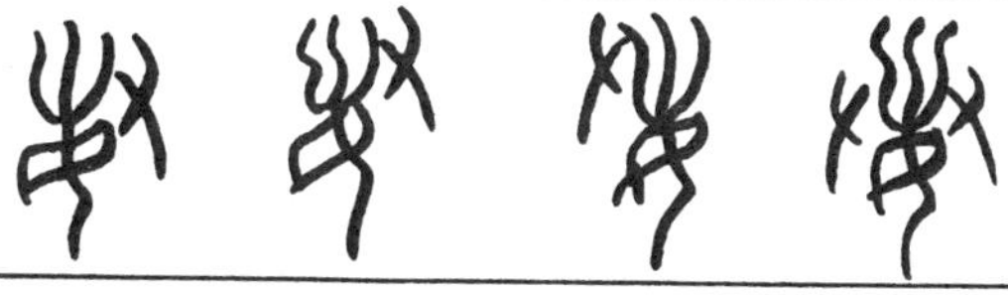
妇（婦）	
妃	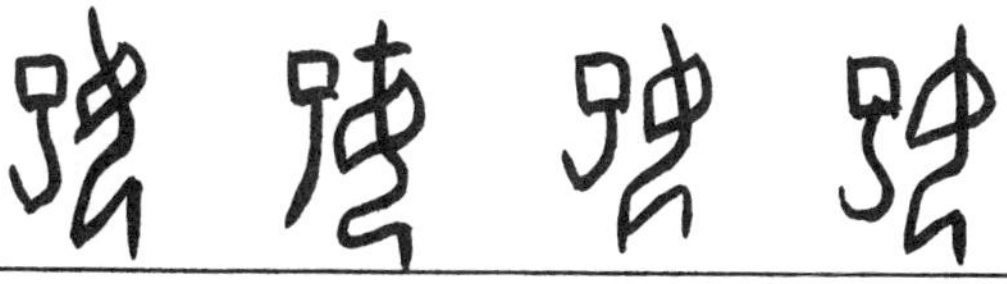
妊（姙）	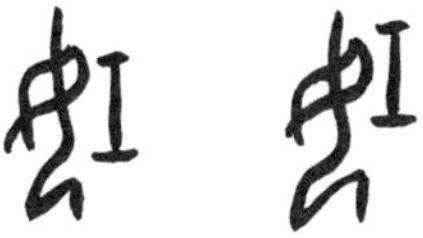

娠	
妫（嬀）	
妹	
姪	
姼	
婢	

娥	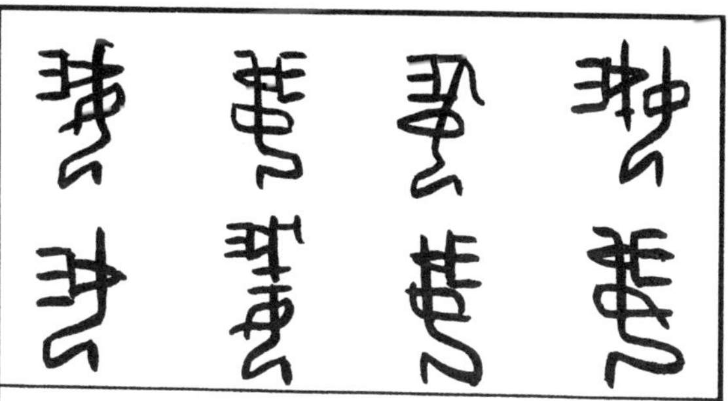
妸（婀）	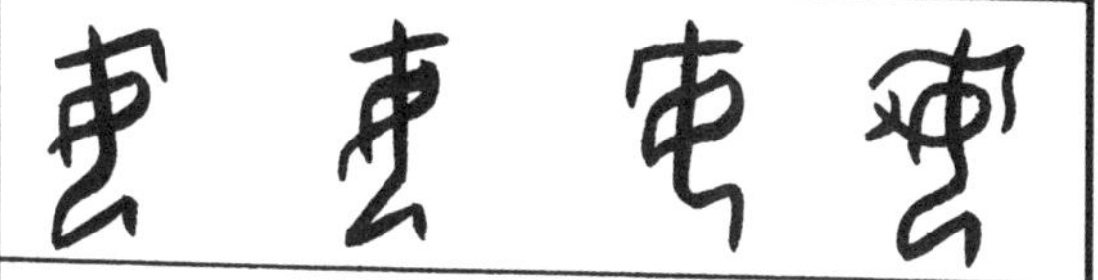
媚	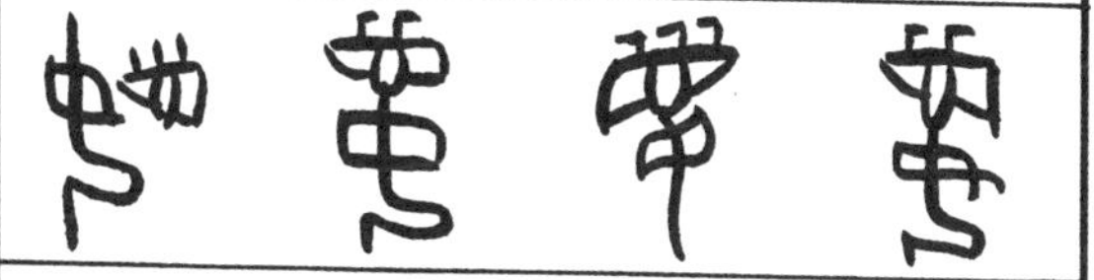
好	
姘（姌）	

娥	(古文字)
委	(古文字)
如	(古文字)
婪	(古文字)
媿	(古文字)
妥 通：綏緌	(古文字)

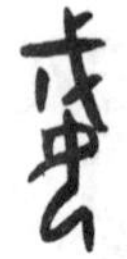

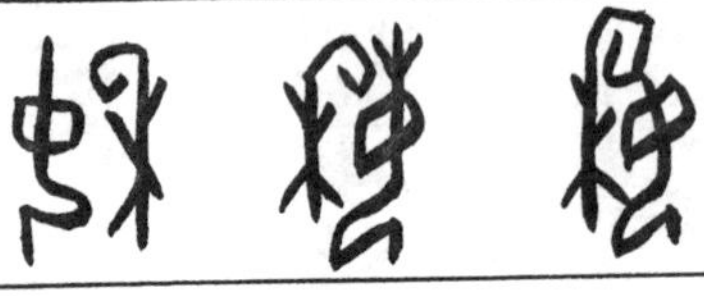

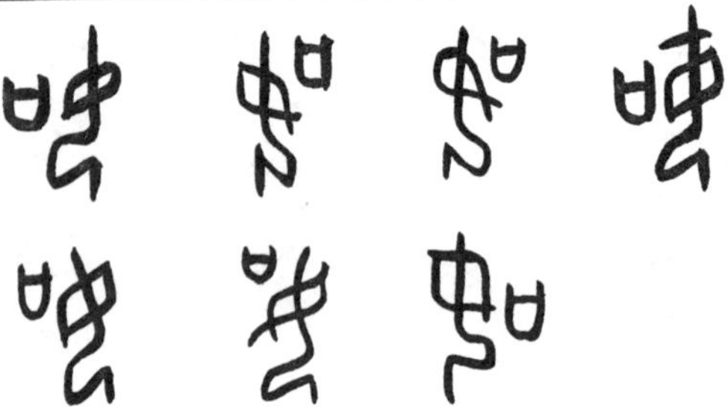

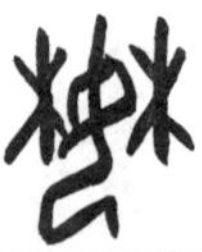

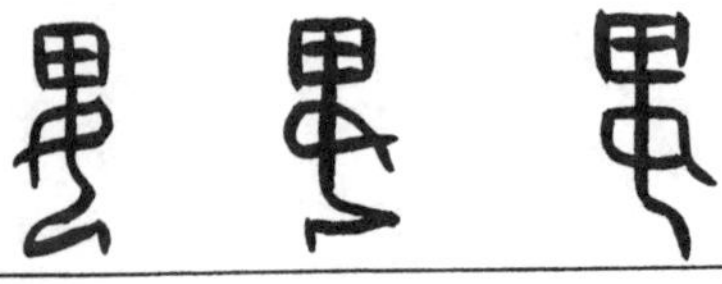

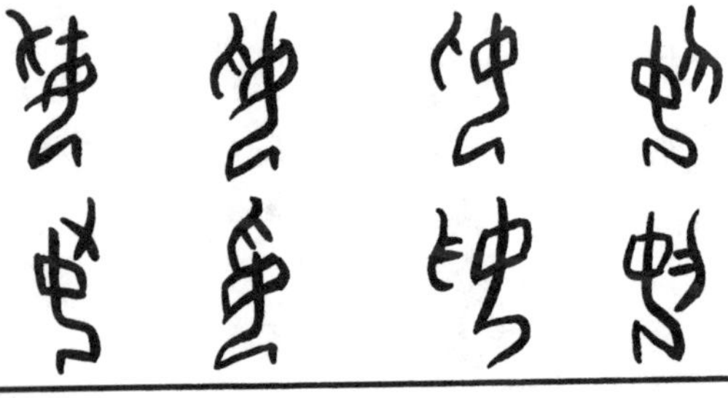

媟	
娘（孃）	
嬉	
娅（婭）	
嬖	
呗（唄）	
妞	
民	

乂 通：刈	
弗	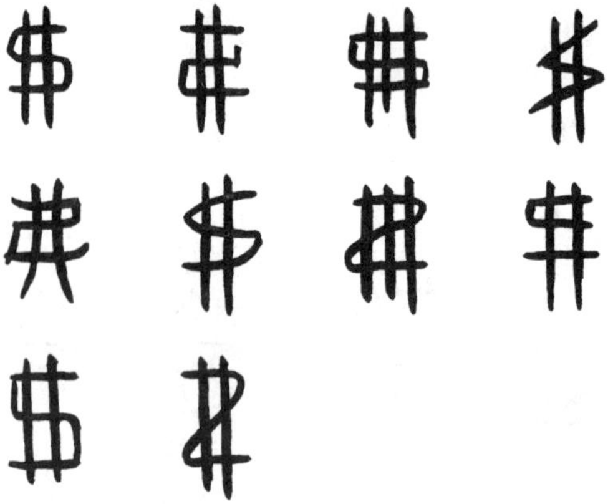
戈	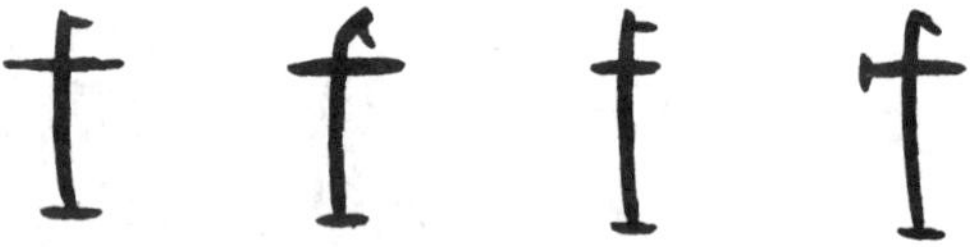
杙	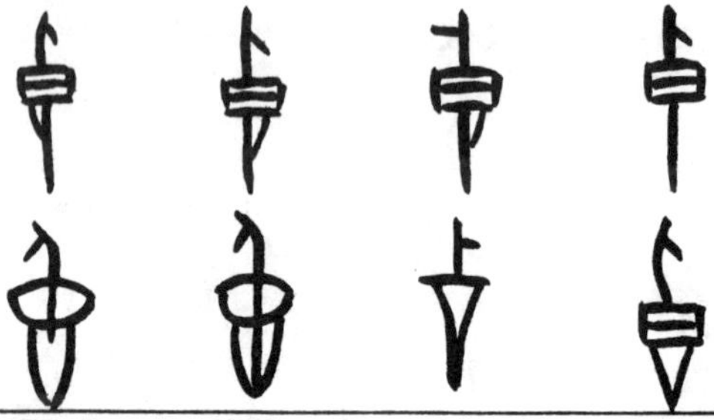
肇	

氏	⟨glyphs⟩
戎	⟨glyphs⟩
捍 (扞)	⟨glyphs⟩
戍	⟨glyphs⟩
歼 (殲)	⟨glyphs⟩

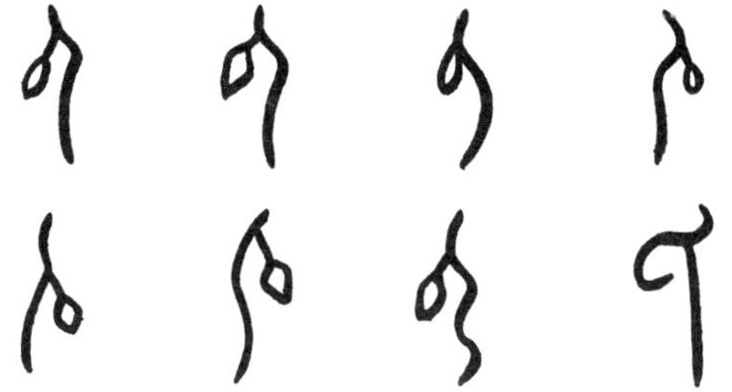

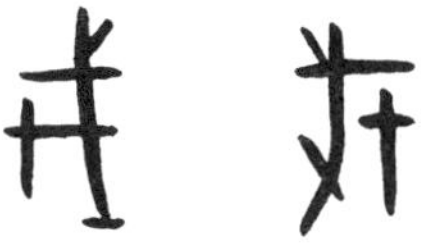

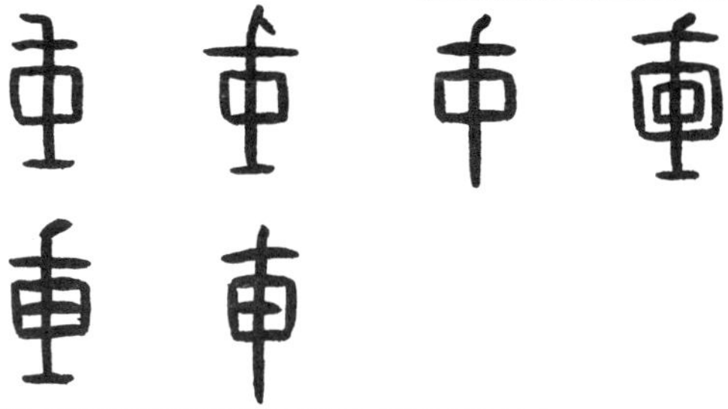

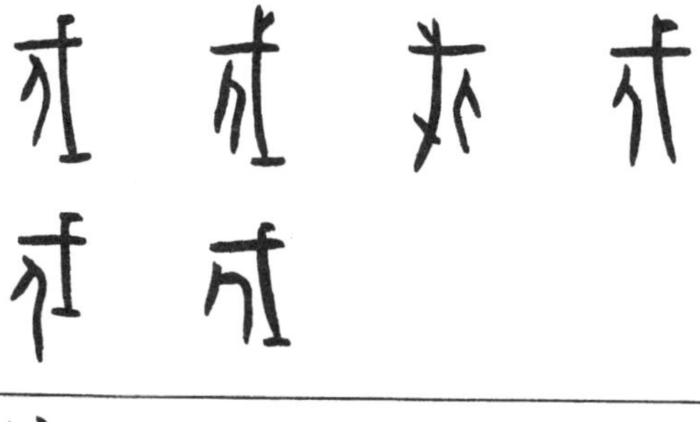

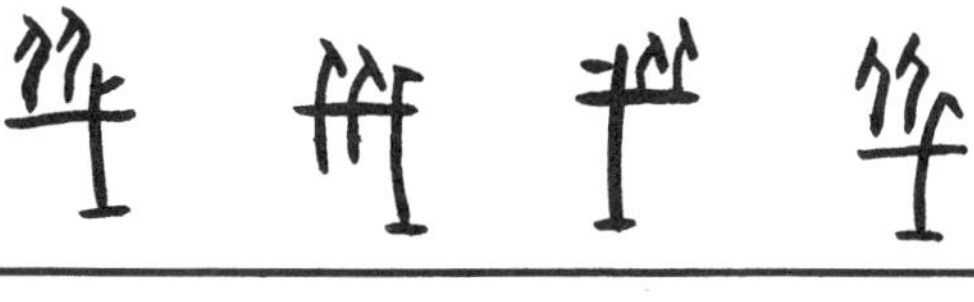

武	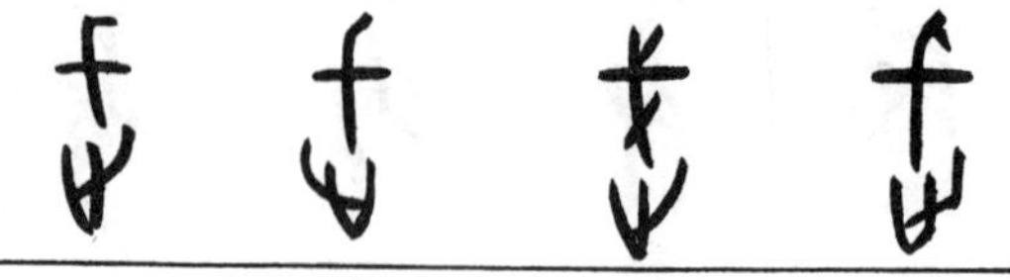
戈（戔）	
鉞（戉）	
我	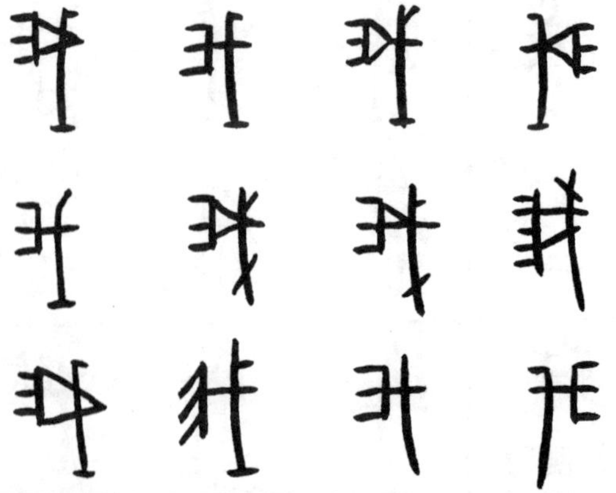

义（義）	
直	
亡 通：无無	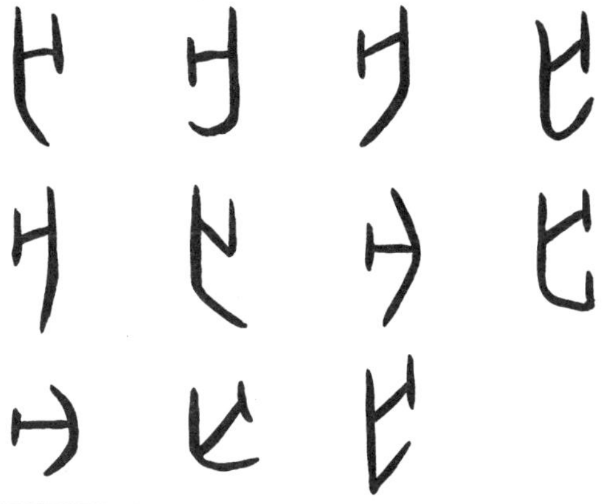
丐（匄匃）	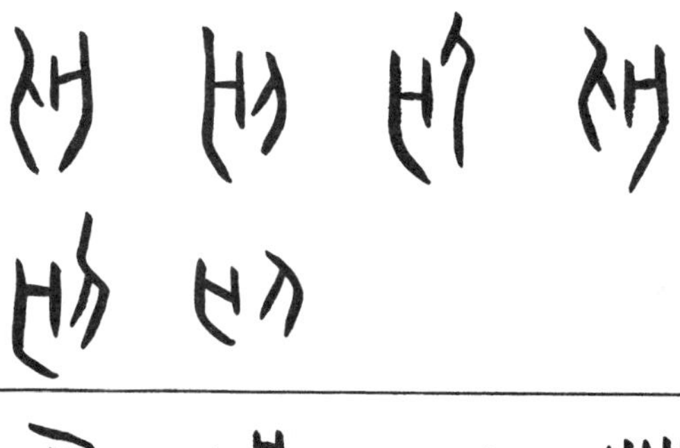
区（區）	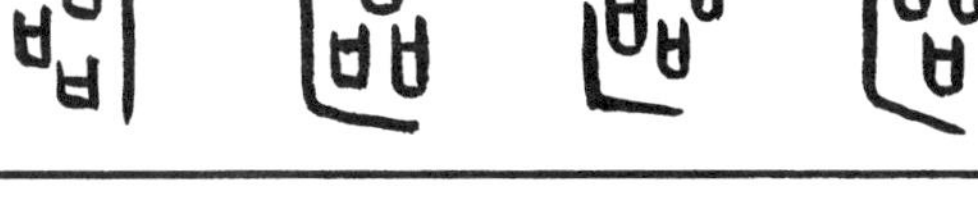

翳 通:医醫	
曲	
甾 通:載戴	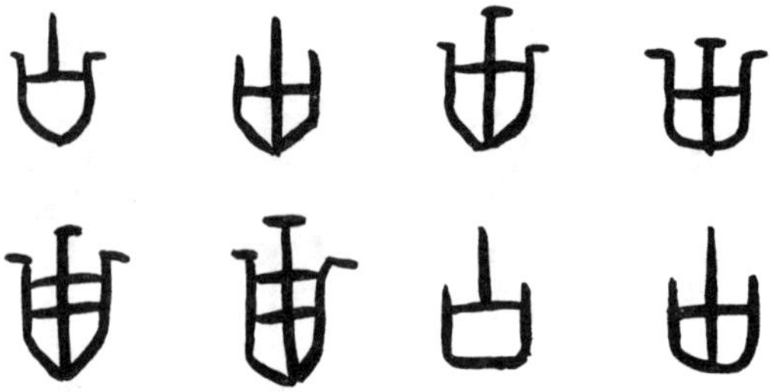
弓	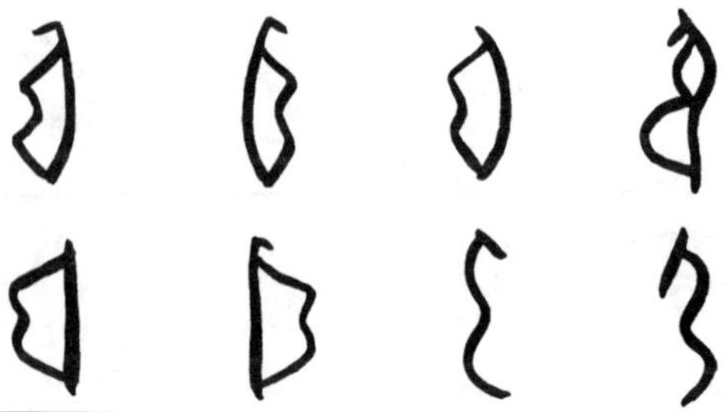
引	
弘	

弦（絃）	
弹（彈）	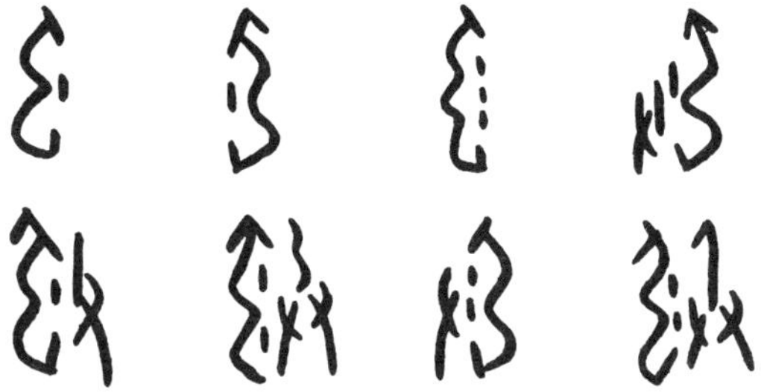
弱	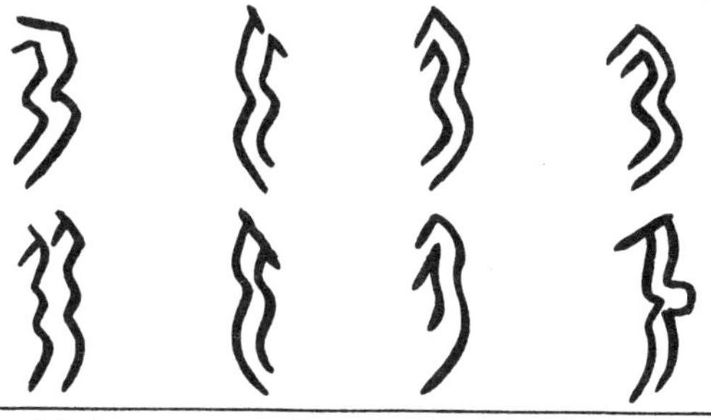
要 通：腰	
孙（孫）	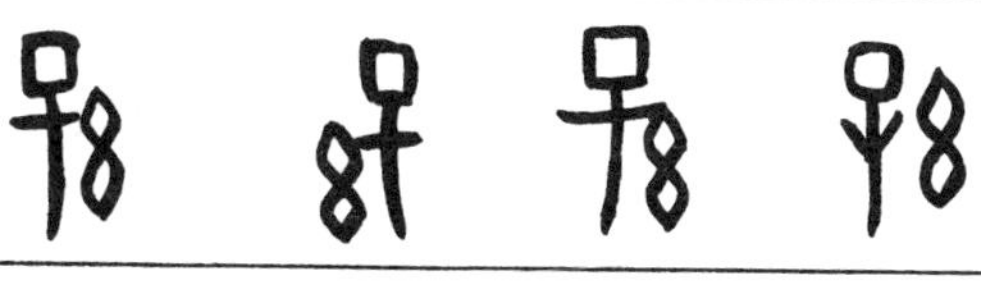
䜌 通：继 繼	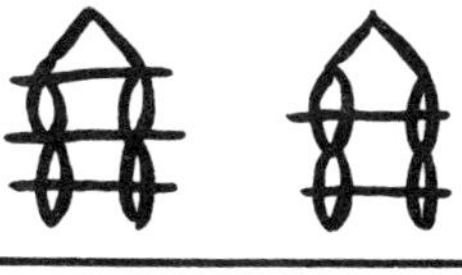

系（繫）	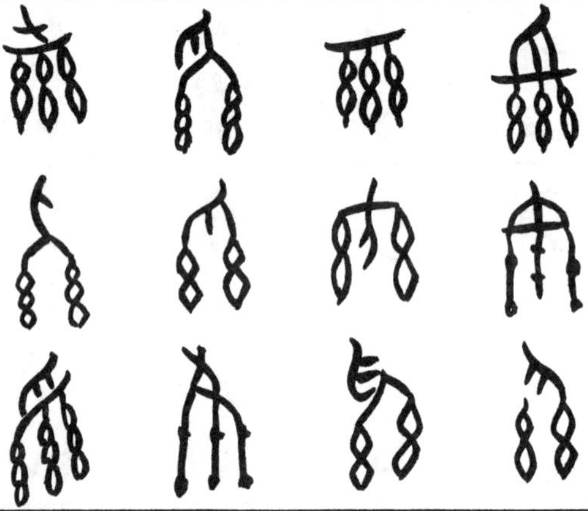
係	
栎（櫟）	
续（續）	
绍 通:绝 絕	
紊	

彝（彝）	
纣（紂）	
绿（綠）	
恒（亘）	
编（編）	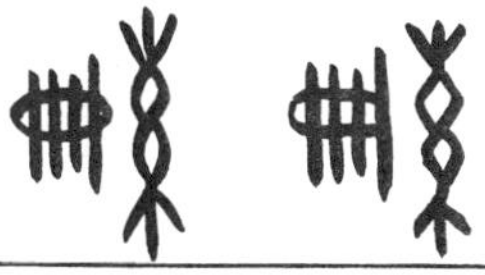
絷（縶）	

喾 （嚳）	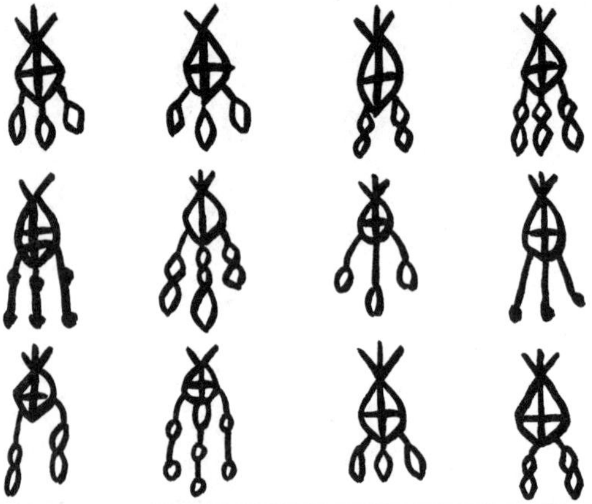
昉	
缤 （繽）	
虫 通：它	

蜀	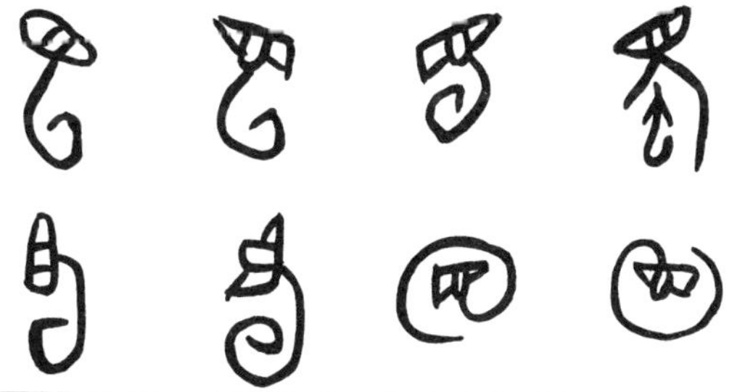
蚩	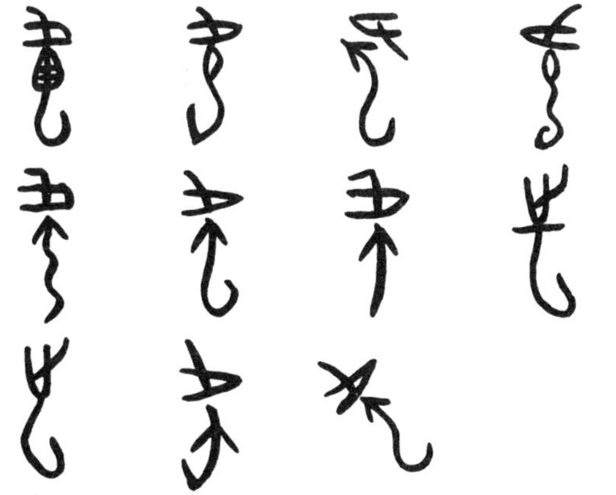
虹	
蚰 通：昆	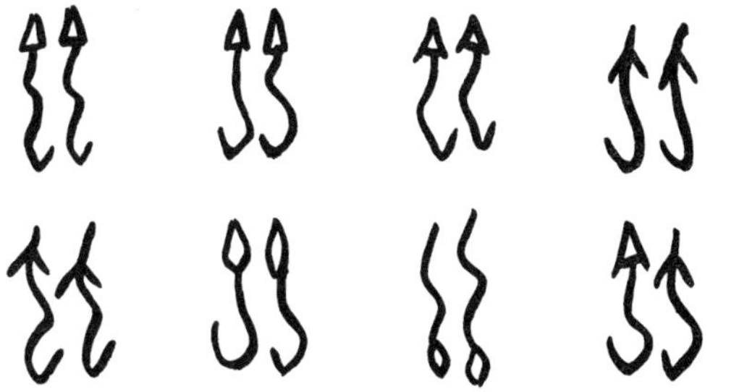

蛊 （蠱）	
蝉 （蟬）	
蜗 （蝸）	
黾 （黽）	
鼄 通：蛛	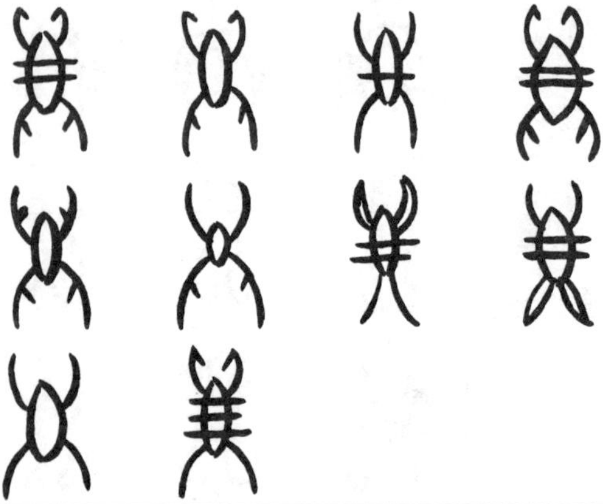

鼍（鼉）	
鳖（鼈 鱉）	
鼋（黿）	
龟	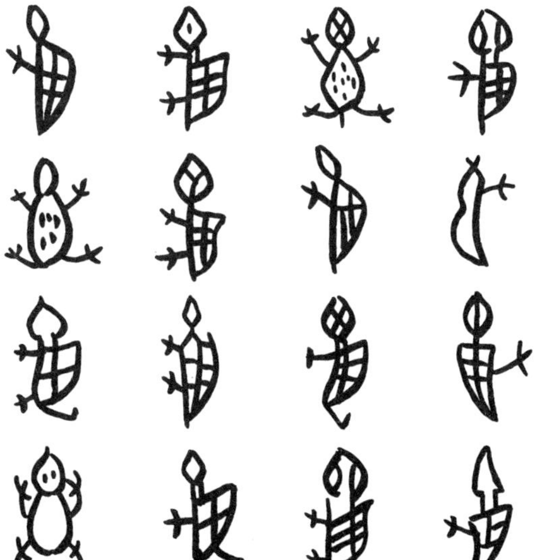

二	
亟	
凡	
基	
扫（掃）	
野（埜）	

田	田 田 田 田 田 田 田 田 田 冊
畯	畯 畯 畯 畯 畯 畯
畜	畜 畜 畜
畺 通:疆強	畺 畺
男	男 男 男 男

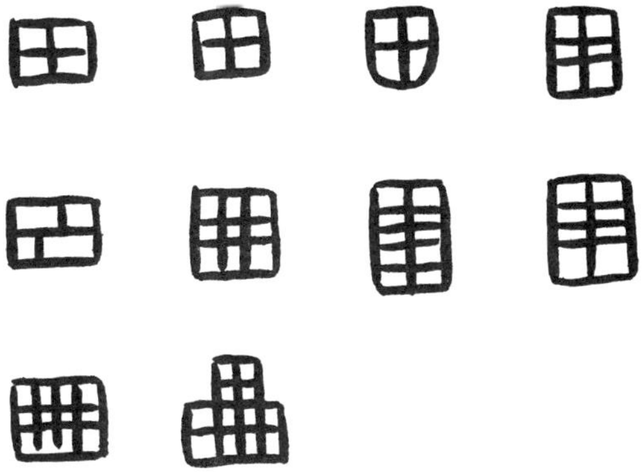

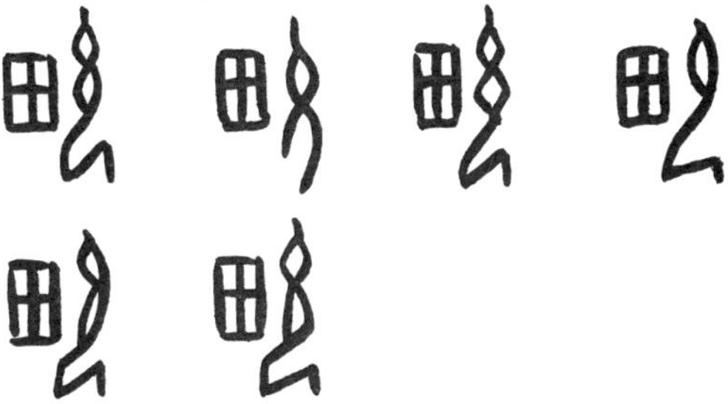

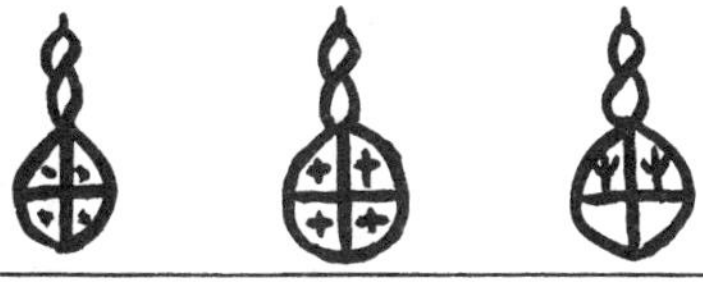

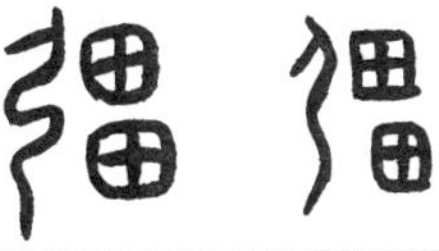

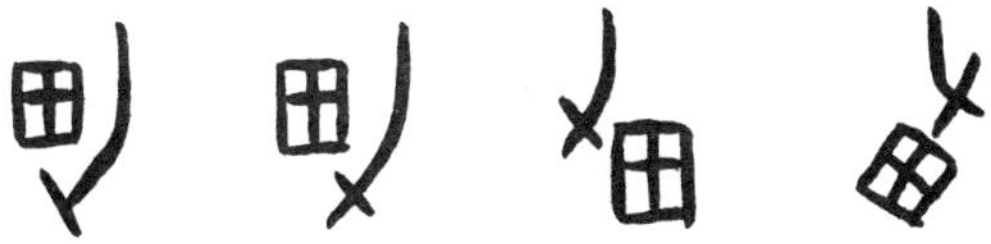

力	
劦 通： 协（協）	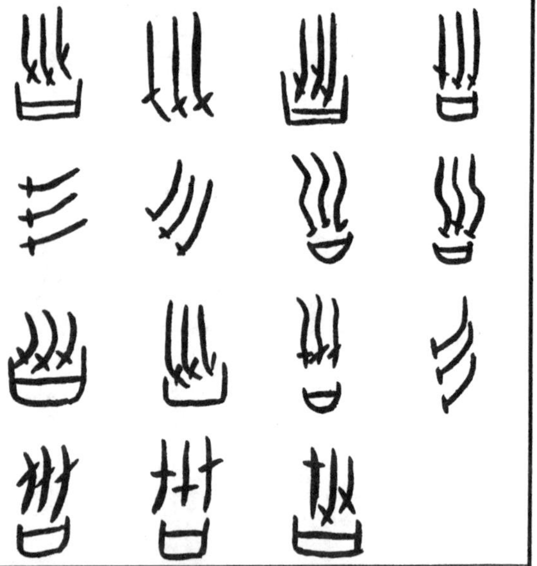
铸 （鑄）	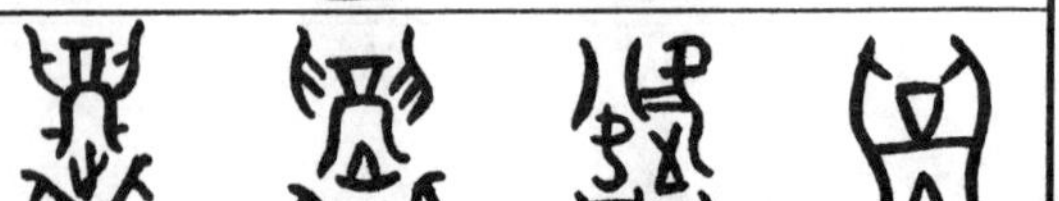
镬 （鑊）	

锾（鍰）	
钟（鍾）	
斤	
斫（斲）	
阜	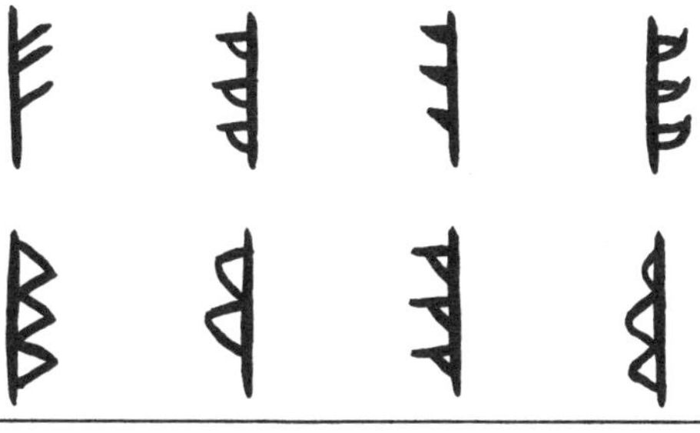
处（処 處）	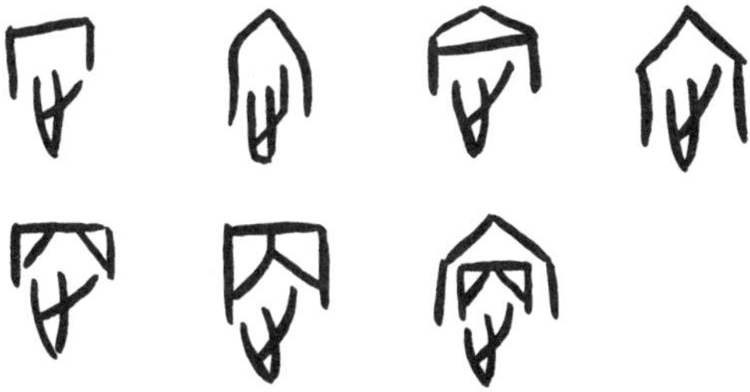

车 （車）	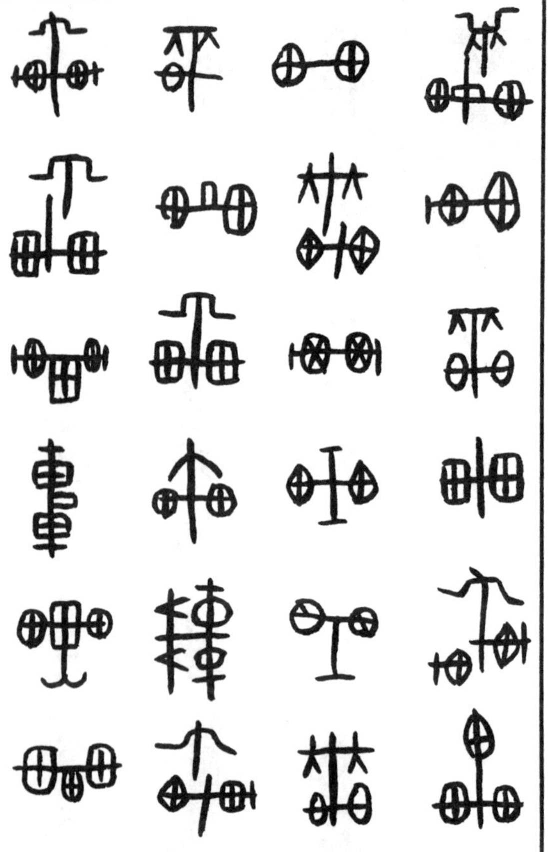
舆 （輿）	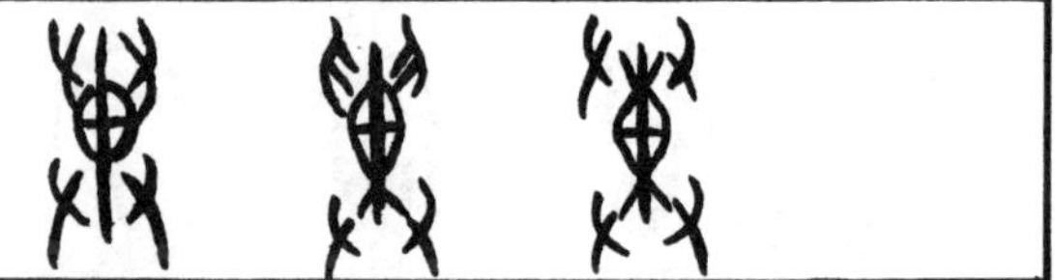
辇 （輦）	

陆 （陸）	
陵	
陟	
降	
隕	

陸 通： 坠（墜） 堕（墮）	
陳	
阻	
四	
五	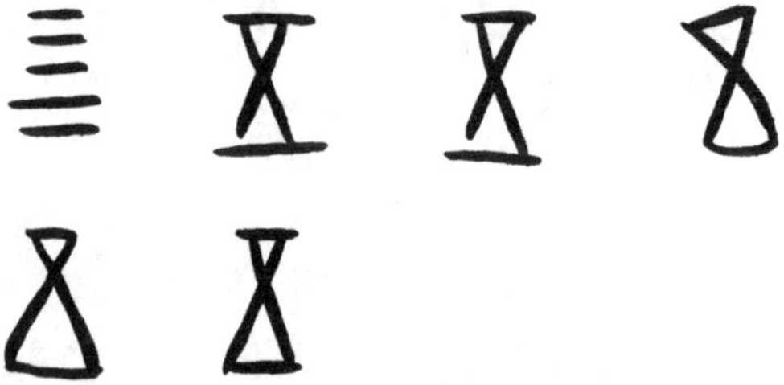
六	

九	(glyphs)
亚 （亞）	(glyphs)
甲	十 十 十
由	(glyphs)

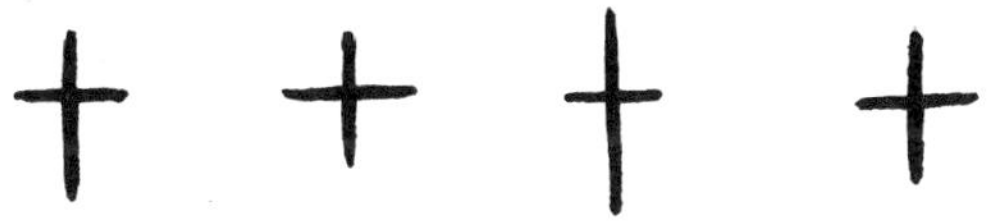

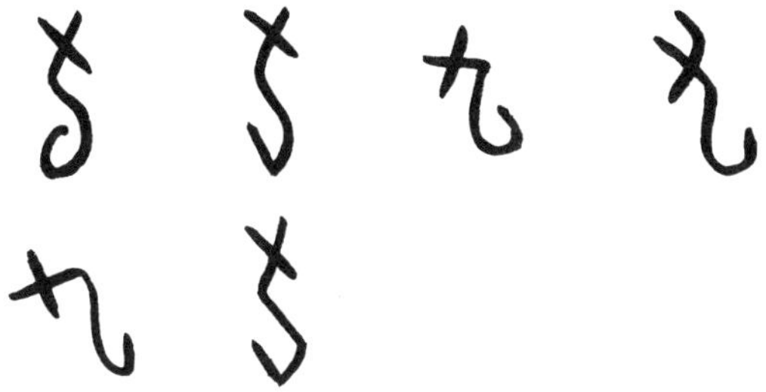

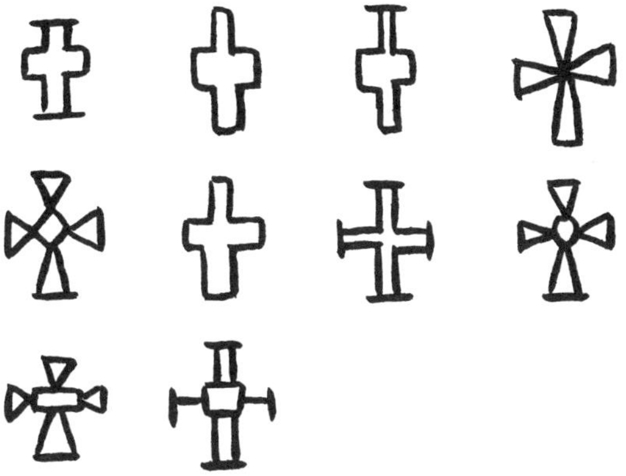

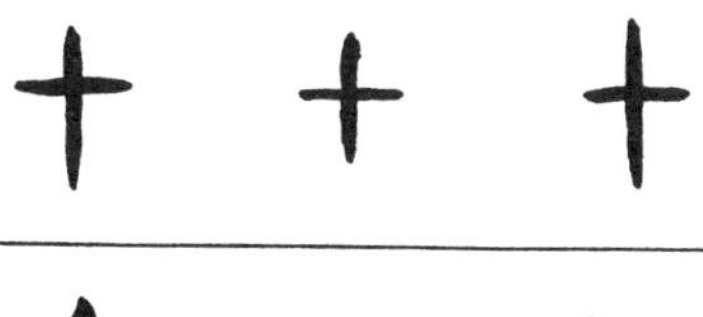

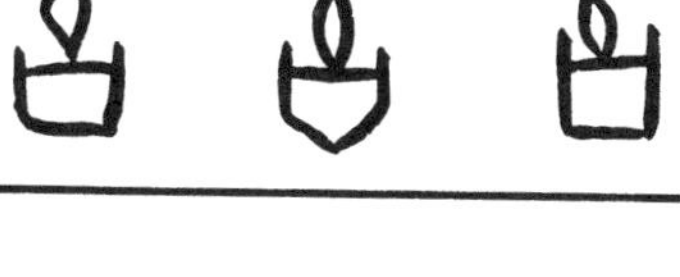

万 (萬)	(甲骨文字形)
乙	
尤	

万乙尤

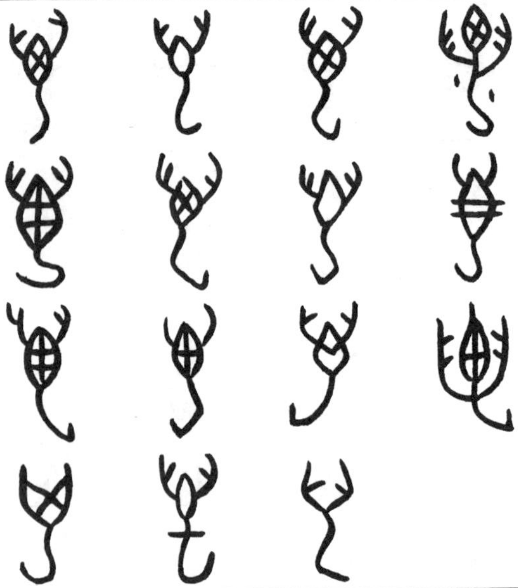

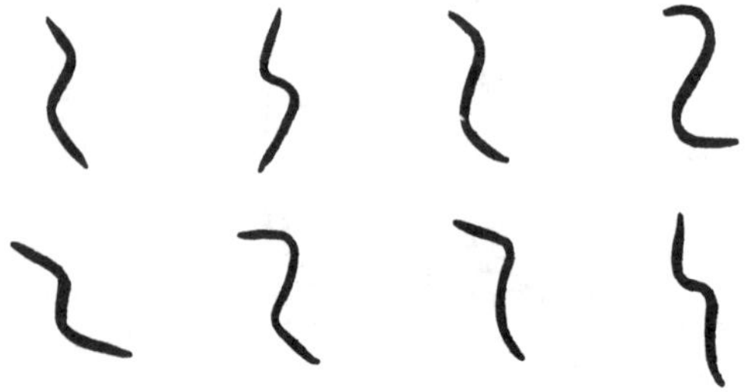

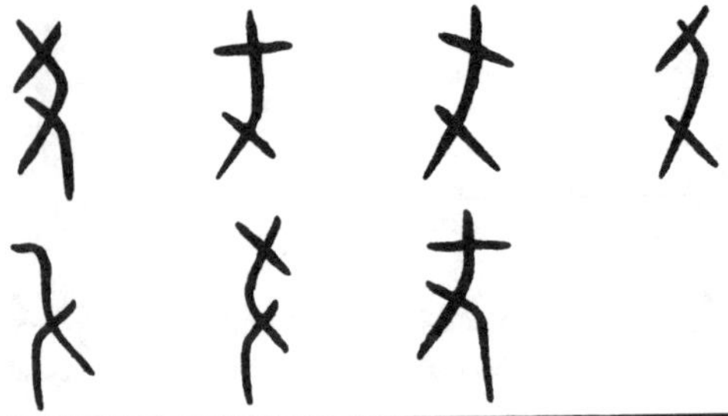

丙	
丁	
戊	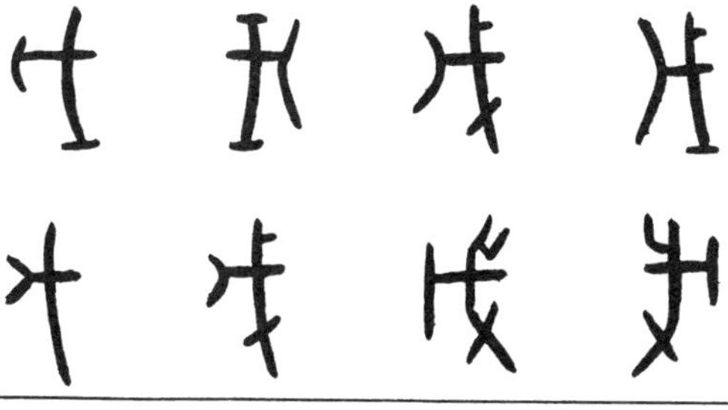
成	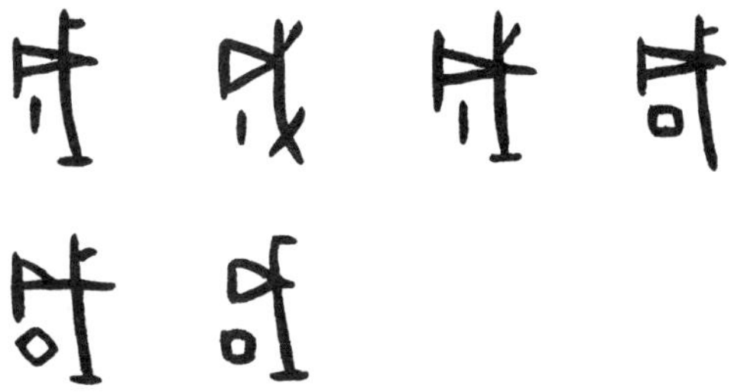

己	
旻 通:匽偃	
庚	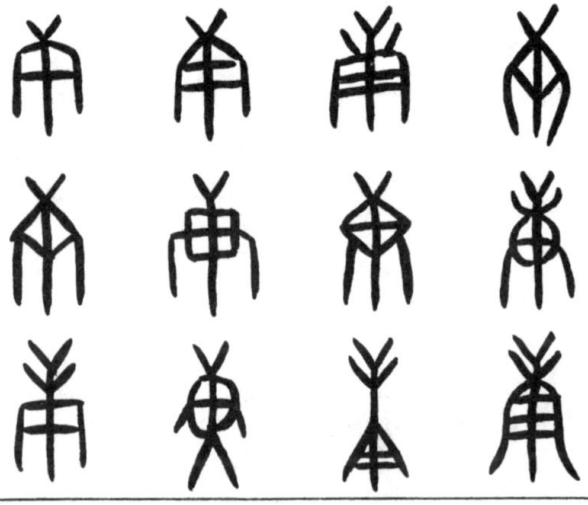
辛	
甬	
癸	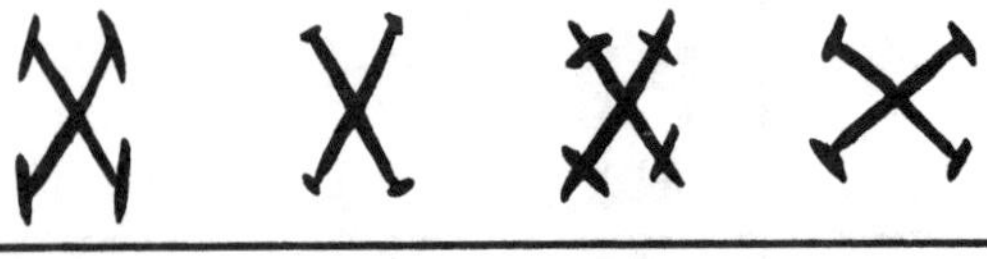

子	(古文字形)
季	(古文字形)
李	(古文字形)

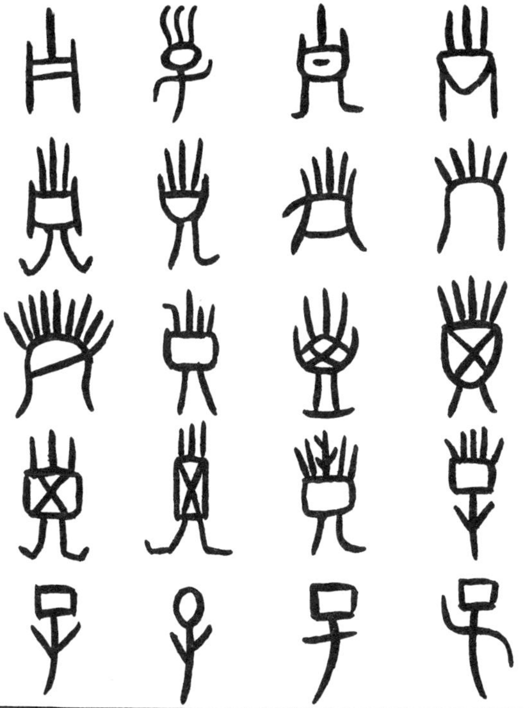

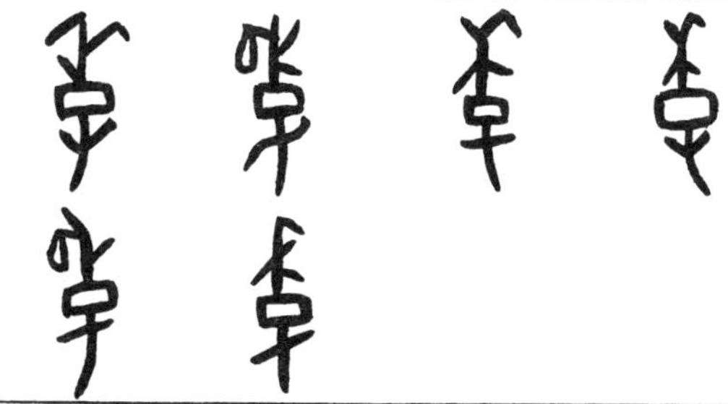

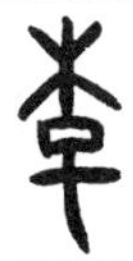

娩孖辰

娩(挽)通:冥	(古文字形)
孖	(古文字形)
辰	(古文字形)

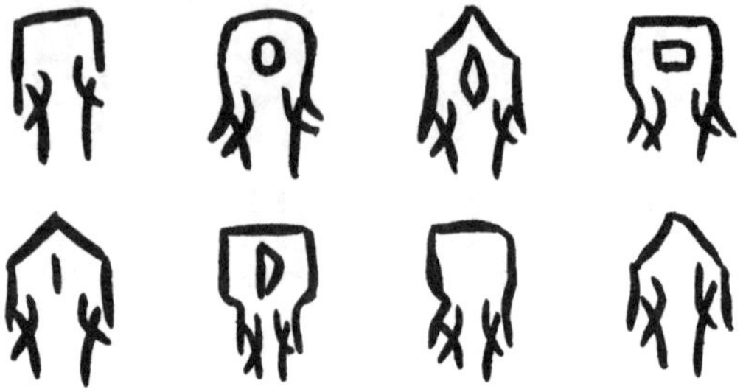

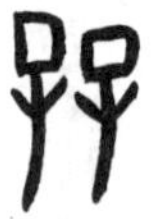

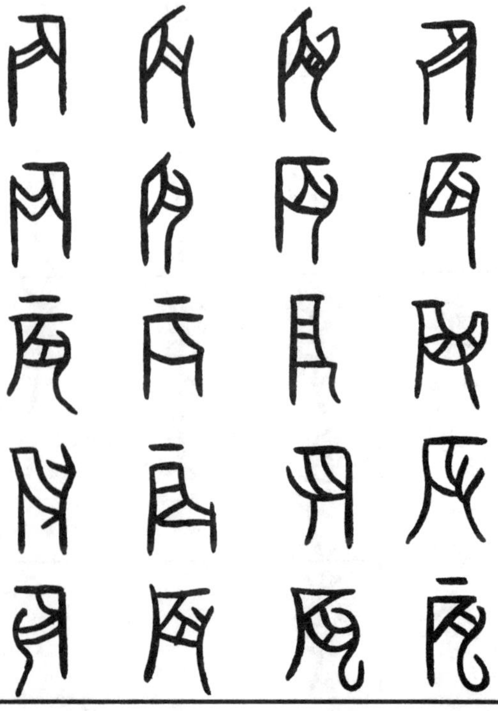

卯	
巳 通：祀	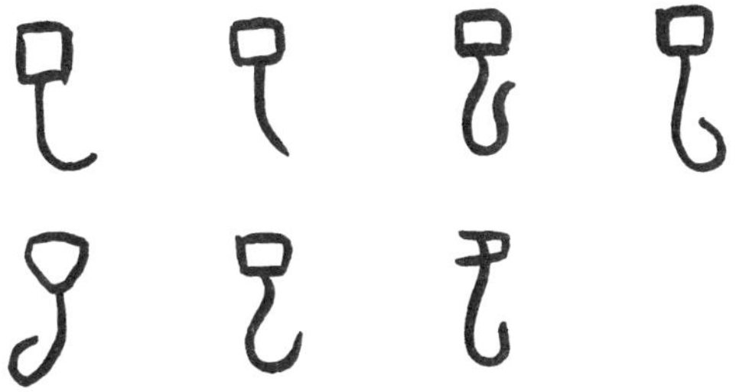
吕 （以）	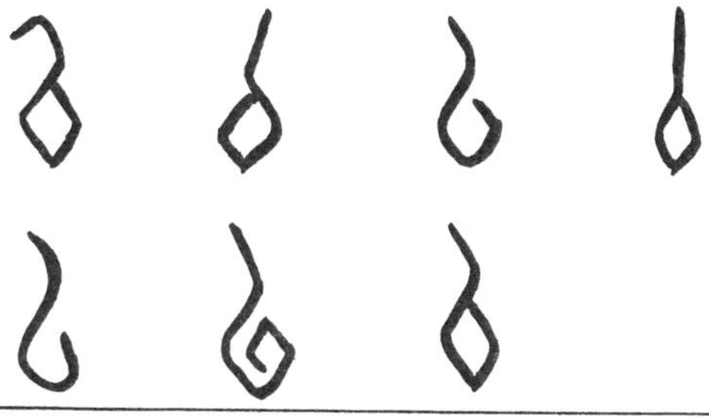
午	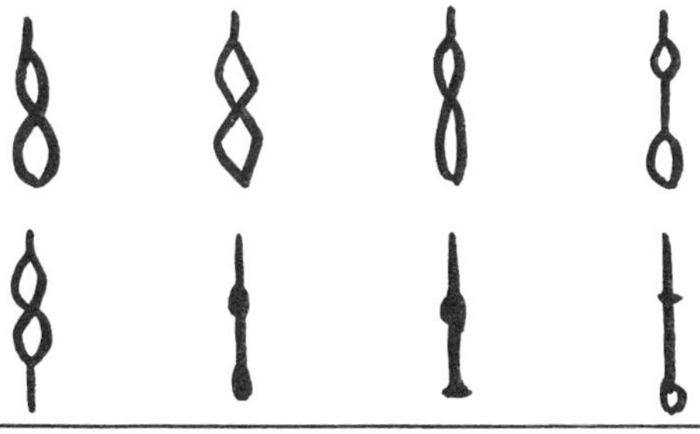
者	

未酉

未	![未 variants]
酉	![酉 variants]

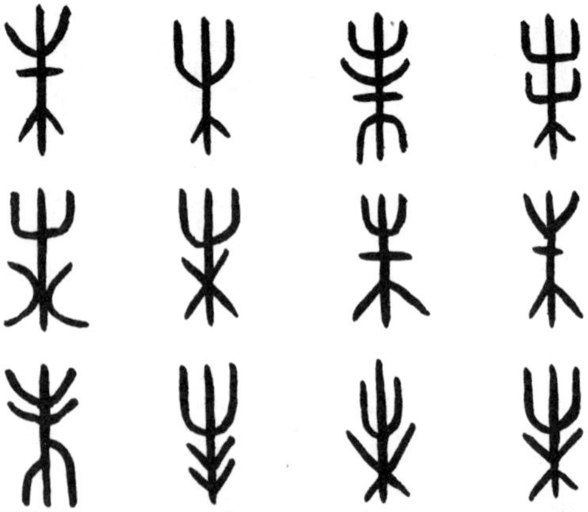

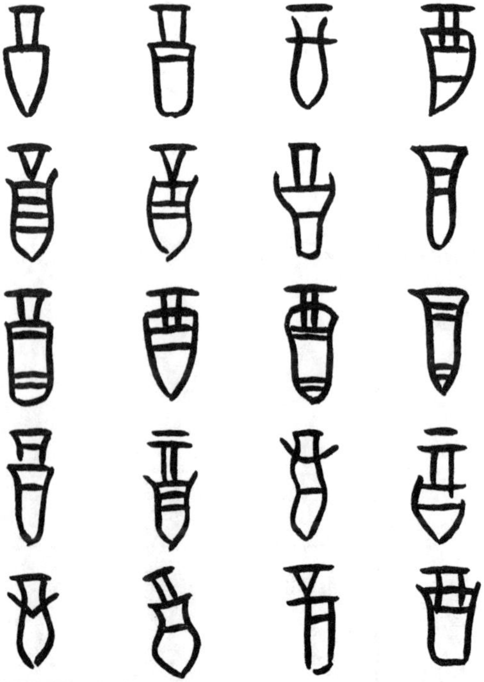

酒	
配	
酓	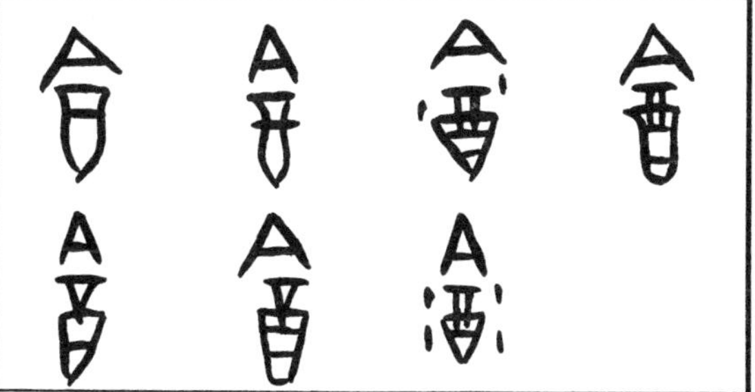
酸	
尊	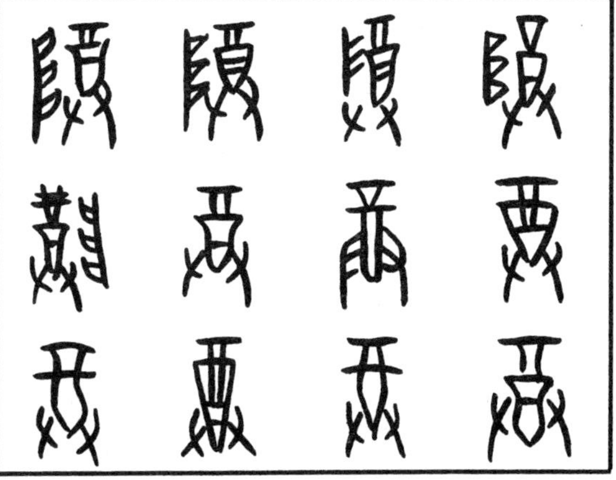

戌	
鼠	
亥	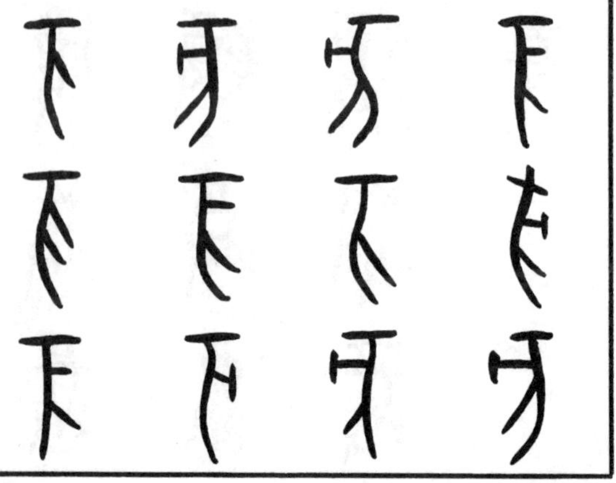

奴	
妦	
戚	
兢	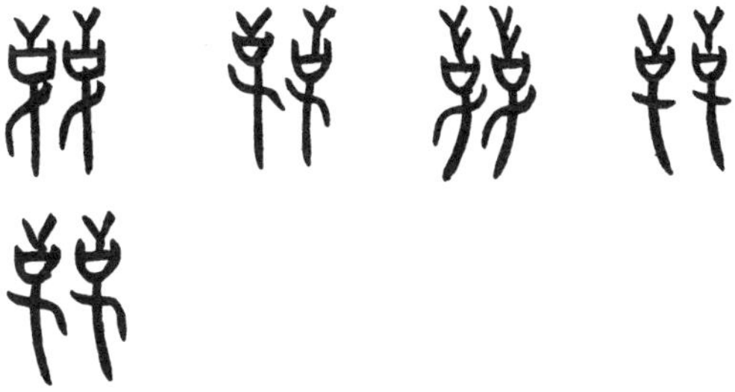
孨 通：孱	
図	
簪	

蝠	
走	
頙	
瞂	
臾	
伏	
哭	
鼻	

胄	
条(條)	
跋	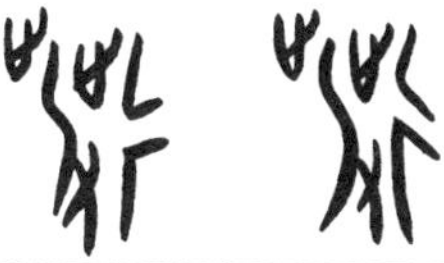
叉	
瑗	
祋	
荐(薦)	
臿 通：插鍤	

栖 通：迁(遷)	
秘 (祕)	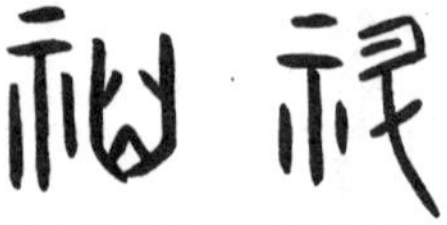
督	
禫	
椓	
因	
辟 (辥 辭)	
仄	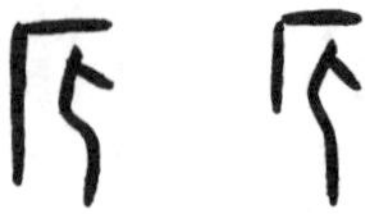

队 (隊)	
盘 (盤、槃)	
奉 通：拜 (捧) 华(華)	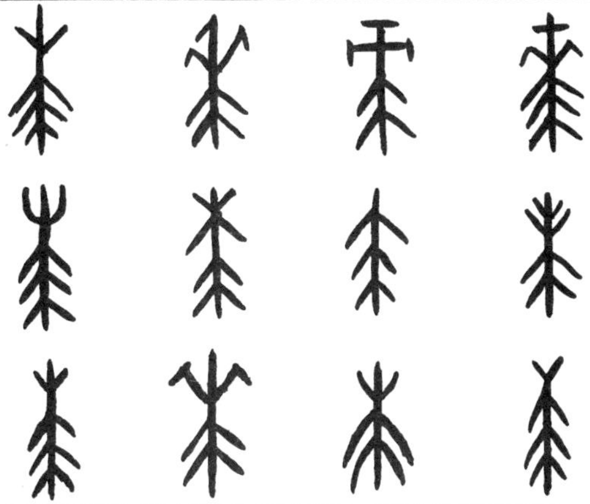
庸	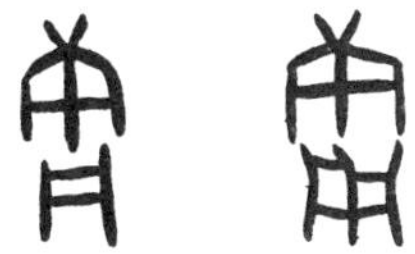
侵	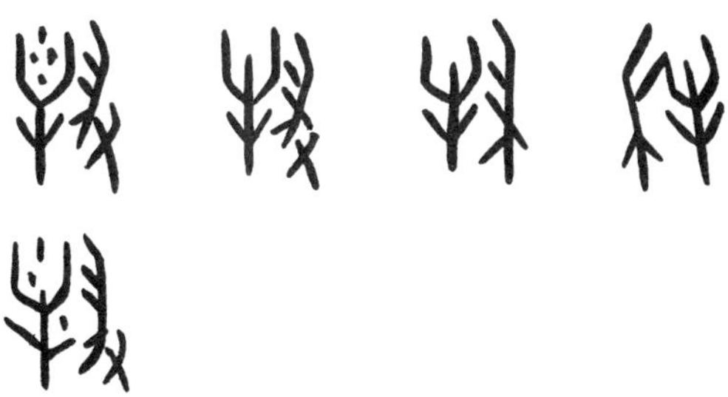

兆	
奇 通:骑騎	
粤	
筐	
俾 (俾)	
炬	
纠 (糾)	
湌 (飡、餐)	

昼 (晝)	
霸 (覇)	
灊 通：潜	
浔 (潯)	
郁 (鬱)	
櫱 通：蘖	
杏	
杉	

椎	
祁	
柔	
恙	
苋（莧）	
皇	
攻	
逴 通：踔	

虐	
唬	
濩	
翟	
鹏（鵬）	
鸸（鴯）	
岛（島 㠀）	
熊	

截	
剟	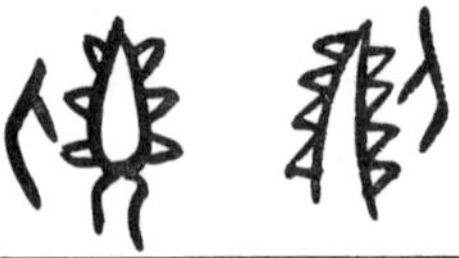
契（栔）	
剮（剐）	
童	
犀	
肵	
訢 通：欣	

胶（膠）	
庆（慶）	 
校	
器	
畲	
违（違）	
巡	
烈	

𡿪	
洌	
列 （⿰𡿪刂）	
⿰女黾 （⿰女黽）	
婤	
罍 通：櫑	
匡	
吽	

豝	
骆（駱）	
羘	
麀	
麑	
鹭（鷺）	
豭	

巽	
耒	
犆 通：特	
婞	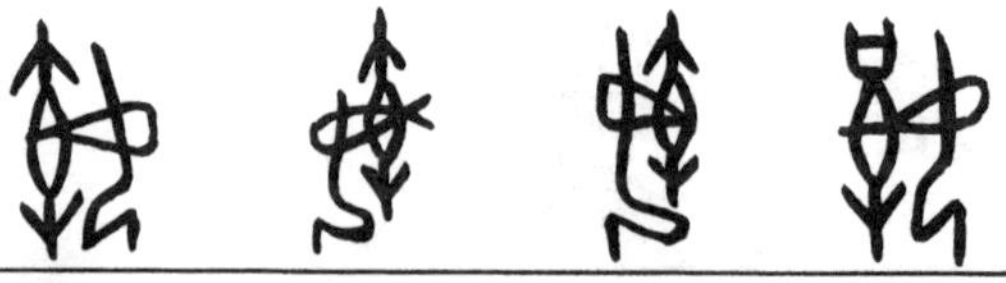
杈	
豉	
𦘔 通：烬（燼）	

貣 通：忒	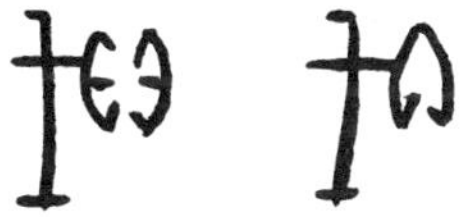
驭 （馭）	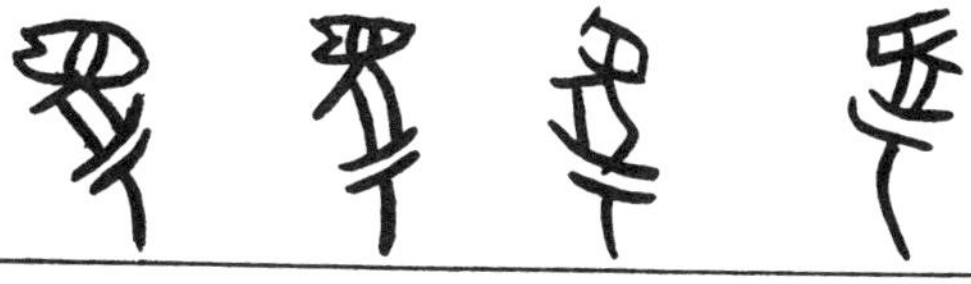
枧 （梘）	
朽	
鱽 （鮏）	
齍 （齍）	
妨	

鬻（鬻）	
吠	
鮏	
載（載）通：埶	
二十	
三十	
四十	

五十	
六十	
七十	
八十	
九十	
二百	
三百	
四百	

五百	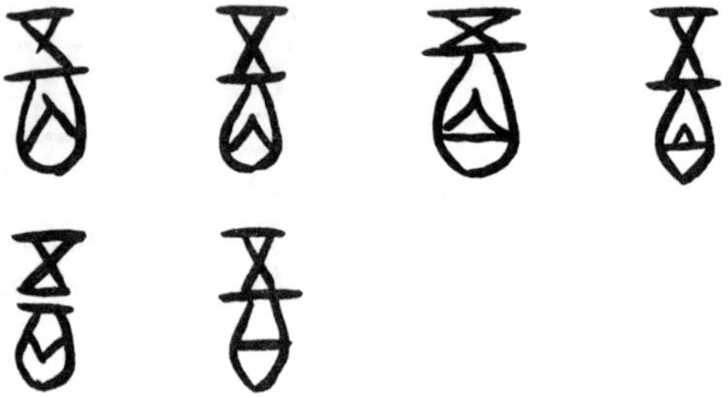
六百	
八百	
九百	
二千	
三千	
四千	

五千	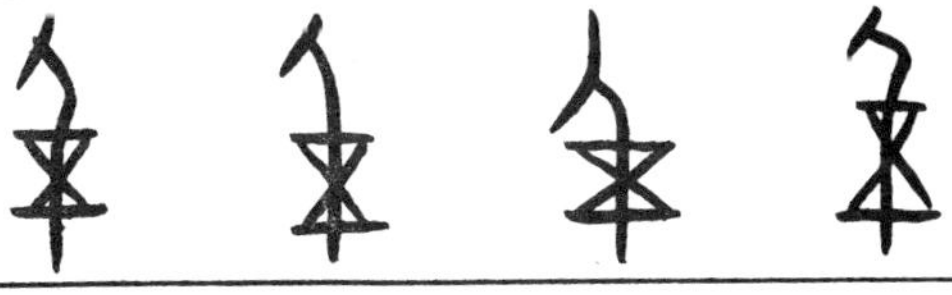
六千	
八千	
三万	

甲骨文借用字表

页码	借用文字	文字	拼音字头	页码	借用文字	文字	拼音字头
148	非	悲	B	149	卬	昂	A
106	宾	摈（擯）	B	150	辟	璧	B
138	并	屏	B	150	辟	掰（擘）	B
187	将	版	B	150	辟	躄（躃）	B
132	敝	蔽	B	150	辟	壁	B
132	敝	弊	B	144	般	班	B
2	旁	傍	B	144	般	斑	B
137	比	庇	B	144	般	搬	B
140	卒	猝	C	48	癹	拨（撥）	B
111	旦	昌	C	59	甫	补（補）	B

页码	借用文字	文字	拼音字头	页码	借用文字	文字	拼音字头
196	戋	残（殘）	C	111	旦	唱	C
101	才	财（財）	C	111	旦	娼	C
101	才	裁	C	111	旦	倡	C
101	才	材	C	111	旦	猖	C
90	仓	苍（蒼）	C	111	旦	菖	C
90	仓	沧（滄）	C	13	曾	层（層）	C
90	仓	怆（愴）	C	48	呈	逞	C
99	采	菜	C	48	呈	程	C
111	昔	错（錯）	C	215	成	诚（誠）	C
174	甹	骋（騁）	C	27	司	词（詞）	C
99	采	彩	C	8	屯	村（邨）	C

页码	借用文字	文字	拼音字头	页码	借用文字	文字	拼音字头
195	氏	邸	D	99	采	採	C
195	氏	柢	D	18	隹	崔	C
195	氏	抵	D	22	登	镫（鐙）	D
213	亚	恶（惡）	E	22	登	灯（燈）	D
213	亚	垩（堊）	E	203	蜀	独（獨）	D
28	弗	绋（紼）	F	121	舂	捣（擣、擣）	D
194	弗	佛	F	207	田	佃	D
86	去	法	F	215	丁	钉（釘）	D
28	弗	芾	F	97	弟	第	D
112	方	放	F	195	氏	氐	D
148	非	蜚	F	195	氏	低	D

页码	借用文字	文字	拼音字头	页码	借用文字	文字	拼音字头
85	盥	灌	G	77	刜	拂	F
24	冓	篝	G	148	非	诽（誹）	F
24	冓	沟（溝）	G	184	不	否	F
24	冓	媾	G	14	分	纷（紛）	F
121	宣	寡	G	136	伐	阀（閥）	F
125	官	管（筦）	G	24	遘	构（構）	G
125	官	琯	G	24	遘	觏（覯）	G
15	告	诰（誥）	G	44	鬲	隔	G
18	咸	感	G	44	鬲	膈	G
87	既	溉	G	43	龚	恭	G
115	贯	惯（慣）	G	80	甘	柑	G

页码	借用文字	文字	拼音字头	页码	借用文字	文字	拼音字头
146	兄	怳（恍）	G	172	潢	洸	G
130	蒙	寉	G	37	古	故	G
130	蒙	鹤（鶴）	H	37	句	钩（鉤）	G
27	黄	横	H	37	古	估	G
54	画	划（劃）	H	24	冓	购（購）	G
93	亯	亨	H	86	井	耕	G
227	华	花	H	66	雇	顾（顧）	G
15	告	浩	H	80	工	功	G
73	叀	惠	H	80	工	贡（貢）	G
47	厷	宏	H	82	可	哥	G
83	虎	琥	H	82	可	歌	G

页码	借用文字	文字	拼音字头	页码	借用文字	文字	拼音字头
85	卢	芦（蘆）	L	80	工	红（紅）	H
94	良	朗	L	104	或	惑	H
85	卢	栌（櫨）	L	18	咸	憾	H
85	卢	庐（廬）	L	90	会	绘（繪）	H
85	卢	胪（臚）	L	172	潢	滉	H
85	卢	轳（轤）	L	183	龙	垄（壠）	L
101	林	琳	L	163	丽	鹂（鸝）	L
234	洌	冽	L	163	丽	俪（儷）	L
20	各	路	L	85	卢	垆（壚、罏）	L
134	倞	谅（諒）	L	85	卢	颅（顱）	L
94	亩	凛	L	85	卢	鸬（鸕）	L

页码	借用文字	文字	拼音字头	页码	借用文字	文字	拼音字头
166	交	绞（絞）	J	94	亩	懔	L
216	己	记（記）	J	219	卯	刘（劉）	L
207	畯	骏（駿）	J	20	各	落	L
207	畯	隽（雋）	J	156	粦	憐	L
127	疾	嫉	J	156	粦	鄰	L
127	疾	蒺	J	20	各	络（絡）	L
206	亟	极（極）	J	116	齐	跻（躋）	J
14	介	芥	J	207	畯	俊	J
121	家	稼	J	207	畯	峻	J
80	工	江	J	166	交	较（較）	J
18	咸	缄（緘）	J	166	交	佼	J

页码	借用文字	文字	拼音字头	页码	借用文字	文字	拼音字头
51	及	岌	J	18	咸	减（減）	J
234	匡	眶	K	50	堇	谨（謹）	J
234	匡	恇	K	50	堇	仅（僅、廑）	J
100	槁	犒	K	150	旬	钧（鈞）	J
167	亢	坑	K	150	旬	均	J
146	兄	贶（貺）	K	170	湔	溅（濺）	J
148	康	糠	K	21	前	剪	J
117	克	剋（尅）	K	21	前	翦	J
13	莫	漠	M	37	句	拘	J
13	莫	幕	M	90	今	金	J
13	莫	瘼	M	51	及	汲	J

页码	借用文字	文字	拼音字头	页码	借用文字	文字	拼音字头
145	兒	倪	N	13	莫	寞	M
136	疑	凝	N	13	莫	膜	M
136	疑	擬	N	13	莫	谟（謨）	M
150	辟	僻	P	63	百	陌	M
150	辟	阚（闢）	P	115	盟	孟	M
150	辟	擗	P	63	眉	嵋	M
150	辟	劈	P	49	曼	漫	M
8	璞	朴（樸）	P	49	曼	缦（縵）	M
174	甹	聘	P	49	曼	慢	M
174	甹	俜	P	49	曼	墁	M
137	比	毗（毘）	P	17	名	铭（銘）	M

页码	借用文字	文字	拼音字头	页码	借用文字	文字	拼音字头
78	其	旗	Q	137	比	纰（紕）	P
78	其	期	Q	137	比	庀	P
116	齐	荠（薺）	Q	93	亯	烹	P
116	齐	脐（臍）	Q	184	不	丕	P
232	契	锲（鍥）	Q	179	泉	钱（錢）	Q
145	兑	锐（鋭）	R	170	湔	浅（淺）	Q
121	耑	瑞	R	236	权	权（權）	Q
44	鬲	融	R	227	求	球	Q
47	叟	溲	S	50	堇	勤	Q
13	少	沙	S	198	弓	穹	Q
219	以	似	S	203	虹	桥（橋）	Q

页码	借用文字	文字	拼音字头	页码	借用文字	文字	拼音字头
116	穆	穗	S	76	散	跚	S
18	佳	谁（誰）	S	203	蜀	属（屬）	S
26	申	伸	S	225	叉	搔	S
140	卒	碎	S	206	野	墅	S
153	石	硕（碩）	S	46	艺	势（勢）	S
97	弟	悌	T	199	孙	逊（遜）	S
20	唐	塘	T	151	丑	手	S
20	唐	堂	T	12	折	逝	S
134	汏	泰	T	36	册	删	S
202	它	他	T	185	囟	思	S
202	它	佗	T	219	目	私（厶）	S

页码	借用文字	文字	拼音字头	页码	借用文字	文字	拼音字头
39	吾	悟	W	94	啚	图	T
96	舞	抚（撫）	W	153	石	拓	T
39	吾	牾	W	158	夷	铁（銕、鐵）	T
39	吾	梧	W	202	它	驼（駝）	T
197	亡	忘	W	236	豉	投	T
96	韦	围（圍）	W	134	汏	汰	T
128	网	惘	W	165	狄	逖（逷）	T
128	网	魍	W	58	卜	外	W
96	舞	芜（蕪）	W	80	卤	胃	W
96	舞	庑（廡）	W	18	惟	维（維）	W
14	余	斜	X	39	吾	唔	W

页码	借用文字	文字	拼音字头	页码	借用文字	文字	拼音字头
77	解	邂	X	152	凶	匈	X
77	解	蟹	X	152	凶	讻（訩、詾）	X
39	讯	迅	X	152	凶	汹（洶）	X
26	羊	详（詳）	X	152	凶	哅	X
225	舌	笑（咲）	X	152	凶	恟（悩）	X
145	须	鬚（鬚）	X	219	午	玄	X
133	粥	希	X	147	见	现（現）	X
148	页	夏	X	77	解	獬	X
133	粥	稀	X	77	解	澥	X
54	臤	贤（賢）	X	77	解	懈	X
86	井	刑	X	77	解	廨	X

页码	借用文字	文字	拼音字头	页码	借用文字	文字	拼音字头
45	献	戏（戲、戱）	X	86	井	邢	X
45	献	羲	X	121	宣	瑄	X
236	巽	选（選）	X	57	叙	序	X
232	犀	犀	X	16	喜	憙	X
149	印	仰	Y	16	喜	憘	X
155	炎	焰（燄）	Y	112	旋	璇（璿）	X
99	乐	药（藥）	Y	111	昔	惜	X
179	泉	原	Y	185	囟	细（細）	X
165	犹	猷	Y	112	旋	琁	X
216	妟	晏	Y	150	旬	洵	X
150	旬	匀	Y	45	献	牺（犧）	X

页码	借用文字	文字	拼音字头	页码	借用文字	文字	拼音字头
57	攸	悠	Y	150	旬	韵（韻）	Y
166	亦	奕	Y	105	因	姻	Y
181	云	纭（紜）	Y	202	它	也	Y
181	云	芸（蕓）	Y	166	吴	娱	Y
92	央	泱	Y	166	吴	虞	Y
92	央	英	Y	59	用	恿	Y
204	盅	冶	Y	79	寅	夤	Y
57	养	痒（癢）	Y	234	媢	蝇（蠅）	Y
145	兑	悦	Y	214	尤	郵	Y
14	余	馀（餘）	Y	196	戊	越	Y
225	叉	蚤	Z	104	或	域	Y

页码	借用文字	文字	拼音字头	页码	借用文字	文字	拼音字头
97	主	注（註）	Z	140	卒	崪	Z
97	主	注	Z	8	争	诤（諍）	Z
197	直	值	Z	93	智	知	Z
137	从	踪（蹤）	Z	13	曾	增	Z
116	齐	斋（齋）	Z	13	曾	赠（贈）	Z
69	雥	杂（雜、襍）	Z	79	奠	郑（鄭）	Z
54	臧	脏（髒、臟）	Z	19	周	週	Z
54	臧	赃（贜）	Z	19	周	赒（賙）	Z
184	至	致	Z	30	𢦏	哉	Z
184	至	缴（繳）	Z	30	𢦏	栽	Z
203	蜀	蠋	Z	97	主	炷	Z

页码	借用文字	文字	拼音字头	页码	借用文字	文字	拼音字头
98	朱	珠	Z	16	旨	指	Z
98	朱	铢（銖）	Z	48	之	志	Z
198	甾	缁（緇）	Z	12	折	哲	Z
198	甾	锱（錙）	Z	123	宗	综	Z